시칠리아에서 본

그리스

일러두기

■ 단행본은 『 』, 잡지, 영화, 음악, 미술 작품은 「 」 전시회, 주요 관광지 명은 〈 〉로 표기했습니다.
■ 지명과 인명 등 외래어 표기는 국립국어원 외국어 지침을 따랐으나, 현지에서 사용하는 발음
  이 더 친숙한 경우 그 나라 발음으로 적어 표기법에 예외를 두었습니다.
■ 연대나 자료는 가능하면 현지 출판물이나 학술서적의 것을 택했습니다.
■ 복수의 이름으로 알려진 용어의 경우 라틴어를 기준으로 했습니다.
■ 인용구는 각주로 출처를 표기했으나, 정확한 출전이 불확실한 경우에는 " "으로 표기했습니다.

에피파니Epiphany는 '인간의 불멸성'과 '책의 영원성'에 대한 '오래된 새로운' 믿음을 갖습니다.

시칠리아에서 본
그리스

강인숙

에피파니

그리스를 만나러 시칠리아에 가다

이 선생[1]이 수술을 해서 글을 전혀 쓰지 못하던 시기가 있었다. 3년 전의 일이다. 할 수 없으니까 독서로 세월을 보냈다. 그 무렵에 그이는 한동안 마그나 그레치아[2]에 들려 있었다. 그리스 공부를 다시 하다가, 그리스가 해외 식민지에서 펼쳐 보인 문화에 흥미를 가지게 된 것이다. 그래서 아침마다 내게 시칠리아 이야기를 해주었다.

그렇게 시칠리아는 내게로 왔다. 그리고 떠나지 않은 채 3년이 지

---

1 필자의 남편은 이어령 선생이다. 그는 초대 문화부 장관을 지냈지만, 나는 그를 한 번도 장관이라고 부른 일이 없다. 그냥 '이 선생'이 좋다. 그건 직책 이름이 아니라 선비에 대한 일반적인 존칭이기 때문이다.

2 Magna Grecia. 시칠리아와 이탈리아의 나폴리 남쪽 해안에 있던 그리스의 식민지를 통틀어서 그리스인들은 마그나 그레치아라 불렀다. 거대한 그리스라는 의미다. 그리스의 여러 나라들이 참여해서 만들었으니 아주 큰 그리스이기도 하다.

나갔다. 그동안 나도 시칠리아에 대한 책을 읽기 시작했다. 전에 나온 괴테의 『이탈리아 기행』에서 「시칠리아」 편을 다시 읽었고, 모파상의 시칠리아 탐방기도 읽었다. 스탠리 리그스의 『시칠리아 풍경』, 박제의 『신화의 섬 시칠리아』, 허은경의 『시칠리아 다이어리』 같은 책들도 구해왔다. 그렇게 시칠리아에 관한 책을 읽으면서 내 안에서 시칠리아행이 발동이 걸리기 시작했다. 나는 한번 발동이 걸리면 중단을 못하는 성격이다.

내 안에는 오랜 숙제처럼 남아 있는 글이 하나 있었다. 1996년에 에피다브로스에서 본 그리스 고전극 관람기다. 2천여 년 동안 남의 속국으로 살던 작은 나라에, 2천5백 년 전에 쓴 비극들이 남아 있어, 1만 4천 명이 들어가는 심야의 야외극장이 관객으로 메워지는 것을 본 감동을 글로 써서 전하고 싶었다. 왕복 여섯 시간이 걸리는 먼 시골로 연극 하나 보겠다고 그렇게 많은 사람들이 오는 것이 기적처럼 느껴졌기 때문이다.

오랫동안 문예사조사를 담당해서, 헬레니즘에 대해 해마다 강의를 해야 했고, 그리스에 두 번 갔으며, 트로이의 유적도 탐방했으니 그리스는 늘 내 옆에 있었다. 하지만 정작 크레타 문명을 낳은 크레타 섬에는 발도 디뎌보지 못했고, 스파르타에도 가보지 못했으며, 오디세우스의 나라 이타카와, 호메로스의 섬 키오스, 사포의 섬 레스보스에도 아직 가보지 못했다.

그러면서 그리스 문명에 대한 관심은 내 안에서 계속 자라갔다.

민주제도를 수립했다고는 하지만, 그것이 제대로 시행된 기간은 1백 년도 못 되는 한 도시국가, 전성기에도 인구가 20만을 겨우 넘은 작은 폴리스인 아테네가 주도한 문명이, 그들보다 몇천 년 전에 피라미드를 만든 이집트나, 세계를 정복하다시피 한 로마제국도 못 감당한 세계 문명의 방향타를 아직도 잡고 있는 그 연유를 알고 싶었던 것이다.

그런데 시칠리아에 그리스 본토보다 더 많은 그리스 유적이 있다는 것을 알려주니 귀가 솔깃했다. 그의 관심은 이미 시칠리아에서 떠났는데, 시칠리아에 대한 나의 관심은 점점 달아올랐다. 거기 남아 있다는 그리스 문화의 유적들을 꼭 보고 싶었던 것이다. 역마살이 끼어 있어서 여행을 좋아하는 나는, 가고 싶은 곳이 있으면 반드시 가보아야 직성이 풀린다. 이 선생이 여행을 좋아하지 않으니까 여행은 대체로 혼자 한다. 다리가 성한 동안에 혼자서라도 시칠리아에 꼭 가보아야지, 가보아야지, 하면서 해가 바뀌고 또 바뀌었다.

어느 날 내가 사랑하는 여행 플래너 이지연 씨를 우연히 만났길래, 시칠리아 코스를 한번 개발해보는 것도 좋을 것 같다는 말을 한 일이 있다. 2년 전의 일이다. 그리고 잊고 있었다. 그런데, 작년 초에 느닷없이 인원이 찼다고 그녀가 신이 나서 달려왔다. 열 명밖에 되지 않지만 그대로 떠나기로 했으니 예약금을 내라는 것이다. 그 대신 그리스에 관한 것과 로마 역사 같은 것은 나더러 설명해달라는 조건이 붙었다. 그 조건으로 나를 아는 사람들만 섭외를 했다는 것이다.

시기는 시라쿠사의 그리스 극장에서 그리스의 고전비극을 상연하는 5월 말로 잡혀졌다고 했다. 내가 내세운 조건을 다 들어준 것이다.

그랬는데 문제가 생겼다. 나이를 깜빡 잊고 있었던 것이다. 80세가 넘은 부부가 사는 집에서는 두 달 후에 할 일을 미리 약속을 잡으면 안 된다는 것을 이번에 깨달았다. 그 두 달 동안에 두 사람 모두 문제가 생겼기 때문이다. 2월 초에 내가 먼저 고관절에 탈이 나기 시작했다. 지병인 디스크가 시작되는 것 같았다. 디스크는 추운 계절에 발동하는 병인데, 이상하게도 해동하는 계절에 시작되었다. 디스크가 일단 어느 신경을 눌러놓으면, 무슨 짓을 해도 통증이 석 달은 지속된다. 다급하니까 독이 되는 줄 알면서도 스테로이드 주사를 맞지 않을 수 없다. 그런데 이번에는 맞았는데도 효과가 별로였다. 통증의 찌꺼기가 남아 있으니 심하지는 않았지만 여행을 할 형편은 아니었다. 그런데 남편이 탈이 났다. 책 쓰느라고 과로를 하더니, 이유를 알 수 없게 현기증이 나서 사흘간 입원했다. 귀에 물이 고여 있어서 뽑아내고 건강검진을 했다. 결과가 아주 좋지 않았다.

여행을 할 수 없다는 결론이 나왔다. 비행기 표도 이미 사놓았고, 여비도 절반을 낸 상태인데, 내가 못 간다고 하니까 난리가 났다. 자기들도 안 간다는 것이다. 그러면 모든 사람들이 많은 손해를 본다. 이지연 씨가 사색이 되었다. 어느 날, 세 모녀가 같이 가기로 한 오박사가 이지연 씨를 데리고 집으로 찾아왔다. 내가 안 가면 자기도 안 간다고 확인하러 온 것이다. 그녀의 차를 남편이 보게 되었다. 왜 왔느냐고 묻길래 여행을 취소해서 그런다니까 펄쩍 뛰면서 왜 안 가느냐고 다그쳤다. 퇴원한 지 한 달이 가까워 오고, 자기 병은 장기전인데. 한 달 후에 떠날 여행을 취소해야 할 이유가 없지 않느냐는 것이다.

그래도 안 가야 옳은데 입장이 난처했다. 일행 중의 한 분이 낙상해서 또 한 사람이 줄어 여덟 명밖에 안 남았는데, 나와 오 박사네가 빠지면, 그만두는 수밖에 없게 되었다. 오래오래 고민하다가 마지막에 가마고 했다. 그랬는데 이번에는 내 고관절이 계속 문제를 일으켰다. 시간은 한 달밖에 남지 않았는데, 침을 맞아도 물리치료를 해도 통증이 가시지 않는 것이다. 모로 누워 자는 편인데, 어느 쪽으로 누워도 통증이 왔다. 악조건이 쌓여갔다.

나는 누구와 한번 한 약속을 깨는 걸 아주 싫어한다. 뿐 아니다. 내게는 오래 계획했던 일을 못하면 다음 일을 할 수 없는 이상한 버릇이 있다. 그런 데다가 내가 시작한 건데, 여러 사람이 손해를 본다니 입장도 난처했다. 어른이 한 번도 아니고 두 번씩이나 안 간다고 앙탈을 부리는 것도 말이 안 되는 일이다. 할 수 없이 스테로이드 주사를 한 번 더 맞고, 떠나는 쪽으로 결정을 내렸다. 평생에 한 결정 중에서 가장 힘들고 무거운 결정이었다.

이상하게도 떠나기 이틀 전에 통증이 완화됐다. 날씨 때문인 것 같았다. 기온이 25도 이상 올라가니 혈관이 편해진 모양이다. 남편이 건강이 좋지 않은데 떠나는 것이 내내 마음을 무겁게 했고, 내 건강에도 자신이 없으니 아주 착잡한 출발이었다. 그랬는데 비행기를 13시간이나 탔는데도 이상하게 고관절이 안 아팠다. 너무 놀랐다. 돌아올 때까지 열흘 동안 고관절은 조금도 속을 썩이지 않았다. 어쨌든 무사히 돌아온 것은 일행을 위해서도 아주 다행스러운 일이었다. 85세니까 내가 최고령자여서 폐를 끼칠까봐 조마조마했던 것이다. 다시는 못 할 것 같은 생각이 드니 여행하는 시간들이 아주 귀하게 느껴졌다. 시칠리아는 자연이 더없이 아름다웠고, 도시마다 많은 양식의 건물들이 있어 볼거리가 많았다.

돌아온 지 1년이 지나갔다. 그 한 해 동안에 나는 조용히 들어앉아서 참 많은 책을 읽었다. 시칠리아에 대하여, 그리스에 대하여, 모르는 것이 너무 많았던 것이다. 부실한 기억력 때문에 줄을 치고, 다시 읽고 해도 성과가 적은 독서였지만, 더디게 더디게 많은 것을 배우는 과정이 괜찮았다. 로마제국과 그리스의 문화의 차이를 대충 가늠할 수 있게 되었고, 시칠리아 역사도 익힐 수 있었으며, 세계의 근대사의 밑바닥에 자리 잡고 있는 그리스 문화에 대한 지식도 넓힐 수 있었다. 파르테논 신전이 하나 세워지기 위해서, 마그나 그레치아와 그리스 본토 양쪽에서 2백 년 가까운 세월이 신전양식을 다듬는 데 쓰여졌다는 사실을 알게 되었을 때는 감동이 왔다.

이 책에는 1996년의 그리스 여행의 기록들이 같이 들어가 있다. 3장 5절의 「에피다브로스로 가는 길」은 대부분이 1996년의 그리스 여행기와 고전극의 관람기로 되어 있다. 두 번 다 그리스 비극 관람 여행이어서 이번의 여행기와 분리할 수 없었던 것이다. 에피다브로스에서는 소포클레스의 「엘렉트라」를 보았고, 시리쿠사에서는 아이스킬로스의 「테바이 공략의 7인」을 보았다. 작가가 다르니까 둘을 합쳐 놓아야 온전한 글이 될 수 있었다. 그러니까 20년 동안 내 안에 있던 그리스가 이 책에 모두 들어가 있다. 그래서 제목을 『시칠리아에서 본 그리스』라고 지었다. 그건 내 안의 그리스이기도 하다.

5년 전에 '마음의 숲'이라는 출판사에서 『내 안의 이집트』라는 책을 낸 일이 있다. 여행기와 문화를 탐색을 하는 글이 공존하는 복합적인 형식의 책이었다. 이번 책도 성격이 『내 안의 이집트』와 비슷하다. 아마추어 여행가가 쓴 시칠리아와 이탈리아, 그리고 그리스의 지지地誌적인 장소들과, 그리스와 로마 문화를 탐색하는 문화론적인 글들이 공존하고 있는 것이다. 2002년에 출판한 『네 자매의 스페인 여행』까지 합치면 세 번째 여행기가 된다. 가능하면 세 권을 합해서 세트로 만들고 싶었는데, 출판계가 어려워서 낱권으로 내게 되었다.

경기도 좋지 않은데 책을 내주신 에피파니 출판사에 감사를 드린다. 교정을 보아주신 분과, 자료 찾기를 도와준 이혜경 씨에게도 고맙다는 말을 전하고 싶다. 그리고 사진을 제공해준 서정자, 김영미 두 분께 진심으로 감사의 말씀을 올린다.

2018년 8월

강인숙

차례

차례

세 바다 위에 떠 있는 섬

1
반도에 사는 사람들

우리 집 막내가 처음으로 세계지도를 보던 날의 일이다. 일곱 살된 아이는 화가 잔뜩 나서 형의 지도책을 들고 내 방으로 쫓아왔다. "아무리 자기네들이 만든 지도라 해도 어떻게 남의 나라를 이렇게까지 작게 그릴 수 있느냐"면서 아이는 분개하고 있었다. 지도에는 만주, 중국, 몽고, 러시아로까지 이어지는 무한대의 대륙을 머리 위에 이고 있는 맹장 만한 크기의 한반도가 그려져 있었다. 그게 그 아이가 살아야 할 나라였다. 너무 작아서 미안했다.

그리스와 이탈리아도 우리와 비슷하다. 그들도 저항이 불가능할 정도로 방대한 대륙을 머리 위에 이고 있는 맹장 만한 나라들이다. 힘으로는 도저히 이겨낼 수 없는 거대한 대륙이 지구의地球儀의 접합선 너머에까지 이어져 있으니, 반도에 사는 사람들은 태생적으로 불안하지 않을 수 없다. 언제 그 엄청난 대륙이 밀고 내려올지 알 수가 없기 때문이다.

그런 작은 땅 이탈리아 반도에, 트로이에서 온 에네이스(로마를 세운 사람)는 피난민 자격으로 첫발을 들여 놓았다. BC 1200년경의 일이다. 그곳에 상륙하여 그는 조금씩 조금씩 영토를 키워 나갔다. 그 작은 나라가 대로마제국으로 발전하는 데 다시 1천 년이라는 세월이 필요했다. 하지만 겨우 5백 년을 지속하다가 서로마 제국은 북방에서 온 게르만족에게 망하고 만다. 그리고 쥬세페 가리발디가 이탈리아 본토만 통일한 1860년까지 1,400년 동안을 로마제국은 갈기갈기 찢겨서 작은 도시국가 형태로 겨우 연명하고 있었다.

그리스도 비슷하다. 에게해를 제패하고 흑해와 지중해에까지 식민도시를 만들던 시대가 지난 후, 그리스는 자기네끼리 싸우다가 서로 지쳐서, 20대의 청년 알렉산더의 지배하에 들어가게 된다. 알렉산더는 엄격한 의미에서 헬라 사람이 아니다. 그리스의 변방인 마케도니아는 원주민은 트리키아인이다. 알렉산더는 폴리스의 주민도 아니며, 그의 나라는 민주주의 국가도 아니다. 변방에서 나온 청년 왕자가 그리스 연합을 결성하여 대제국인 페르시아를 정복하고, 세계국가를 만든 것은 기적 같은 일이다. 하지만 그의 제국은 그가 서른셋의 나이로 요절하자 얼마 안 가서 로마제국의 지배하에 들어간다. 그리고 자그마치 2천 년 동안이나 그리스는 로마와 다른 여러 나라의 지배하에 놓여진다. 고대의 유적들이 남은 것이 없을 정도로 오랜 기간 동안 외국의 지배를 받는 것이다. 그러다가 1830년대에 겨우 독립을 하지만, 지금도 그리스는 여전히 고전하고 있다.

우리나라는 로마제국이나 그리스처럼 영토가 방대해본 적은 없지만, 고구려 시대만 해도 광대한 영토를 지닌 어엿한 대국이었다. 그런데 이조 시대에는 겨우 압록강과 두만강을 국경선으로 하는 작은 나라로 줄어들더니, 마지막에는 일본의 식민지가 되고 말았다. 2차 대전이 끝난 후에야 독립을 하게 되는 나라가 된 것이다.

남의 힘으로 해방된 한국은 그 맹장 만한 국토도 지켜내지 못해서 나라가 두 토막이 났다. 그래서 신탁통치설이 떠돌 정도로 열악한 후진국으로 전락하는 것이다. 해방된 지 5년 만에 동족끼리 총칼을 맞대는 6.25 동란을 겪었다. 하지만, 반 토막인 채로 비틀거리던 조그만 동방의 작은 나라 한국은, 그 후 놀랍게도 고도성장의 길로 들어선다. 불과 반세기만에 선진국을 넘볼 만큼 커진 것이다. 애국가의 가사처럼 '하느님이 보우保佑'하신 모양이다.

우리는 그리스나 로마처럼 강대국이 되어본 일이 없는 대신에 식민지 기간이 가장 짧다. 36년밖에 되지 않기 때문이다. 36년도 "어둡고 괴로워라"(노래가사)인데, 그리스나 로마는 주권을 잃은 기간이 2천 년에 가깝다. 세상에는 2천 년 동안에 64년밖에 자유로운 때가 없었다는 루마니아 같은 나라도 있다. 한국처럼 작은 나라가 강대국을 머리에 이고 있으면서, 4천 년의 역사를 지니고 독립국가로 존속해온 것은 아무래도 기적인 것 같다. 식민지에서 살아본 우리 세대는 그 사실이 너무 감사하다. 식민지 기간이 36년밖에 안된 것도 고마운 일이고, 반세기도 못 되어 선진국 반열에 오른 것은 더욱 황감한 일이다. 사실 우리나라는 시칠리아처럼 진작 이웃 큰 나라에 합병되고 없어질 가능성이 많았던, 대국 곁의 아주 작은 나라였던 것이다.

그러고 보면 우리는 운이 좋았던 셈이다. 적어도 로마나 그리스처럼 여러 나라에게 시달리지는 않았기 때문이다. 대륙 한복판에 있는 소국인 루마니아의 작가 게오르규[3]는 "우리의 강들이 황금의 하상河床 위를 흘러가는데 우리는 굶주려서 죽는다고 한탄한 일이 있다."[4] 그는 자기 나라를 음식이 잔뜩 담긴 접시에 비유한 일도 있다. 열강이 팔방에서 그 접시에 주둥이를 들이밀고 포식하고 있다는 것이다. 거기 비하면 우리는 좀 낫다. 적어도 열강이 동시에 주둥이를 디밀고 피를 빨아 먹는 나라는 아니기 때문이다. 임진왜란 때까지 우리에게는 적이 하나밖에 없었다. 너무나 강대한 적이어서 무력으로는 당해낼 수 없으니까, 사대정책 같은 것을 써서 우호관계를 유지해가면서, 우리는 조용하게 자기 나라 땅의 협착狹窄함과 척박瘠薄함을 견디어왔다.

다행히도 적은 황하문명을 만들어낸 나라였고, 경제적으로도 여유가 있는 문명국가였다. 영토가 부족한 형편도 아니었으니, 우리가 부국강병을 부르짖으면서 싸움을 걸거나, 아주 미운 짓만 하지 않으면, 국토까지 탐하려 하지는 않았다. 우리나라는 시칠리아처럼 땅이 비옥하지도 않고, 지하자원이 풍부한 것도 아니니까, 애써 속국을 만

---

3   Virgil Gheorghiu(1916-1992). 루마니아 출신 프랑스 작가. 희랍 정교회 신부.
4   강인숙, '비르질 게오르규 어록', 「문학사상」, 1978. 7, 15장, p. 75.

들기보다는 우방국가로 남겨두는 쪽이 나쁘지 않다고 생각했는지도 모른다. 을지문덕이나 연개소문 같은 탁월한 장군들이 사라진 후에는, 우리가 중국에 먼저 쳐들어가는 일은 거의 없었다. 국력도 부실했지만, 원래 호전적인 국민이 아니니까 우리 쪽에서도 우호관계를 유지하려고 애를 썼던 것이다.

중국이 잠시도 조용할 틈이 없이 내란이 계속되는 나라였다는 것도 고마워해야 할 여건이었다. 중원의 주인은 시도 때도 없이 바뀌었다. 5백 년을 지속되는 나라가 없었다. 중국에는 너무 많은 나라가 있어서, 패권 다툼이 끊일 날이 없었던 것이다. 서로 경쟁하는 일을 쉬지 않고 있었으니, 걸어오려면 두 달이나 걸리는 먼 곳에 있는 작은 나라는 잊혀질 기회가 많았다. 게다가 중국도 외적에 시달리고 있었다. 터키와 몽고와 러시아가 항상 삼면에서 호시탐탐 노리고 있어서 잠잠할 때가 없었던 것이다. 달나라에서도 보인다는 그 엄청난 장성을 만 리에 걸쳐서 쌓았는데도 결국 중원의 주인은 원나라도 되고, 청나라도 되었다.

새 나라가 들어서거나 외적이 침공하면, 한동안은 다른 외국을 침략할 겨를이 없게 된다. 중국이 그렇게 내란이나 외적에 시달리고 있는 기간이, 우리에게는 성장을 도모할 수 있는 좋은 기회였다. 하지만 우리나라 4천 년 역사는 편할 날이 없는 환란의 연속이었다. 그런 악조건 속에서 우리는 독립을 지켜왔고, 언어를 지켜왔으며, 글자를 만들어 쓰면서, 고유한 문화를 창출했다. 중국에 병합이 되거나 식민지가 되는 일이 없이 19세기까지 잘도 버텨온 것이다. 로마가 속국이 된 후에도 시라쿠사를 함부로 대하지 못한 것처럼, 중국이 한국을 함부로 대하지 않은 것은, 우리가 고유한 문화를 가진 나라였기 때문인지도 모른다.

일본이 중국을 식민지로 만들려는 엄청난 야심을 가질 때까지 우리는 중국과 공존하면서 독립을 유지해왔다. 외침을 받아도 언제나 문명국가에게 당한 것이 시칠리아에게는 축복이라고 말한 사람이 있다. 같은 말을 우리에게도 적용할 수 있다. 몽고나 만주가 아니고 중국이 우리와 국경을 마주대고 있었던 것은 다행한 일이라고 할 수 있다. 우리는 손쉽게 그들의 발달한 문명을 받아들여서 새로운 문명국가를 만들 수 있었기 때문이다.

일본의 식민지였던 시대가 끝나고 어느새 70년의 세월이 흘렀다. 일본이 지배한 기간보다 두 배나 긴 세월이다. 아직도 친일파 논란이 끝나지 않고 있기는 하지만, 우리가 거듭 고마워해야 할 것은, 식민지 기간이 36년밖에 되지 않았다는 사실이다. 2천 년 동안 이국의 지배를 받아온 그리스에는 지금 남아 있는 유적이 너무 적다. 어떤 여행자가 터키를 거쳐서 그리스에 갔더니, 볼 것이 너무 없어서 김이 새더라는 말을 하는 것을 들은 일이 있다. 문화적으로는 페리클레스 시대의 그리스의 문화가 지금도 전 세계를 지배하고 있지만, 그리스 국가 자체는 지금 너무 살기 힘든 나라가 되어 있다. 2천 년의 식민지 시대가 남긴 상처가 아직도 아물지 못하고 있는 것이다.

온대 지방에 있는 그리스와 이탈리아와 한국은 반도라는 것 외에도 닮은 점이 많다. 예전에는 세 나라가 모두 다신교를 믿었다. 자연이 아름다우니까 사방에 신령이 깃들어 있는 것처럼 느껴졌기 때문인 것 같다. 신은 많을수록 좋은 것이 다신교의 생리니까 새 종교에 대한 거부감도 적었다. 절에 칠성각이 들어가 있는 것처럼 다른 종교와 융합하는 일도 잘한다. 절대신絕對神을 가진 일신교는 모두 사막에서 생겨났다. 온대에 있는 반도 국가들은 모두 신이 많은 쪽을 선호했던 것이다.

이 세 국가들은 교양주의를 지향했다는 점에서도 공통점을 가지고 있다. 그리스는 우리 것보다는 훨씬 유연성이 있기는 하지만, 명예를 존중하는 인본주의적인 문화가 바탕이 되고 있다는 점에서는 우리와 상통한다. 유교와 고전주의는 비슷한 점이 많다. 로마는 그리스보다는 경직된 도덕주의를 지향하고 있었다는 점에서 한국과 유사하다. 호메로스의 『오디세이아』와 베르길리우스의 『에네이드』를 비교하면 그 차이가 확연하게 드러난다.

이 두 작품은 편력 문학이라는 점이 같다. 저승까지 일정표에 들어 있는 본격적인 여행 문학이다. 두 영웅이 모두 10년 가까운 세월을 해상에서 보냈으니 안 가본 곳이 없을 것이다. 『에네이드』는 여러 면에서 호메로스의 작품들과 유사하다. 시인 호라티우스의 '작시법作詩法'이라는 시의 골자가 "밤낮으로 호메로스를 모방하라"는 것이었으니, 동시대의 베르길리우스도 예외일 수가 없었을 것이다.

하지만 주인공 에네이스와 오디세우스의 편력의 목적은 아주 다르다. 오디세우스는 인간mortal으로서의 명예를 완성하고, 사람답게 살기 위해서 칼립소가 제안하는 영생immortality을 거절하고, 갖은 고생을 다 하면서 기어이 고향으로 돌아온다. 이타카는 아주 작은 섬이다. 이타카뿐 아니다. 그리스의 폴리스들은 대체로 작은 나라들이다. 커지고 싶지 않은 작은 나라들였던 것이다. 그리스의 폴리스 중에서 인구가 20만 명이 넘는 나라는 전성기의 아테네밖에 없었을 정도였다. 그중에서도 이타카는 더 작아서, 오디세우스는 그렇게 지모가 발달한 명장인데도 아가멤논처럼 그리스군의 총사령관이 될 수 없었다. 말이 왕이지 그는 시골 군수 정도의 영토밖에 지니고 있지 않았던 것이다.

그 보잘것없는 나라에 돌아와서, 늙어가는 아내와 함께, 자기 아버지처럼 포도밭의 잡초나 뜯으며 노년을 보내기 위해서 그는 영생을 거부한다. 자기에게 맡겨진 인간의 땅을 지키고 거기에서 인간답게 명예를 완성시키고 싶었던 것이다. 명예가 그에게는 삶의 최고의 목표였다. 그 점에서 오디세우스의 편력은 길가메시[5]나 진시황의 항해와도 성격이 다르다. 그의 10년간의 표랑은 진시황이나 길가메시처럼 영생을 얻기 위한 것이 아니라 영생을 버리기 위한 것이었기 때문이다.

---

5   Gilgamesh. 바빌로니아의 문학작품 『길가메시 서사시』의 주인공. 친구의 죽음을 본 후 불로불사를 찾아 떠나는 모험기의 영웅이다.

영생을 원하지 않은 것은 에네이스도 마찬가지다. 하지만 그와 오디세우스의 여행목표는 서로 다르다. 트로이 피난민의 리더인 에네이스는 "이상적인 새 나라를 라티움에 세우라"는 신탁을 실현하기 위해 7년간의 고난의 역정을 바다에서 떠돌면서 견딘다. 카르타고 여왕 디도의 사랑도 거부하며, 대국인 카르타고의 왕이 될 가능성도 포기한다. 카르타고가 아니라 '라티움'에 이상국가를 만들라는 것이 그가 신에게서 받은 사명이었기 때문이다. 그 사명을 지키기 위해 에네이스는 이오니아해와 지중해를 거쳐서 티레니아해로 들어온다. 라티움에 상륙하기 위해 고달픈 여로를 견딘 것이다.

그는 신의 명령대로 라티움에 이방인으로 상륙하여, 맨손으로 온갖 고초를 견디며 이웃 나라를 하나씩 병합해서 영토를 키워나간다. 그가 세우고 싶은 나라는 폴리스처럼 소규모의 나라가 아니다. 그의 이상국가는 로마제국 같은 세계국가였을 것이다. 이상국가를 세우라는 신이 준 사명mission을 위해 신명을 다하는 점에서 그는 기독교의 선교사missionary들과 비슷하다. 그래서 그를 '정치적 미셔너리'라고 부르기도 한다.[6] 개인의 명예가 아니라 집단의 명예에 전력투구한 점이 그리스인들과 다른 것이다.

한국도 로마와 비슷하다. 한국인들도 개인으로 자신을 완성시키는 것이 삶의 목적이 아니라 전체를 위해 자신을 희생시키는 것을

---

6 강인숙, 'Aeneied 론', 「문학사상」 1979, 2월호 참조.

목표로 삼는다. 명예를 존중하는 점에서는 그리스와 상통하지만, 우리에게 있어서 명예는 개인을 위한 것이 아니라 '가문'을 위한 것이다. 가문 단위로 명예를 추구한 셈이다. '패밀리'는 훼손되어서는 안 되는 최고의 가치라고 생각하는 점에서 한국은 이탈리아와 비슷하다. 복지제도가 없던 사회가 유지된 원동력도 가족복지제도 덕분이다. 우리는 나병 같은 전염병 환자를 뒤꼍에 움막을 만들어주고 가족이 돌보았고, 형제가 남긴 고아는 삼촌들이 키웠다. 그렇게 해서 사회질서가 유지된 것이다.

우리나라에서는 왕의 잘못에 대하여도 처리 방법이 가족윤리 중심이었다. 조선조 5백 년 동안에 중도에서 하차한 왕은 광해군과 연산군뿐이다. 우리나라에서는 여간해서 반란이 일어나지 않는다. 임금의 다른 잘못은 더러 봐주기 때문이다. 하지만 건드리면 안 되는 마지노선이 있다. '효도'라는 덕목이다. 효도는 삼강오륜의 첫머리에 놓여 있다. '효'는 윤리적인 면에서 최고의 선이라고 할 수 있다. 그걸 건드리면 반란을 일으킬 명분이 생긴다. 죄명은 '불효' 하나로도 충분하기 때문이다. 연산군이나 광해군의 마지막 죄명은 모두 '불효'다. 가족주의의 윤리가 제왕을 폐위시키는 기준도 되는 것이다.

율법을 지키기를 중시하는 면에서 한국은 기독교인과 유사하다. '죄의식의 문화권'에 속하는 것이다. 같은 유교권이지만 중국이나 일본에는 우리나라 같은 도덕적 결벽증은 없는 것 같다. 한국인은 명예

존중의 측면에서 보면 그리스처럼 '수치의 문화'[7]에 속하고, 삼강오
륜을 준수하는 면에서는 기독교문화와 유사하다.

　　그리스와 이탈리아와 한국은 산이 많은 지형을 가진 점에서도 공
통된다. 평야가 적으니까 산꼭대기에도 다랑이밭을 일구며 사는 척
박한 토지를 가진 농경국가들이다. 그리스에 평야가 적은 것처럼 로
마에도 평야가 적다. 로마도 우리처럼 동쪽 등줄기에 백두대간 같은
아펜니노산맥이 관통하고 있는 것이다. 그리스는 더 하다. 그러니 식
량이 자급자족이 안 되어서 가난하다. 시저가 이집트 원정을 한 것은
이집트의 비옥한 곡창지대를 확보하기 위함이었다. 로마의 시칠리
아 점령도 같은 목적이 컸을 것이다. 로마와 시라쿠사와의 강화조건
에 "밀을 로마에 우선적으로 판다"는 항목이 들어 있는 것만 보아도
그런 사정을 확인할 수 있다.[8]

　　척박한 반도에 사는 그리스 사람들은 해외무역을 하지 않을 수 없
었다. 무역을 하려면 배를 타고 다녀야 하는데, 나무배는 자주 말려
주지 않으면 썩는다. 그래서 그리스인들은 해외에 바다를 긴 식민지
가 여러 개 필요했다. 오지는 필요 없었다. 영토확장을 위한 것이 아

7　Shame culture. 헬레니즘처럼 인간으로서의 명예를 최고의 가치로 보는 문화를 가리킨다.
　　기독교는 '죄의식의 문화guilt culture'다. 거기에서는 절대신이 내린 계명을 좇는 것이 최고의
　　미덕이기 때문에 율법존중사상이 생긴다. 한국인은 가문의 명예를 존중하는 면에서는 '수치
　　의 문화'에 속하고, 삼강오륜을 절대시하는 면에서는 '죄의식의 문화'와 '친족성'을 지닌다.
8　시오노 나나미, 『로마인 이야기』 2권, 김석희 역, 한길사, p. 80.

니기 때문이다. 그리스인들은 해변을 따라가면서 일정한 거리에 식민도시를 만들어갔다.

그리스 사람들은 바닷가에 있는 도시를 선호했지만, 그 다음에 좋아한 것은 밀이 익어가는 평야였다. 그리스 사람들이 시칠리아에 끌린 것은 바다가 있고, 비옥한 농지가 있으며, 살기 좋은 곳이었기 때문이다. 시칠리아는 그 모든 조건을 충족시키는 곳이어서 15개[9]의 나라들이 시칠리아를 식민지로 삼으려 했다. 비옥한 땅을 가지고 있고, 날씨가 좋고, 위치도 좋고, 바다까지 좋으니 열강들이 미치지 않을 수 없는 것이다.

그리스인들이 시칠리아를 좋아한 세 번째 조건은 원주민이 호전적이 아니었다는 점이다. 그리스는 통상국가니까 이집트처럼 자리 잡힌 나라에 쳐들어가서 무력으로 식민지로 만드는 일을 원하지 않았다.[10] 그렇다고 무인지경의 빈 땅을 개척하는 것도 좋아하지 않았다. 폴리스 사람들은 영토확장을 원하지 않았다. 커지면 민주주의를 시행하기 어렵기 때문이다. 하지만 국토가 좁으니까 적당한 땅이 있으면 새 나라를 만들어 사람들이 가서 살게 하고 싶어 했다. 그들의

9　시칠리아를 점령한 나라는, 페니키아, 그리스, 카르타고, 로마, 비잔틴, 아랍, 반달, 고트, 노르만, 프랑스, 독일, 스페인, 오스트리아, 영국, 이탈리아 등 15국이다. 반달과 고트, 프랑스, 영국, 독일, 오스트리아 등은 점령 기간이 짧으니까 그리스, 로마, 아랍, 노르만, 스페인 등이 주류를 이룬다.

10　아테네와 스파르타는 적을 무조건 죽이거나 노예로 만들지 않는 나라였지만, 예외가 있었다. 스파르타는 이유도 없이 메세니아를 침공하여 영토를 점유한 일이 있고, 아테네는 멜로스를 침범하여 주민들을 학살하고 노예로 만드는 만행을 저지른 일이 있다 (『로마인 이야기』 2권, p. 97 참고).

식민지 만들기는 시오노 나나미 말에 의하면 대기업이 분점을 내는 것과 비슷하다.[11] 분가하기 좋은 식민지 후보지는 시칠리아처럼 땅은 기름진데 아직 국가는 형성되지 않은 고장이다. 원주민을 다독거리는 데만 성공하면, 같이 살면서 도시를 발전시킬 수 있기 때문이다. 바다는 통상을 위해서도 필요했다. 시칠리아는 그리스가 원하는 모든 조건을 갖춘 식민도시 후보지였다. 그래서 여러 나라들이 와서 새 도시를 만들었고, 이탈리아와 시칠리아에 만든 식민도시들을 통틀어서 그리스인들은 마그나 그레치아라고 불렀다. 식민지가 아니라 새롭고 더 큰 그리스였던 것이다.

토지가 척박한 것은 같았지만 같은 환경 속에서도 로마인들은 법을 중시했고, 도덕을 존중했다. 농경국가였기 때문이다. 농경국가는 정착을 필요로 하기 때문에 도덕적이 되지 않을 수 없다. 농민들에게는 땅에 대한 경외심이 있다. 그래서 지모신地母神 숭배열이 강하다. 미케네도 시칠리아도 모두 헤라와 데메테르 같은 지모신을 존중하는 나라들이다. 그리스도 원래는 농경국가였기 때문이다. 하지만 다른 것이 있다. 로마는 초창기에는 바다를 원하지 않았다. 그래서 내륙에서 영토를 확장하는 일에만 골몰하니 그리스와 충돌할 일이 없었던 것이다.

그리스처럼 척박한 땅에 사는 나무는 올리브 나무뿐이다. 그리스

---

11 시오노 나나미, 같은 책 1권, p. 31.

사람들이 아테나 여신이 주는 올리브 나무에 홀려서 아테네 시의 수호신을 포세이돈 대신에 아테나 여신으로 삼았다. 오렌지는 아니다. 오렌지는 따뜻하면서 비옥한 땅을 좋아한다. 그래서 척박한 땅에서 온 사람들은 오렌지가 열리는 곳을 보면 기적을 보는 느낌이 되었던 모양이다. 그런데 시칠리아에는 오렌지가 풍성하게 열린다. 레몬도 아몬드도 잘 자라고, 석류도 풍성하다. 봄에는 레몬꽃이 만발한다. 시칠리아가 레몬향으로 이상화되는 것은 너무나 당연한 일이다. 향기로운 오렌지나 레몬 나무가 있으니, 척박한 땅에서 온 사람들은 시칠리아를 천국이라고 생각했을 것이다.

유럽 사람들의 시칠리아 예찬은 주로 두 가지에 집중되어 있다. 첫째는 자연이다. 찬란한 태양이 있고, 공기가 맑으며, 일 년 내내 춥지 않고, 꽃이 많이 핀다. 자연의 아름다움은 핀다로스 때부터 내려오는 시칠리아 찬가의 단골 제목이다. 괴테는 팔레르모를 세상에서 가장 아름다운 도시라 생각했고, 핀다로스는 아그리젠토에 같은 찬사를 보냈으며, 모파상은 타오르미나를 예찬했다. 그런데 시칠리아에는 한 가지가 더 있었다. 밀밭이다. 그 풍요로운 곡창지대는 어쩌면 그리스와 로마의 이목을 끈 가장 기본적인 요건이었는지도 모른다. 그들은 식량이 자급자족이 안 되는 곳에서 왔기 때문이다. 척박한 반도에 살던 그리스와 로마 사람들은 그래서 시칠리아의 풍요의 섬을 놓고 쟁탈전을 벌이게 된다. 반도에 사는 사람들은 북으로 갈 수 없으니까 남쪽 바다 너머를 탐내게 되는 것이다.

2
외래문화 수용의 섬나라식 패턴

　같은 이탈리아라도 외래문화를 수용하는 면에서 시칠리아는 한국
과 유사성이 적어 보인다. 섬이기 때문이다. 섬은 외래문화를 수용하
는 태도가 반도와는 다르다. 우리나라는 중국과 육지로 이어져 있으
니까 지속적으로 교류가 이루어진다. 그런데 그쪽이 더 우수한 문화
를 가지고 있으니까, 그 큰 물결에 휩쓸려 자기를 상실할 우려가 있
다. 그래서 우리는 외래문화에 대하여 항상 방어적인 자세를 취하
여 왔다. 겉으로는 받아들이는 척 하지만 안쪽에서는 문을 닫아거는
것이다. 마치 옛날 관료들이 겉옷인 공복公服만 중국식 라운드 네크(단
령)¹²로 만들어 입고, 안에는 동정을 단 직령¹³의 전통 저고리를 그대

12　團領. 목 부분이 둥글게 파인 중국식 관복의 목 부분. 한국에서는 남자 관리들이 관복에
　　만 단령을 썼었다.
13　直領. 한국 저고리에 직선의 동정이 달린 부분. 한국에서는 남자들 관복만 단령이고 여자들
　　은 궁중의상도 모두 직령이다. 동정은 한국옷의 가장 두드러지는 특성이다. 목의 때가 묻기

로 입고 있는 것과 비슷하다. 그건 조금 가진 자의 자위책이라고 할 수 있다.

그런 배타성은 건축에서도 나타난다. 한국인들은 중국 문화를 받아들일 때, 우리의 구미에 맞는 것 하나를 골라서 우리 것으로 만들면, 나머지 것에는 관심을 가지지 않는다. 우리나라 한옥의 지붕의 선은 중국의 문루門樓양식과 비슷하다고 한다. 중국에는 여러 가지 지붕 형태가 있는데, 다른 양식에는 눈을 주지 않으면서 우리는 문루형을 한국화했다. 우리나라 기와지붕은 기와모양이 중국과 다르고,[14] 처마 길이도 달랐으며, 단청색도 달랐고, 담도 달랐다.[15] 우리나라처럼 화강암을 4각형으로 잘라 몸체를 쌓고, 거기에 작은 기와지붕을 얹는 식의 궁궐담은 중국이나 일본에서는 보지 못했다. 그렇게 하여 중국 문화의 수신국인 한국은 한국적인 건축양식을 창출해냈고, 그것을 길이 계승했다.

근대화과정도 비슷하다. 우리가 일본에서 영향을 받은 것은, 그들

쉬운 부분에 갈아 달기 쉬운 동정을 단 것은 실용적인 면에서도 아주 탁월한 아이디어였다.

14 중국은 숫기와가 촘촘하고 일본은 암기와가 넓어 보였다. 한국은 두 가지를 같은 비례로 쓴 것 같다.

15 - 처마. 중국의 4합원 집은 처마가 짧다. 우리나라는 집중폭우가 있기 때문인지 처마가 깊다.
   - 단청. 북경의 자금성은 연보라색이 많이 들어 있었는데, 경복궁 단청에는 녹색이 많이 쓰이고 있었다.
   - 담. 자연석이 아니고 네모나게 절단한 화강암을 가지런히 쌓아 만드는 경복궁식 담은 일본에서는 본 일이 없다. 화산지대여서 화강암이 귀하기 때문일 것이다. 중국에서도 보지 못했다. 자연석을 쓴 곳은 있는데, 화강암을 네모 반듯하게 잘라 만든 경복궁식 담 같은 것은 보지 못했다.

이 서양을 모방하여 만들어낸 서양식 근대 건물이다. 그것을 우리는 양옥이라고 불렀다. 양옥 안에 사는 사람도 침실에는 온돌을 만들고 종이장판을 깔았다. 세상에 종이를 방의 바닥재로 쓴 나라는 우리나라밖에 없을 것이다. 그건 한지처럼 내구성이 강한 종이가 있고, 바닥에 온돌이 있을 때만 가능하다. 일본의 지배를 36년간이나 받았으면서 한국인들은 일본식 주택과 정원을 잘 모방하지 않았으며, 다다미를 쓰지 않았다. 일본집이 있으면 들어가 살기는 하지만, 우리 손으로 일본식 건물을 지어 살지는 않은 것이다. 서울 사대문 안은 더 심하다. 1930년대에 집장사들이 사대문 안에 집단 주거단지를 새로 만들 때에도, 전부 전통적인 한국식 집으로 지었다. 벽돌이나 시멘트, 유리 같은 새로운 건축자재를 써서 부분적으로 개량한 것뿐이다. 건축업자가 의식적으로 그렇게 하여 일본인들이 전통적인 사대문 안의 주택가에 침투하는 것을 막았다는 것이다.[16]

그런 집들은 지금도 북촌에 그대로 남아 있다. 36년간이나 일본의 통치를 받았지만, 지금 한국에는 한국인이 지은 순 일본식 주택은 찾아보기 어렵다. 일본인들이 지은 공공건물도 서양식이지 일본식은 아니다. 양옥을 지을 때도 한국 기와는 비싸니까 일본 기와를 사용했지만, 뼈대는 서양식으로 지었다. 다다미를 깔고 고타츠를 놓는 일본식 주택은 거의 없다. 주거양식면에서는 일본이 한국을 뚫고 들

---

16 1930년대에 사대문 안에 집단주택을 지을 때, '정세권'이라는 건축업자가 한식으로만 지어 북촌과 서촌 같은 한옥밀집지역을 만들었다. 일본인들이 들어와 살지 못하게 의식적으로 그렇게 한 것이다. 그분을 기리는 모임이 있다는 글을 신문에서 본 것 같다.

어오지 못한 셈이다.

옷도 마찬가지다. 우리가 일본에서 받아들인 것은 양복이지 일본
옷이 아니다. 복식服飾 분야에서 일상적으로 애용하던 일본 물건은 지
리멘[17]으로 만든 검은 아이 업는 띠 정도였다. 음식문화도 다를 것이
없다. 차문화도 커피나 홍차를 애용했지 말차抹茶나 반차番茶를 즐기지
는 않았다. 일본 사람들은 한국에 와서 일본식 집단 주택촌을 변두
리에 만들어 따로 살았다. 학교에서는 일본 말만 쓰게 하면서 일본
문화를 강매했지만, 사대문 안에 일본 주택이 쳐들어오지 못한 것처
럼, 기층 문화에는 일본 문화가 뚫고 들어오지 못한 것이다. 일본의
36년간의 강압적인 식민통치는, 생활문화면에서는 그렇게 겉돌고
있었다. 겉옷만 당의 것을 입고 속에 입는 옷은 바꾸지 않은 조선 시
대의 관리들처럼, 학자들이나 문인들도 일본 문화에 대해서는 안에
서 문을 단단히 닫아걸고 열 생각을 하지 않은 것이다.

1920, 30년대의 우리 문인들은 일본 유학을 가서도 러시아 문학
이나 영미 문학 작품을 탐독하고 정작 일본의 근대 문학은 되도록
공부하지 않으려고 의식적으로 노력했다. 그래서 일제 시대에는 체
계적으로 일본 문학을 연구한 학자가 거의 없었다. 일본 문학의 영향
을 기피했기 때문에 염상섭을 빼면, 당시의 일본에서 유행하던 자연

17　오글오글해서 신축성이 있는 옷감. 젖으면 오그라드는 결함이 있지만, 튼튼해서 띠로 만들어
　　아이를 업는 데 애용됐다. 검은색이었다.

주의를 본격적으로 공부한 문인이 거의 없었다. 학자들도 마찬가지다. 그것이 외래문화를 받아들이는 반도적 패턴이다.

일본은 그렇지 않다. 일본은 원래부터 외래문화를 흡판처럼 빨아들여 재빨리 자기화시키는 선수였다. 외래문화와 접촉할 기회가 많지 않기 때문에 조그마한 기회도 최대한으로 활용한 것이다. 그 한 예가 인쇄문화와 도자기문화이다. 임진왜란 때 일본군이 문화면에서 가장 탐을 낸 품목은 1)책과 프린트용 판본, 2)범종梵鐘, 3)도자기의 세 가지였다. 도자기는 자신이 없으니 도공들을 무더기로 끌고 가서 직접 굽게 했다. 한국 범종은 커서 일본식 판옥선에는 너무 무거웠다. 가져가던 도중에 바다 속에 떨어져버린 것이 많다고 한다. 책은 판본도 함께 가져갔다. 그런데 목판본은 문제가 없었지만, 금속활자는 인쇄가 되지 않아서 못 썼다 한다. 아마도 한국에서는 유성잉크를 썼던 모양이라고 생각하고 그들은 분발했다. 그래서 얼마 지나지 않아서 유성잉크로 인쇄된 아름다운 서적들을 양산하게 된다. 일본이 세계적인 도자기 수출국이 되고, 인쇄문화의 종주국처럼 알려진 것은 그들이 외래문화를 성심껏 받아들여 전력을 다하여 발전시켰기 때문이다.[18] 그건 외래문화를 받아들이는 섬나라적 패턴이다.

섬에서는 한번 들어온 외래의 문화는 '화석이 되어(박제)' 그곳에 남는다. 직항로가 생기기 이전의 일본은 중국 문화를 우리나라보다 훨

---

18 김달수 외 2인 편, 『日本の朝鮮文化』, 昭和 60년판, 中央文庫 M 175 참조.

씬 늦게 받아들인다. 중원의 문화는 한국을 거쳐야 일본에 닿을 수 있는데, 우리도 일본과의 교류가 빈번하지 않았기 때문이다. 그래서 외래문화는 일본에서는 아주 소중한 것이었다. 이따금 흘러 들어오는 외래문화를 그들은 흡판처럼 빨아들여서 본국보다 더 발전시킨 상품을 만들어내곤 했다. 일본에서는 문화를 가지고 온 사람들도 융숭하게 대접했다. 논어 천자문을 가지고 간 왕인을 그들은 지금도 기리고 있고, 임진왜란 때 데리고 간 도공들도 잘 대접해주었다. 도공들의 대표자인 이삼평을 도자기의 신으로 섬겨서 아리타有田 시에 신사까지 만들어준 것이 일본 사람들이다. 그렇게 하여 일본은 새로운 도자기의 명가가 되어 해외에서 중국 도자기와 겨루게 되는 것이다.

포르투갈의 경우도 중국의 경우와 유사하다. 포르투갈의 배가 표류해 오니까 일본 사람들은 재빨리 그들에게서 총 만드는 법을 배웠고, 현대의학을 흡수했다. 그렇게 재빨리 서구문명을 받아들인 것이 일본이 근대화과정에서 한국과 중국을 앞지르는 계기가 된 것이다. 쇄국정책을 쓰면서도 일본에서는 나가사키에 오란다(홀랜드) 저택촌을 만들어놓고, 계속 서양의 근대를 학습했다. 그래서 대동아 공영권의 맹주가 될 꿈을 꾸게 되는 것이다. 반도인 우리나라에서는 외래문화가 언제나 위협적 존재로 여겨지는데 일본에서는 그것을 축복으로 받아들인 것이다.

섬에는 어느 곳이나 외래문화가 간헐적으로, 드물게 찾아온다. 그러니까 그걸 반갑게 받아들이는 섬나라적 패턴이 생겨난다는 것이다. 그 점에서 시칠리아도 일본과 유사하다. 그래서 시칠리아에서는 그리스가 와서 마그나 그레치아를 만들 때 원주민들의 저항이 별로 없었다. 그리스 문화가 압도적으로 앞서 있었으니 원주민들은 자연스럽게 그리스 문화에 동화되어갔을 것이다. 그 후에도 시칠리아는 계속해서 밖에서 오는 새로운 문화를 저항 없이 받아들여 소중하게 간직했다. 외국의 문화가 일단 들어오면 지나가버리지 않고, 잦아들어서 꽃을 피운다. 그 다음 것도 그 다음 것도 마찬가지다. 박제의 『신화의 섬 시칠리아』에는 섬의 문화수용 태도에 대한 다음과 같은 구절이 있다.

> 섬은 잘 보존된 보물창고와 같고 그대로 굳어버린 화석과 같다. 오랜 세월 시칠리아에는 갖가지 문명이 좁은 울타리 안에 빼곡히 모였다. 외부와의 연락이 잦지 않아 한 번 들어온 문명은 고스란히 남았다.[19]

그 말대로 시칠리아는 수도 없이 들어오는 외래문화를 하나도 뺄어내지 않고 모두 받아들여서 활용했다. 그리스가 들어오면 제일 전망이 좋은 곳에 널찍한 아크로폴리스를 만들고 수십 개의 신전을 세우면서 자기들의 신을 외래의 신들과 융합시켰다. 아랍 문화가 들어오면 그들에게서 회랑 만들기를 배우고, 그들의 학문과 농경법을 배워서 황무지를 옥토로 만든다. 비잔틴 문화에서는 모자이크 기법과

---

19 「무브 매거진Move Magazine」, 2호, 2017, 39쪽에서 재인용.

아라베스크 문양 만들기를 배웠다. 시칠리아의 기독교 사원들은, 고딕의 남성적인 외면 안에 레이스처럼 섬세하고 우아하면서 품위가 있는 모자이크 성화들을 품고 있다. 건물의 외관보다는 인테리어의 장식예술이 더 명성이 높은 곳이 시칠리아다. 아랍과 비잔티움 덕이다. 노르만의 수도인 팔레르모는 그리스와 로마, 아랍, 스페인 문화의 종합전시장이다.

그들은 어느 것도 버리지 않고 모두 간직하여 활용한다. 코린트식 기둥을 축소한 작은 기둥들 위에 로마식 아치를 얹고, 그 기둥면을 모자이크로 완전히 도배질하는 식이다. 몬레알레의 수도원에서는 회랑의 기둥들을 하나하나 다른 모자이크 문양으로 치장했다. 회랑의 기둥들은 스페인의 알람브라 궁전의 사자의 뜰에 있는 기둥들과 라인은 비슷하다. 그런데 몬레알레의 수도원의 기둥들은 포장지처럼 복잡한 문양으로 덮여 있다. 그리고 그 위에는 코린트식 주두柱頭가 달려 있다. 코린트식과 로마식과 비잔틴양식이 기둥 하나에 다 들어가 있는 것이다. 받아들인 것들을 모두 다 집어넣으려고 했기 때문에 어수선한 느낌을 준다. 스페인에서는 그런 짓을 하지 않아서 기둥선이 훨씬 더 삽상하고 아름답다. 버릴 줄 아는 것도 하나의 미덕인 것 같은데 섬에서는 그걸 하지 못한다. 하나하나가 모두 소중하기 때문이다. 그런 경향은 근대에 와서도 지속된다. 1769년에 큰 지진이 나서 그 모든 역사의 자취를 뭉개버리자, 이번에는, 당대의 유럽의 알라 모드[20]인 바로크 스타일을 선선하게 받아들여 카타나아처럼 새로운 바로크 도시들이 만들어지는 곳이 시칠리아다. 그러면서 우르시노Ursino 성처럼 예전 것이 남아 있으면 그것도 잘 보존한다.

시칠리아는 섬이니까 파괴도 서서히 진행된다. 화산 폭발만 없으면 한번 만든 것이 오래 보존되어 문화의 수장고 역할을 하는 것이다. 오늘날 시칠리아에 그리스 문화가 본토보다 더 많이 남아 있는 이유가 거기에 있다. 본토보다 더 섬세한 모자이크의 명품들과, 본토보다 더 아름다운 회랑들이 남아 있어서 관광객을 끌어모으고 있다. 괴테가 시칠리아는 "모든 것의 시작이다"라고 말한 것은 그런 뜻이었을 것이다. 본고장에서는 사라져버린 모든 문화의 유적들이 옛 모습 그대로 거기에 보존되어 있기 때문이다.

---

20 À la mode. 가장 최신의 유행이라는 불어.

3
자연이 주는 것, 빼앗는 것

자연재해의 폭이 메가톤급으로 큰 것도 시칠리아가 우리와 다른 점 중의 하나이다. 화산지대여서 마그나 그레치아의 영역에서는 자연재해의 폭이 엄청나게 크다. 폼페이같이 먼 곳에 있는 거대한 도시까지 몽땅 화산재로 뒤덮여서 자취를 감출 만큼 이탈리아의 화산들은 규모가 크게 성질을 부린다. 에트나 산도 비스비우스 산보다 실력이 모자라지 않다. 카타니아처럼 화산과 가까운 데 있는 도시에는 17세기 이전의 유적들이 거의 남아 있지 않다. 아홉 번이나 도시를 새로 만들 만큼 지진의 피해가 컸기 때문이다. 그리스와 로마, 아랍, 노르만이 기를 쓰고 만들어놓은 옛 문화의 자취들을, 에트나 산이 쓸어버리고, 또 쓸어버리고 또 쓸어버리고 하니까, 새로운 양식의 건물로 된 도시들이 새롭게 태어나서 시칠리아의 명물이 되기도 한다. 화산에서 먼 곳에는 옛것이 그대로 남아 있으니까 그 작은 섬이 건축물의 전시장처럼 되는 것이다. 신화에서는 제우스신이 용의 머리 백 개를 가진 괴물 티폰을 에트나 화산 안에 가두어놓았기 때문에 그의 분노가 지진이 되어 세상을 뒤흔드는 것으로 되어 있다. 티폰의 분노 는 아직도 가라앉지 않은 모양인지 에트나 산은 지금도 여전히 연기 를 품어내고 있다. 아침에 일어나 호텔 창문으로 그 하얀 연기를 보 았을 때의 경이감이 사라지지 않는다.

그런데 화산을 보러 오는 관광객들이 생각보다 많아서 관광수입 이 나날이 늘어난다고 한다. 그 거대한 산이 만년설을 이고 있으면서 계속 연기를 뿜어 올리고 있으니까, 사람에 따라 다른 다양한 관광 포인트가 생겨난다. 불을 보러 오는 사람이 있는가 하면, 분화구를 보러 오는 사람도 있고, 눈을 보러 오는 사람도 있고, 광석 연구하러 오는 사람도 있다. 활화산이 주는 위험성이, 스릴을 즐기는 젊은이 들의 모험심을 자극하여, 분화구 구경도 중요한 관광자원이라 한다. 사람이 다칠 정도로 위험 부담률이 큰 관광이라는데, 괴테 시대부터 그것은 이미 관광자원이었다. 꼭대기는 사철 겨울인 에트나 산은 하 얀 만년설을 이고 있어서, 고대인들에게는 신들의 거처로 보였다는 데, 현대인들에게는 전천후 관광지로 보이는 모양이다. 괴테는 암석 연구가이기도 해서 이 산의 정상까지 등반하는 일을 여러 번 시도했 고, 모파상도 분화구 구경을 했다고 한다.[21] 분화구 아래로 내려가면

---

21 『모파상의 시칠리아』(어순화 역, 그린비, p. 51~61)에는 그가 분화구 찾아다니는 이야기들이 나 온다.

커피를 파는 곳도 있다 하니 때로는 위험성도 관광상품이 되는 모양이다. 그중에서도 윈터 스포츠가 인기가 있다고 한다. 에트나 화산은 윈터 스포츠의 메카가 되어 많은 관광객들을 불러들인다는 것이다.

그러니 화산은 재앙만 가져온다고 볼 수는 없다. 나일강의 범람처럼 그것은 새로운 부富를 창출하는 원동력이 되기도 하기 때문이다. 관광산업이 번창하는 산자락에 곡창지대인 풍요로운 들판이 있다. 곡창지대의 수익성을 높이는 데도 화산이 기여한다. 4미터씩 쌓여 있다는 화산재에는 땅을 풍요롭게 만드는 걸쭉한 자양분들이 들어 있기 때문이다. 옛날부터 카타니아 평야는 밀과 포도가 넘쳐나는 유명한 곡창지대다. 사라센 사람들이 수로를 만들기 전부터 그곳은 이미 곡창지대였다. 땅이 걸었기 때문에 수확이 많았던 것이다. 금발 빛깔의 밀밭들이 한없이 펼쳐져 있는 카타니아 평야는, 그리스도 로마도 탐내던 보물이다.

로마가 10퍼센트의 속주세를 요구하면, 시칠리아 사람들은 밀 수확량의 10분의 1을 현물로 지불하면 되었다고 하니, 속주생활이 그다지 힘들지는 않았을 것 같다. 곡물뿐 아니다. 그 풍요로운 대지는 과일과 꽃들도 풍성하게 길러낸다. 오렌지와 레몬과 포도, 석류 같은 과일들과, 아몬드 같은 견과류가 시칠리아에는 풍성한데, 그 나무들이 모두 한철은 향기로운 꽃들을 달고 있다. 하지만 그 꽃과 그 밀은 모두 벌을 부르는 꿀단지이기도 하다. 탐내지 않는 나라가 없기 때문이다. 그래서 그것은 시칠리아의 축복이면서 동시에 재앙이다.

▲ 에트나 화산

　화산재는 또 하늘이 내려준 천혜의 건축자재이기도 하다. 시멘트와 비슷한 역할을 하는 천연의 건축재인 것이다. 거기에 섞을 역청이 또 풍부하고, 석재石材도 지천으로 깔려 있다. 암반지대가 없어서 진흙으로밖에 신전을 지을 수 없었던 메소포타미아 같은 지역과 비교하면, 에트나 산자락은 하늘이 내려준 선물이 너무 많다. 고대의 사원들이 장수하는 것, 몇천 년 동안 그 원형을 잃지 않는 것은, 돌로 지었기 때문이다. 돌뿐 아니다. 돌과 돌 사이를 밀착시켜주는 화산재와 역청의 공도 크다. 돌로 다져서 만든 도로가 장수하는 이치도 같은 곳에 있다.

　시칠리아는 또 유명한 유황의 산지이기도 하다. 지금도 쉬엄쉬엄 연기를 내보내고 있는 에트나 화산에 유황이 끝없이 들어 있어 시칠리아를 유황산지로 만든다. 유황은 시칠리아에서는 연탄처럼 땔감으로 쓸 정도로 풍성하다고 한다. 쓰고도 남아서 수출을 한단다. 유황은 GNP를 높이는 원동력의 하나가 되고 있다. 그러니 유황의 계곡은, 시칠리아 국민을 먹여 살리는 화수분이기도 하다. 하지만 유황이 뒤덮은 골짜기는 정말 끔찍하다. 고약한 냄새를 피우며 지글지글 타고 있는 유황산지는 지옥 같아서, 호메로스는 그 분화구를 저승의 입구라고 생각했다. 하지만 시칠리아에서 우리는 한 번도 유황과 맞닥뜨린 일이 없다. 우리가 본 것은 사철 꽃이 핀다는 아름다운 고속도로변의 자연과 따뜻한 날씨였다.

"팔레르모에는 굴뚝이 없다"고 한다. 그것은 우선 난방이 없이도 살 수 있게 기후가 온화하다는 것을 의미한다. 그러면서 동시에, 빵을 공동으로 만드는 곳이 있다는 의미이기도 하다. 오랜 예전부터 그곳에는 요리용으로 개인집에서 큰 화덕을 만들 필요가 별로 없을 정도로 공공의 편의시설이 많았던 것 같다. 일용할 양식인 빵이 쉽사리 주어지는 시칠리아나 로마, 이집트 같은 곳은 축복받은 지역이다. 시칠리아는 자연이 빼앗는 것도 많지만 베풀어주는 것도 많은 드라마틱한 섬이다.

4
세 바다 위에 떠 있는 섬

일본 사람들은 자연이 주는 혜택을 '산의 축복山の幸' '바다의 축복海の幸'이라고 부르고 있다. 시칠리아는 그 두 가지를 다 누리고 있는 고장이다. 그곳을 둘러싼 바닷가에는 터키색에 가까운 고혹적인 색상을 가지고 있는 곳이 많다. 먼 바다는 또 눈이 아리게 푸른 밝은 남색이다. 대륙붕이 적어서 물고기가 많지 않다니 비린내도 나지 않을 청정해역이다. 배도 많지 않은데, 풍랑까지 적으니 그 호수 같은 남벽색藍碧色 바다는 인간의 영혼을 위무하는 자연의 특혜다. 파도가 일지 않는 그 고요한 바다는 석류꽃과 쟈카란다, 골든체인, 레몬꽃, 유도화, 양귀비 같은 아름다운 꽃들이 피어 흐드러진 해변과 어울려서 시칠리아를 '꼭 가보고 싶은 나라'로 만든다.

시칠리아는 바다 복을 타고 났다. 티레니아해와 이오니아해, 지중해의 세 바다와 접해 있는 시칠리아는, 그 바다로 인해 관광객을 불러 모은다. 어느 영화에서는 바다 속에 들어간 다이버가 그곳이 너무 아름다워서 나오고 싶지 않아 산소줄을 끊어버렸다는 말도 들었다. 섬이니까 그런 기막힌 바다가 사방에 풍성하다. 자동차를 타고 몇 시간은 가야 산이 나타나는 지방이 있다는 나라에서 온 괴테처럼. 내륙 지방에서 생전 바다를 보지 못하다가 온 사람들은, 인생관이 바뀔 정도로 인상적인 환경이다. 예전의 카르타고가 바라보이는 그 바다는 정갈한 바다다. 검은 배가 하나도 떠 있지 않는 세 개의 바다는 해상 스포츠를 즐기는 사람들에게는 환상의 공간이다.

뿐 아니다. 그 바다는 천혜의 길이기도 하다. 지브랄타의 물목이 좁아서 파도가 잘 일지 않는 고여 있는 바다가 지중해다. 지중해는 겨울철을 제외하면 풍랑도 잘 일지 않는 호수 같은 바다다. 페르시아 전쟁 때 트라키아 출신의 용병이었던 그리스 군인들이 갑자기 고용주가 죽어서 객지에서 미아가 된 일이 있다. 그들은 오랫동안 험준한 산을 타고 넘어 귀향길에 올랐다. 그러다가 바다가 나타나자 일제히 "바다다"라고 외치면서 환호했다. 바다는 그들에게는 '길'이었기 때문이다.[22] 파도가 적어 위험하지 않은 그 호수 같은 바다는 돈 안 드는 고속도로이기도 하다. 나일강처럼, 아스팔트도 신호등도 필요 없는 천혜의 무료 도로인 것이다. 바다는 빠르고 기능적인 수송로이다. 그 바다가 시칠리아에 풍요를 가져왔다. 교역이 쉬웠기 때문이다.

이런 좋은 여건들이 합세해서 그리스의 식민도시였던 시라쿠사를

---

22 크세노폰, "원정기遠征記"에 나오는 삽화다. 그리스 문화사, p. 22 참조.

본국보다 더 빨리 번창하게 만든다. 아테네를 능가할 실력을 갖추게
되자, 본국 사람들이 샘을 내서 쳐들어올 만큼 흥성한 식민도시였던
것이다. 게다가 시칠리아는 이탈리아와 본토와는 3.2킬로밖에 떨어
져 있지 않다. 아프리카와도 140킬로밖에 떨어져 있지 않은 곳에 있
는 것이다. 그런 지리적 근접성은 침략의 원인이 되기도 하지만, 통
상면에서 보면 그리스보다 훨씬 유리한 조건이다. 유럽과 아프리카,
이집트와 터키 등을 잇는 십자로 한복판에 위치하기 때문에 어느 쪽
으로 가도 운반비가 적게 드는 것이다. 그런 여건이 시라쿠사와 아그
리젠토 같은 식민도시를 아테네와 비슷한 인구를 가진 나라로 급성
장시킨 것이다.

▲ 시칠리아 아그리젠토의 그리스 신전 계곡

I

마그나 그레치아로 가는 길

1
신들이 살던 곳

전설에 의하면 시칠리아에는 태초에 신들이 살고 있었다.

에트나 산의 그을린 동굴에는 냉혹한 불의 신 시켈이 살았다. 높은 중앙 고원에는 프로세르피나가 데이지 꽃다발을 만들며 앉아 쉬던 연못이 있는데 바로 이곳에서 그녀는 풀루토에게 납치되어 끌려가 저승의 왕비가 되었다. 고대의 서쪽 언덕 정상은 헤라클레스가 에류크스 왕과 싸웠던 결투장이다. 그리고 동부 해안에는 키클로프스 중의 하나인 사이클롭스가 달아나는 오디세우스에게 무력하게 분노를 터뜨리며 내던졌다던 바위들이 흩어져 있다.[23]

제우스의 동생인 하데스(풀루토)와, 대지의 여신 데메테르가 딸과 함

---

23 스탠리 리그스, 『시칠리아 풍경』, 김희정 역, 산지니, p. 33 (원서 『Vistas in Sicily』, 1912년).

께 살던 곳이 시칠리아다. 그들뿐이 아니다. 에트나 산에서 북으로 약 70킬로미터 떨어진 바다에 볼카노라는 화산섬이 있다. 거기에 불의 신 헤파이스토스의 대장간이 있었다고 한다. 볼카노 섬이 아니라 에트나 산이었다는 설도 있기는 하다. 에트나라는 이름이, 시칠리아를 차지하려고 데메테르와 헤파이스토스가 싸울 때, 싸움을 말리던 님프의 이름[24]이라 하니, 그 신들이 시칠리아에 살았던 것만은 확실하다. 그 밖에도 시라쿠사Siracusa의 오르티지아Ortygia 섬에는 아레투사의 샘물이 있다. 강의 신 알페이우스Alpheus가 님프 아레투사Aretusa에게 반해서 거기까지 쫓아왔다가, 여자가 샘물로 변해버리자 자기도 샘물이 되어 그 옆에 남아 있었다는 전설이 있는 샘이다. 그리고 헤라클레스가 레슬링을 하던 곳도 있다.

시칠리아는 신들이 내려와 살 정도로 아름다운 고장이다. 괴테는 "자연에 관한 한 시칠리아는 흠잡을 데가 없다"고 극찬했고, 스탠리 리그스는 백 년 전에 쓴 『시칠리아 풍경』(1912년)에서, 그 고장의 아름다움을 다음과 같이 예찬하고 있다.

그리스 신전이 서 있는 언덕 꼭대기와 에메랄드 습지는 등대풀과 미나리아재비의 황금빛으로 반짝이고, 셀 수 없이 많은 양귀비꽃의 짓궂은 붉은 혀로 알록달록하게 장식되어 있다. 오렌지, 레몬, 유자, 아몬드와 캐롭 나무가 가득한 밝은 숲에서 풍기는 과일과 꽃의 향기는 거의 압도적인

---

24 박제, 앞의 책, p. 227 참조.

달콤함으로 공기를 가득 채운다.[25]

그리고 마지막에 가서 그는 이런 말을 덧붙인다. "그 이상 무얼 더 바랄 수 있다는 말인가?" (점: 필자)

더 바랄 것이 없이 아름다운 그 천지에 두 번째로 와서 산 주민은 신들의 가족인 타이탄족이다. 메시나Messina 해협에는 독수리처럼 크고 아름다운 날개를 가진 사이렌들이 살고 있었고, 에트나 산속 동굴에는 키클롭스족의 작업장이 있었다. 해협에는 바닷물을 몽땅 들이켰다가 내뿜어서 배를 난파시키는 괴물 카리브디스와 한꺼번에 여섯 사람을 잡아가는 실라도 살고 있었으며, 백 개나 되는 용의 머리를 가지고 있는 괴물 티폰이 갇혔다는 감옥도 에트나 산의 지하에 있었다 한다. 갇혀 있는 티폰은 울화가 치밀어 오를 때마다 불덩어리를 뿜어대서 지축을 흔든다. 그것이 에트나 산의 폭발이라는 것이 신화의 해석이다.[26] 포세이돈의 아들 폴리페무스의 동굴도 에트나 산 기슭에 있었다. 폴리페무스는 그 섬에서 사랑도 한다. 가냘픈 님프에게 격에 맞지 않는 애달픈 짝사랑을 하는 것이다.[27] 거대한 타이탄족들은 덩치 값도 못하고 허망하게 올림포스 신들과의 싸움에서 지고 만다. 그래서 모두 타르타로스 해저에 갇혀버린다. 그들이 사라져버린 자리에 인간들이 들어온다.

---

25 리그스, 앞의 책, p. 33.
26 박제, 앞의 책, p. 231.
27 스탠리 리그스, 앞의 책, p. 179.

2
인간 정복자들

식민도시가 생겨날 무렵에 시칠리아에 먼저 와서 살던 원주민은 시켈족이다. 그래서 이 땅은 시켈리아라 불렸고, 거기에서 시칠리아라는 이름이 생겨났다. 호메로스의 『오디세이아』에는 시켈족에 대한 언급이 두 번이나 나온다. 오디세우스네 돼지 지키는 인부는 페니키아 상인들에게 납치되어 팔려온 시켈인 노예다. 오디세우스를 붙잡은 페니키아 상인들이 그를 시켈인에게 노예로 팔려고 모의하는 대목도 있다.[28] 페니키아인들은 노예상인이기도 했던 모양이다.

시켈족은 기원전 14세기경에 본토에서 왔다 하니, 그들도 원주민이 아니다. 그들도 원주민인 시칸족을 몰아내고 그 땅을 차지한 것이다. 그 다음에 온 것이 그리스인이다. 새로 온 그리스인들은 땅을 내

---

28 호메로스, 『일리아스 오딧세이아』, 세계의문학대전집, 동화출판공사 11권. 14장의 돼지지기 에우마이오스와 오디세우스의 대화 중에 두 건이 모두 나온다.

놓으라거나 노예로 삼겠다고 하지 않았다. 도시를 만들어 같이 살자고 한 것이다. 땅은 넓은데 사람은 적으니 원주민들은 반대할 이유도 없었을 것이다. 그리스인들의 새 도시 만들기는 그다지 어렵게 이루어진 것 같지 않다. 그래서 시오노 나나미가 "원주민은 없는 것과 마찬가지였다"[29]고 한 모양이다.

그리스인들보다 먼저 시칠리아에 찾아온 이방인은 페니키아인이었다. 구약성서에 나오는 가나인이다. 티레, 시돈과 레바논을 중심으로 활동하던 이 해상민족은 상술이 뛰어난 상인들이다.[30] 이스라엘 사람들처럼 히브리어를 쓰고, 바알 신을 믿는 페니키아인들은, 고도의 문명을 가지고 있었고, 알파벳을 만들어서 그리스에 전수했다. 그들은 돈만 되면 사람도 납치해다 파는 노예상인적인 면도 가지고 있었던 것 같지만, 상인들이어서 역시 전쟁은 원하지 않았고, 영토확장욕도 없었다. 그들은 통상을 위해 그리스인들처럼 거점이 필요했고, 자기네들의 이익을 위해 원주민들과 마찰하는 것을 원하지 않았던 것이다. 하지만 페니키아인들이 시칠리아에 나라를 세웠다는 기록은 없다. 거기 와서 살았다는 기록조차 남아 있지 않다.

그러니까 시칠리아의 역사는 그리스인이 오면서 시작된다. 기원전 8세기부터 기원전 3세기까지가 그리스의 식민지 시대다. 기원전 8세기에 이 섬에 표류한 이오니아의 테오클레스는 그 땅에 그리

---

29 시오노 나나미, 『그리스인 이야기』 1권, p. 31.
30 박제, 같은 책, p. 54.

스 식민지를 개척한 파이오니아였다. 메시나와 카타니아는 이오니아 사람들이 만든 식민지다. 하지만 시칠리아에는 스파르타인은 많지 않았다. 그들은 해외로 나가 사는 것을 좋아하지 않아서 식민도시를 만드는 일에 열성이 없었다. 그래서 이탈리아 본토에 타란토 하나만 만들고 그만둔다.

아테네도 시칠리아에는 취미가 적었다. 식민도시에 대한 욕심은 많았지만, 거리가 멀어서 불편했던 것이다. 에게해를 빠져 나와 펠로폰네소스 반도를 한 바퀴 돌고 나서 다시 북으로 올라가야 시칠리아가 나오니까 그들이 네아폴리스Neapolis(새 폴리스)라고 부른 나폴리와 파에스툼을 차지하고는 시선을 동쪽으로 돌려버렸다. 에게해 건너편의 이오니아 해안과 흑해 쪽으로 방향을 바꾼 것이다.

시칠리아에 식민지 만들기에 편리한 위치를 차지하고 있던 것은 코린트였다. 기원전 8세기의 코린트는 지중해 최대의 해운국이었고, 지리적으로도 지중해에서 가장 가까운 그리스 국가였다. 아직 코린트 해협이 뚫리기 전이니까, 이오니아해 쪽에도 항구가 있는 코린트가 시칠리아의 동남 해안을 점령하기에는 유리한 위치에 있었다. 시칠리아의 식민지를 대표하는 시라쿠사와 아그리젠토가 코린트가 세운 나라다. 시칠리아에서는 가장 큰 식민도시인 것이다.

그리스의 대표적인 폴리스들이 참여해서 만든 이탈리아와 시칠리아의 식민도시들을 통틀어서 그리스인 사람들은 마그나 그레치아라고 불렀다. 거대한 그리스라는 뜻이다. 그러니까 그것은 외국에 있는

▲ 마그나 그라치아

식민지가 아니라, 그리스인들이 새로 세운 더 크고 더 멋진 그리스다. 그 거대한 그리스에 그들은 가는 곳마다 신전을 세우고, 극장을 새로 만들면서 행복했을 것이다. 하지만 시칠리아의 북서부에 있는 팔레르 모 근처는 페니키아의 후예인 카르타고가 관장하는 지역이었다. 마그 나 그레치아는 카르타고와는 비교가 안 되게 범위가 넓었을 뿐이다.

로마가 시칠리아를 점령한 기원전 214년까지의 약 5백 년 동안 이 그리스 지배기였다. 그동안에 시칠리아의 그리스 식민도시들은 나날이 성장해갔다. 기원전 4세기가 되자 알렉산더 대왕이 한 차례 휩쓸고 간 그리스 본토는 점점 쇠퇴해가는데, 마그나 그레치아는 계 속 번성했다. 기원전 734년에 코린트인들이 세운 시라쿠사는 기원 전 5세기경에는 본국의 아테네가 샘을 낼 정도로 급성장한다. 경제

▲ 시칠리아 지도

적으로만 성장한 것이 아니라 문화적으로도 중심지 역할을 담당했다. "피타고라스가 학교를 세우고 유클리트가 새 학설을 발표하고, 아르키메데스가 신무기를 만들어내는"[31] 최첨단의 고장이 된 것이다.

그리스를 통틀어 인구가 20만이 넘는 폴리스는 아테네, 시라쿠사, 아그리젠토 셋밖에 없었다. 본토에는 아테네밖에 없는데, 시칠리아에는 두 개나 있던 것이다. 시칠리아가 본토보다 우세했던[32] 것을 그로 미루어 짐작할 수 있다. 로마는 시라쿠사를 속국으로 만든 후에도 특별히 우대한다. 그들이 좋아하는 그리스 문화의 가장 빛나는 부분

31 시오노 나나미, 『그리스인 이야기』 1권, p. 31 참조.
32 H.D.F. 키토, 『그리스 문화사』, 김진경 역, 탐구당, 2004, p. 116.

이 거기 있었기 때문이다.

그래서 시칠리아에는 당대의 그리스의 명사들이 많이 찾아왔다. 사포가 한동안 와서 살았고, 시모니데스도 방문했으며, 핀다로스는 서정시로 시칠리아의 역사를 노래했고, 아이스킬로스는 히에론 1세의 초대를 받아 「에트나의 여인들」을 그곳 극장에서 초연했다. 플라톤도 디오니시우스 때 두 번이나 그의 궁정에 와서 머물면서 이상국가를 실현해보려고 애를 썼다. 그의 이상국가론이 듣기 싫어진 디오니시우스가 그를 노예로 팔아버린 이야기가 유명하다. 친구들이 도로 사오지 않았다면 플라톤은 노예가 될 뻔했던 것이다.

마그나 그레치아에도 대단한 인물이 많았다. 에트나 화산의 분화구에 투신자살을 하는 엠페도클레스가 아그리젠토 출신이다. 유명한 의사이고 철학자이며 시인이었던 엠페도클레스는 에트나 화산이 불을 뿜는 원리에 대하여 연구하기 위해 그 근처에 오두막을 치고 살았다. 스스로를 신이라고 착각한 그는 어느 날 불길이 치솟는 분화구에 몸을 던져 자살한다. 화염 속에서 부활하는 꿈이라도 꾸었던 모양이다.

그의 비범한 죽음은, 진기한 것을 좋아하는 많은 유럽 시인들에게 영감을 주었다. 그중에서도 19세기의 영국 시인 매슈 아놀드가 쓴 「에트나 화산 위의 엠페도클레스」라는 시가 유명하다. 그는 화염 속으로 몸을 던지는 철학자의 심정을 다음과 같이 묘사한다.

튀어 오르고, 울부짖어라, 너 불의 바다여!

내 영혼은 너를 만나려고 달아올랐다.

지쳐버리고, 절망과 어둠의 안개가 가리기 전에

다시 한 번 용솟음쳐라.

나를 받아다오! 나를 구해다오![33]

금관의 부피를 재는 원리를 목욕탕에서 찾아내고는 너무 신이 나서 벗은 채로 '유레카!'라고 외치면서 거리로 튀어 나왔다는 일화로 유명한 아르키메데스, 천재적인 수학자인 아르키메데스도 시라쿠사에서 태어난 그리스인이다. 그는 거리 조종이 가능한 투석기와 석궁^{도루}, 크레인 비슷한 기중기, 반사경 등을 새로 만들어서 포에니 전쟁 때 마르켈루스 장군이 이끌고 온 로마의 네 개 군단에 막대한 타격을 입혔다. 거리 조정 투석기가 있으니 군인들은 요새에 앉아 바다에서 접근해오는 로마의 군함들을 하나하나 명중시켜 침몰하게 만들었고, 다가오는 작은 배들은 새로 만든 크레인 같은 것으로 난짝 들어 바다에 던졌으며, 반사경으로 적의 눈을 부시게 하여 활을 쏠 수 없게 하면서, 로마군의 접근을 막은 것이다. 농성 기간이 자그마치 2년 가까이 될 정도로 그의 신무기의 위력은 대단했다. 한 수학자가 네 개 군단의 병력을 혼자 막은 것은 기적이다.

하지만 성문이 안에서 열린 것도 역시 기적이다. 술 취한 파수병이 실수하여 문을 열어주는 바람에 결국 요새 지키기는 실패로 돌아

---

33 박제, 앞의 책, p. 236. 재인용.

갔다. 한 사람이 큰 실수를 저질러 다른 한 사람의 빛나는 공적을 수포로 돌려버렸으니 그 병사도 엄청난 일을 해낸 셈이다. 로마 병졸이 아르키메데스를 잡으러 방으로 쳐들어왔을 때, 그는 연구 중이었다. 그래서 자신의 연구를 갈무리하기 위해 시간이 좀 필요하다고 사정하다가, 그를 몰라본 병사에게 간단하게 사살당한다. 마르켈루스 장군은 그를 아껴서 절대로 죽이지 말라고 엄명을 내렸다는데, 명령이 하부까지 전해지지 않았던 모양이다.

시라쿠사의 오르티지아 섬에는 그 전설적인 수학자를 기념하는 박물관이 있다. 우리가 갔을 때 거기서는 〈아르키메데스와 레오나르도 다빈치〉 전을 하고 있어서 그때의 신무기의 모형들을 보고 만지는 일이 가능했다. 열면 내용물이 일어서서 입체화되는 50불짜리 특제본 도록을 특별히 간행했다는데, 아르키메데스의 것은 매진되어 없었고, 다빈치의 것만 남아 있었다. 모두 이탈리아어로 된 책밖에 없어서 남편이 부탁한 책은 하나도 사지 못했다. 그 대신 아르키메데스가 만들었다는 세계 최초의 직소 게임판의 모조품을 하나 샀다. 하나밖에 없어서 딴 사람들은 사지 못할 정도로 아르키메데스는 아직도 인기가 있었다. 사후 2천 년 후에까지 그 좁은 골목으로 그렇게 많은 사람들이 찾아오게 만든 그의 위대함에 머리가 숙여졌다. 세계 최초의 목가牧歌의 시인 테오크리토스도 시라쿠사 출신이란다. 시칠리아의 자연을 읊은 시로 그는 명성을 얻었다는 것이다. 시칠리아에 가보면 최초의 전원시가 왜 그곳에서 씌어졌는지 알 것 같다.

3

식민지 만들기

정복당하는 입장에서 보면 남의 나라의 식민지가 되는 것은 죽음을 의미한다. 국권을 상실한다는 것은 자유를 잃는 것이며, 인간으로서의 기본적인 권리를 말살당하는 것이다. 모국어도 빼앗기고 이름까지 빼앗기는 것이 식민지 백성의 운명이다. 나라를 잃는다는 것은 그 모든 일을 당하는 것을 의미한다.

그러나 정복자의 입장에서 보면 식민지가 생기는 것처럼 신이 나는 일은 없을 것 같다. 식민지를 만들면 그 광활한 남의 영토가 자기네들 손에 무상으로 주어진다. 본국이 옹색하고 좁은 그리스나 영국, 일본 같은 나라 사람들에게는 정말로 환장할 만큼 신이 나는 일이었을 것이다. 그건 횡재였기 때문이다. 기원전 8세기 전후에 그리스의 도시국가들이 마그나 그레치아 지역에 식민지를 만드는 일은 아주 신이 나는 작업이었다.

하지만 그리스의 마그나 그레치아는 영국이나 일본의 식민지와는 성격이 달랐다. 고대에는 식민지를 만드는 일이 쉬운 편이었다. 전쟁 같은 것을 하지 않고도 차지할 수 있는 무주공산無主空山이 더러 있었기 때문이다. 그런 데다가 그리스인에게는 그 땅을 빼앗거나 지배할 마음이 없었다. 하지만, 땅이 좁으니까 자기 국민이 가서 살 수 있는 다른 곳은 필요했다. 그래서 만든 것이 식민도시였으니, 영국이나 일본과는 개념이 다르다. 그래서 원주민과의 마찰도 많지 않았다. 그리스인들은 정치적으로 식민지를 간섭할 마음이 없었다. 세금을 원하는 것도 아니고, 노예로 만든 것도 아니다. 빈 곳을 스스로 개척하여 농사를 짓고 장사를 하면서 같이 살자는 것뿐이니 원주민들도 결사적으로 반대할 이유가 없었을 것이다.

스파르타는 영토욕이 더 적었다. 워낙 작은 나라여서 메세니아를 침범해놓고도 통제할 기력이 없어서 허덕였던 스파르타인들은 대체로 현상유지를 선호했다. 발이 땅에 닿아 있어야 안정이 되는 내륙형 사람들이어서 해외에 나가는 것 자체를 그다지 달가워하지 않았던 것이다. 그래서 마그나 그레치아에는 스파르타령이 타란토 하나밖에 없다. 다른 나라들은 그렇지 않았다. 진취적인 그리스인들은 새 공간이 필요할 때마다 과감하게 식민도시를 늘려갔다.

그리스인들은, 식민지를 만들 때 이미 국가체제를 갖춘 기성국가에 쳐들어가는 것은 원하지 않았다. 원주민이 있되 아직 조직이 생기지는 않은 허술한 지역이 그들이 선호하는 후보지였다. 하지만 그보다 더 중요시한 조건은 바다였다. 모든 조건에 부합하는 땅이 있다 해도 내륙에 있으면 그리스인들은 거들떠보지 않았다. 그들이 아직 자리가 잡히지 않았던 초기의 로마에 관심을 가지지 않은 것은 바다에서 멀었기 때문이다. 바다는 교역을 위해서도 꼭 필요했다. 상업국인 그리스는 짐을 쉽게 싣고 내릴 수 있는 곳이 필요했다. 그들이 로마를 탐내지 않은 두 번째 조건은 교역이다. 로마는 농경국가여서 구매력이 적었기 때문에 교역의 대상으로는 매력 있는 상대가 아니었던 것이다.

그리스인들은 바다를 낀 도시를 물색하여 해변가에 차례차례 식민도시를 만들어갔다. 소아시아의 해안선을 끼고 내려가면서 이오니아에 식민도시들이 먼저 만들어졌다. 그 다음이 이탈리아였다. 나폴리에서 메시나로 내려오는 남동쪽 바닷가와 시칠리아의 동남 해변에 식민도시들이 많이 만들어져서 마그나 그레치아가 생겨났다. 그리스인들은 새 도시를 정치적으로 지배할 마음이 없었다. 마그나 그레치아의 도시국가들은 그곳에서 나온 참주들이 다스렸다. 그래서 본국과 식민지의 정치적 유대는 아주 흐슨했다. 본국에서 참견을 하지 않았기 때문에 새로 생긴 나라들은 자기네들이 원하는 반향으로 발전해갔다.

넓고 아름다운 새 고장에 새 도시를 원하는 스케일로 만들 수 있었으니 그리스인들은 얼마나 신이 났겠는가? 그 신천지가 얼마나 아름다웠으면 아이스킬로스 같은 대시인이 만년을 거기 살다가 그 땅에 묻혔겠는가. 기원전 8세기에 그리스인들은 시칠리아라는 신천지에 마그나 그레치아를 만들면서 너무나 너무나 신이 났을 것이다. 손에 피를 묻히면서 강탈한 땅이 아니니 양심에 거리끼는 일도 적었을 것이니 그들은 시칠리아에 감사할 일이 많았을 것이다.

근대에 와서 식민지를 만든 제국주의자들이 신명이 나는 것은 그보다 몇 배 더 했을 것이다. 이미 식민지가 공짜로 주어지던 시대는 지나가서 식민지 만들기는 하늘의 별 따기였으니 식민지가 주는 기쁨도 그만큼 컸을 것이다. 그때는 이미 식민지를 얻으려면 피를 뿌려야 하는 시대였다. 그 희생의 부피만큼 착취도 많아졌을 것이고, 신명도 커졌을 것이다.

인도라는 한 대륙을 몽땅 차지한 영국은 얼마나 신이 났겠는가? 본국보다 엄청나게 큰 대륙이 통째로 수중에 들어온 것이다. 거기에 타인의 손으로 이루어놓은 완벽한 인더스 문명까지 덤으로 얹혀 왔다. 세금을 마음대로 징수할 수 있는 데다가 인도라는 방대한 구매처가 생겼으니, 대륙을 독점한 섬나라 사람들은 하늘에라도 오른 기분이었을 것이다.

영국인들의 그 당시의 신명은 새 도시를 만드는 작업에서 확인된다. 그들은 뉴델리 한복판에 세계에서 가장 넓은, 광장 같은 도로를 만들어놓았다. 그 길 한쪽에 인디언 게이트를 세우고, 반대쪽 끝에 영국식으로 거창한 총독관저를 지었다. 신고전주의 양식의, 조선총독부 같은 건물이다. 그 앞에 호수까지 만들어놓아 멀리에서 보면 천

성天城같이 보이는 신비한 총독관저에는, 자그마치 130헥타르에 달하는 무굴식 정원이 있다고 한다. 본국에서는 상상도 할 수 없는 스케일이다. 영국인들은 안목이 있어서 기존의 보석 같은 구도시를 부수지 않고, 그 옆에 자기네들이 살고 싶은 새 도시를 원하는 양식으로 새로 만들었다. 원하는 대로 길을 넓히고 원하는 대로 건물 면적을 넓혔으니 인도는 영국의 마그나마그나 브리타니아Britannia였을 것이다.

일본 사람들도 다를 것이 없다. 한없이 넓은 만주 벌판에 철도를 좌악 깔아놓고, 그 광활한 대지를 마음껏 달리는 섬나라 사람들의 들뜬 심정을 그들은 '만철기분滿鐵氣分'이라고 이름 지었다. 우리나라와 만주를 삼키고도 성이 차지 않아서 중국 본토까지 공략하느라고, 일본군은 한 도시에서 몇만 명의 양민을 도살하는 만행까지 저질렀다. 그리고 소중한 '만철기분'을 영원히 누리기 위해, 새로 차지한 식민지에 자기 나라 것과 양식이 같은 서양식 건물들을 여기저기에 지어놓았다. 거창한 기차역을 세웠으며, 관청과 은행과 병원을 지었고, 대학도 만들었다.

1920년대에 한국에 온 일본의 유명한 문인 시마무라 호게츠島村抱月가 "조선에서도 만철기분을 좀 내면 좋겠다"는 발언을 한 일이 있다. 도쿠도미 소호德富蘇峯는 한국의 분위기가 침체되어 있는 것을 보고 "조선 13도 전체가 무덤 같다"는 발언까지 했다.[34] 남의 나라를 공

---

34 박춘일, 『근대 일본에서 본 조선인像』, 미래사, 1969, p. 125~128에서 재인용.

동묘지처럼 만들어놓고, 묘지 같다고 흉을 본 셈이다. 한국과 중국은 일본이 마음대로 주무를 수 있는 꿈의 동산이 되었으니 일본인들에게는, 아시아 전체가 마그나마그나 재패니아Japania였을 것이다.

그 재미에 눈이 멀어서, 힘 있는 나라들은 총칼을 휘두르며 무력으로 작은 나라들을 계속 짓밟아갔다. 그런 식으로 남의 나라의 영토와 주권을 빼앗는 것은 절대로 절대로 해서는 안 되는 만행인 줄 뻔히 알면서 남의 나라들을 강점한 것이다. "유럽인들은 신세계의 자원을 무제한으로 약탈했고, 원주민들을 노예로 삼으면서 그들에게 토착신앙을 버리고 자기네 신을 섬기도록 강요했다. 역사상 처음으로 하나의 문명이 다른 문명을 조직적으로 와해시키는 만행이 저질러진 것이다"라고 마이클 우드가 통탄痛歎[35]한 것은 그 때문이다.

뿐 아니다. 침략자들은 피점령국가의 문화재들을 모조리 약탈해갔다. 그리스에서 고전 시대의 조각과 항아리들이 자취를 감추었듯이, 인도에서도 영국은 문화재를 정신없이 약탈했다. 벽에 보석으로 상감한 궁궐의 그림에서, 다이아몬드를 파내느라고 병졸들이 칼로 궁전의 벽화들을 마구 훼손한 자국을 본 일이 있다. 파르테논 신전의 페디먼트[36]에 장식되었던 페이디아스의 조각까지 파내가는 사람들이니 더 말할 필요가 없다. 그들은 남의 나라의 무덤을 파헤쳤으며, 개인집의 소장품까지 털어갔다. 그리고 경제적 착취를 계속했다. 소

---

35 마이클 우드, 『인류 최초의 문명들』, 중앙 M&B, p. 279.
36 Pediment. 그리스 신전의 전면에 있는 삼각형 지붕 밑의 삼각형 부분. 그 공간에 나라마다 자기네 예술을 담았지만, 백미는 페이디아스가 만든 파르테논 신전의 조각들이다.

작세를 70프로까지 받아간 나라가 있었다니 할 말이 없다.

지하자원이나 땅을 차지하는 것은 약과다. 그 다음에는 문화가 말살되는 단계가 오기 때문이다. 식민지의 한국 아이들은 아침마다 일본 궁성을 향해 절을 하는 일을 강요당하는 동안에 단군과 이순신을 잊어갔고, 유일신을 믿는 목사님들은 억지로 끌려가서 일본 신사에 참배하는 것을 강요당했다. 하지만 그중에서도 가장 용서할 수 없는 것은 문화적 자존심을 짓밟는 행위였다. 영국인들이 아직 미개한 야만족이었던 시절에, 인도에는 이미 그들의 손이 닿을 수 없을 만큼 빛나는 인더스 문명이 존재했다. 샤자한의 궁전이 있었고, 델리에는 실내에 물을 흘려 냉방이 된 궁궐에 보석으로 만든 벽화가 있었다.

그 위대한 문명을 만든 사람들을, 근대화가 좀 늦었다는 이유로, 목욕을 자주 하지 않는다는 이유 같은 것으로, 영국인들은 야만인 취급을 했다. 중국에서도 같은 일이 벌어졌다. 침략자들은 중국에 들어가서 아편을 팔았고, 자기 나라 공원에도 못 들어가게 팻말을 붙였다. '개와 중국인은 출입금지'라고 썼다니 중국인들을 금수 취급을 한 것이다. 일본인들도 마찬가지다. 그들은 자기 문화의 종주국인 중국 사람들을 어쩌자고 '짱꼴라'라는 모멸적인 호칭으로 불러댔다. 우리는 어렸을 때 "시나진노 짱꼴라와 미나미나 고로세!(중국의 짱꼴로는 모두모두 죽여라)"라는 노래를 부르며 고무줄놀이를 했다.

일본인들은 우리나라 중·고등 학생에게, 한자로 쓴 것은 한국 문학이 아니니, 한국에는 문학이 없다고 가르쳤다. 1920년대에 일본에 유학했던 우리나라 한국 학생들은, 자기 문화에 대해 배운 것이 없었기 때문에 그 말을 곧이 들을 수밖에 없었다. 그래서 조선민족은 문예도 문화도 모르는 야만인인 데다가, 약속도 지키지 않고, 목욕도 자주 하지 않는 몽매한 족속이라는 뿌리 깊은 열등감을 가지게 되었다. 그것을 우리는 '엽전의식'이라 불렀다.

나라를 잃으면 그런 일을 당하니 스파르타 같은 작은 나라는 군인 기르기에 필사적으로 매달리게 된다. 겨우 3백 명의 군대를 데리고 스파르타의 왕 레오니다스는 테르모필레에서 페르시아의 백만 대군과 맞서서 싸우다가 옥쇄했다. 만약 그때 레오니다스가 페르시아군의 진격을 며칠 동안 늦춰주지 못했다면, 스파르타는 물론 그리스 전체가 페르시아의 식민지가 되었을 것이다. 우리나라도 마찬가지다. 만약 이순신 장군이 울돌목(명량 해협)을 지켜내지 못했다면, 우리도 그때 이미 나라가 없어졌을지도 모른다. 어느 나라나 안보가 최우선 과제인 것은 그 때문이다.

4
식민지 지배의 다양한 패턴

🏛 그리스형

어느 나라나 강력한 무력을 가지면 침략이 하고 싶어진다. 영토욕에는 끝이 없기 때문이다. 남의 나라 땅을 무력으로 빼앗으려는 나라치고 어질고 착한 나라가 어디 있겠는가? 이미 피를 손에 묻힌 군인들은 이성을 잃고 있어, 자기가 무엇을 하는지 의식하지 못한 채 사람을 죽이고 또 죽이고 하였을 것이다. 남의 나라 영토를 영원히 점거하기 위해서다.

하지만 기원전 8세기의 그리스의 마그나 그레치아 경영은 적어도 제국주의형의 식민지는 아니었다. 그들에게는 영토확장욕이 없었다. 그리스식 민주주의는 주민이 많아지면 파탄에 이른다. 폴리스의 시민의 수는 만 명 정도가 적당하다는 글을 어디선가 읽은 일이 있다. 고대 그리스에는 고정된 경찰도 공무원도 없었다. 아마추어들이 돌려가면서 공무원이 되어 다스린 나라가 그리스였다. 그런 흐슨한 나라가 민주적으로 운영되려면 범위가 좁은 쪽이 적합했을 것이다.

그래서 그들은 전쟁에 이겨도 영토를 보전해주고 세금을 받는 쪽을 선호했다. 아테네인들은 전쟁에 진 적에게 "동맹국이 되어 영토를 보전하는 대신에 세금만 바치면 된다"는 조건을 내세우는 사람들이다.[37] 그러니 마그나 그레치아는 그리스의 속국조차 아니었다. 그냥 자기네들이 세운 또 하나의 새로운 도시국가였을 뿐이어서 속주세도 없었다. 그리스의 식민지는 새 폴리스였고, 주민들은 그곳으로 자유롭게 이사해서 살 수 있었을 뿐이다.

마그나 그레치아에 있는 식민지에 그리스는 완전한 자치권을 주었다. 그리스 사람들은 너무 개성이 강해서 설사 본국이 참견을 한다 해도 받아들일 사람들이 아니다. 그래서 민족적 연대의식이 희박하다. 그리스를 하나로 묶는 것은 올림픽 게임밖에 없다는 말이 나올 정도다. 역사상 그리스 전체가 군사적으로 하나가 되었던 것은 페르시아 전쟁 때뿐이라 한다.

본국도 참견을 안 하지만 식민지 사람들도 본국의 것을 무조건 본받을 생각이 없었다. 스파르타인들이 세운 타란토는 스파르타보다는 아테네를 닮은 상업국가로 변질되어, 전쟁은 용병에게 맡겨버렸

---

37 최자영, 『그리스문화와 기독교』, 신서원, p. 52.

다. 아테네가 세운 나폴리도 본국과 닮은 데가 거의 없었다. 코린트가 세운 시라쿠사도 마찬가지다. 시라쿠사는 코린트보다는 아테네와 가까운 문화국가를 지향했다. 그래서 경쟁이 되니까 아테네가 쳐들어오는 것이다. 마그나 그레치아의 그리스의 식민도시들은 민주정도 아니어서 정치적으로는 본국과 거의 관련이 없었다. 본국에서 파견한 총독이 다스리는 것이 아니라 자기 땅에서 주권을 잡은 참주[38]들이 다스리는 독립된 나라였던 것이다. 조국과의 관계는 전시에 서로 돕는 것인데, 이해관계가 틀리면 그것도 파기한다.

개성이 강한 그리스의 나라들은 시칠리아에서도 자기네끼리 잘 싸운다. 스파르타와 아테네가 싸우다가 망하는 것처럼 마그나 그레치아에서도 메시나와 시라쿠사가 싸우다가 포에니 전쟁에 말려들어서 로마의 속국이 되고 만다. 메시나가 로마에 원군을 청하자 시라쿠사가 카르타고에 원군을 청해서 로마와 카르타고 싸움에 말려든 것이다.

하지만 그들은 전쟁만 할 뿐 국토를 점유하는 일은 서로 하지 않았다. 예외적인 것은 스파르타의 메세니아 침공과 아테네의 멜로스 침공이었다. 명분도 없는데 스파르타는 이웃에 있는 메세니아에 쳐들어가서 주민들을 죽이고, 그 평야를 점거해버렸다. 그런데 인구가 적어서 감당을 못하니 그냥 속주로 삼았으며, 백성들은 농노로 삼았다. 아테네도 멜로스에 비슷한 짓을 했다.

---

38 僭主. 고대 그리스에서 비합법적인 수단으로 지배자가 된 사람을 가리킴. 번역어는 'tyrant(폭군)'이지만, 참주 중에도 좋은 통치자가 많았다.

하지만 마그나 그레치아에서는 그런 일이 없었다. 앞에서도 말한 것처럼 그리스인들은 상인들이니까 분쟁이 싫어, 되도록 원주민과의 우호관계는 유지하려고 노력했다. 그리스인들은 상대방을 무역의 파트너로 삼고 싶어 했으니 싸우면 서로 불리하기도 했다.

그 무렵의 시칠리아는 원주민이 적어 식민도시를 세우기에 알맞은 여건을 가지고 있었다. 『오디세이아』에는 시칠리아의 '시리에' 섬의 왕자가 페니키아 상인에게 납치되는 이야기가 나온다. 외국 배가 통치자의 아들을 납치해갈 정도로 치안이 허술했으니 "원주민은 없는 것과 마찬가지"(시오노 나나미)라는 말이 나오는 것이다. 그렇다고 저항이 없었던 것은 아니다. 원주민인 시켈인들은 막노동자로 전락하여 힘들게 살았기 때문에 지주에 대한 반란이 더러 일어났다.[39] 하지만 전쟁은 아니어서, 그리스인들이 자기네 사람들을 이주시켜 새 나라를 세우는 작업은 비교적 순조롭게 진행되었다.

종교면에서도 그리스는 식민도시와 마찰하는 일이 드물었다. 양쪽이 모두 범신론자들이어서 새로 만난 토착민의 신과 그리스 신들은 충돌하지 않았다. 그런 데다가 농경국가들은 섬기는 신이 성격이 비슷하니 원주민들의 신을 버리라고 강요할 필요도 없었다. 아그리젠토의 신전의 계곡에 그들은 원주민의 신전도 끼어줄 정도였다. 그리스인들은 자기네 신과 비슷한 그곳의 신을 찾아 두 신을 융합시키는 방법으로 식민지의 종교에 접근해갔다. 이집트에 가면 하토르 여

---

39 H. P. Smith 『*Syracuse and it's Surroundings*』 New Edition, 2017, p. 7.

신을 아프로디테와 동격으로 간주하고, 시칠리아에 가면 원주민의 지모신을 데메테르와 동일시하게 만드는 식이어서 원주민과의 갈등이 적었던 것이다.

그리스와 비슷한 시기에 시칠리아에 식민도시를 만든 페니키아도 그리스와 비슷하게 원주민을 대했다. 그들도 영토를 점령할 욕심은 없었다. 그래서 자치권을 주었으며, 경제적 착취도 하지 않았다. 페니키아인들도 전문적인 상인들이어서 전쟁을 원하지 않았다. 사람들을 납치했다가 노예로 파는 일은 해도 식민지에서 횡포를 부리지는 않은 것이다.

그리스와 페니키아는 사이가 좋지 않았지만, 양쪽 모두 되도록 무력 충돌을 하고 싶어 하지 않았다. 거래가 필요한 동업자들이었기 때문이다. 시칠리아에서도 서쪽은 지리적으로 북아프리카와 가까운 거리에 있으니 팔레르모 지역이 페니키아 소속이었다. 그러니 이오니아해와 접해 있는 그리스가 메시나, 시라쿠사, 아그리젠토 같은 도시국가들을 차지하는 것은 경우에 맞는 일이다.

마그나 그레치아에 그리스나 페니키아가 식민을 하던 시기는, 호메로스가 그 유명한 서사시들을 쓰던 시기와 겹쳐지며, 로물루스가 새 로마를 건설하던 시기(기원전 753년)와도 비슷하다. 아직 국가 간의 경쟁이 덜 치열했던 '옛날, 옛적'이어서, 빈 땅도 많아 그런 특이한 식민지가 생겨날 수 있었던 것이다. 하지만 그 무렵에도 무력으로 강점하는 나라가 있었다. 페니키아의 후예인 카르타고다. 그들은 페니키아처럼 평화적이 아니어서 자주 이웃 국가를 침략했고, 신전을 불태우고 주민들을 학살했다. 영토욕이 있었기 때문이다. 그들은 지정학적으로 시칠리아가 필요했다. 시칠리아는 아프리카와 유럽 사이에 있어서, 카르타고가 유럽을 차지하려면 꼭 필요한 땅이다. 그래서 그들의 도전은 지속적이고 치열했다. 히에론 2세가 카르타고를 완전히 격퇴하고 나서야 시라쿠사는 전성기를 마지하게 되는 것이다.

그리스와 카르타고는 식민지 통치의 두 가지 패턴을 보여준다. 들락거리면서 통상을 하기를 원하는, 평화적으로 공존하는 평화적인 패턴과, 주민을 학살하고 마을을 불태우면서 영토를 탈취하는 호전적인 패턴이다. 그리스는 전자에 속하고 카르타고는 후자에 속했다. 그리스인들의 결속력이 부족한 틈을 카르타고는 악용했다. 본토에서 내전이 일어나니 그리스의 식민도시에서도 편가르기가 심해졌다. 도리스족인 코린트인들이 만든 도시니까 시라쿠사는 스파르타 편이어서, 스파르타와 라이벌인 아테네가 화가 나서 쳐들어온다. 아테네는 시라쿠사의 발전을 반가워하지 않았다. 기원전 5세기의 시라쿠사는 그렇게 신나는 도시였다.[40]

---

40 히에론 1세 때 시라쿠사가 급성장하자 아테네가 불안을 느끼고 있는데, 펠로폰네소스 전쟁이 일어났다. 이때 시라쿠사가 스파르타를 돕자 아테네가 화가 나서 쳐들어온다. 하지만 BC 415~413의 2년간 끈 전쟁에서 아테네가 참패하여 7천 명이 포로가 되어 노예가 된다. 아테네가 약해지자 카르타고가 시칠리아에 쳐들어와서 도시들을 파괴하기 시작한다. 시라쿠사도 위협을 받는다. 디오니시우스는 참주가 되자마자 카르타고와 강화조약을 맺어놓고, 뒤에서 도시를 요새화해버린다. 에피폴리Epipoli 고지대에 튼튼한 성벽을 둘러친 다음 유리알루스Euryalus 성을 쌓고, 오르티지아 섬도 완전히 요새화한다. 그는 네 번이나 쳐들어온 카르타고를 물리치고 시라쿠사의 황금기를 연다(H. P. Smith, 앞의 책, p. 8).

시칠리아의 그리스 식민도시에는 유능한 참주들이 많이 있었다. 그들은 높은 언덕에 수만 평의 땅을 다듬어서 웅장한 아크로폴리스를 만들고, 본국의 신들을 모두 불러 한곳에 거주하게 만들었다. 아그리젠토의 신전의 계곡에는 스무 개 정도의 신전이 있었다 하며, 셀리눈테Selinunte, 파에스툼Paestum 등도 신들의 집단주거지역이 있다.[41]

하지만 시라쿠사의 전성기는 오래가지 못한다. 곧 포에니 전쟁이 일어나기 때문이다. 로마는 그리스를 속국으로 만들고 나서도 그리스 문화를 그냥 계승하여, 폼페이Pompei 같은 곳에도 그리스 신전이 많이 있다. 그런데 그때 로마가 받아들인 문화의 원천은 아테네가 아니라 시라쿠사였다. 아테네는 기원전 4세기에 이미 알렉산더의 돌풍을 맞아 비틀거리고 있어서, 그리스 문화가 계속 발달하고 있는 곳은 시라쿠사였기 때문이다. 포에니 전쟁이 끝나고 나서 시칠리아를 첫 속주로 만든 로마는, 정복한 지역인 시라쿠사에서 문화를 역수입하여 자기네 문화의 바탕을 다지는 복잡한 자리에 놓여 있었다.[42]

---

41 아그리젠토의 신전의 계곡에는 제우스(가장 큰 신전) 외에 헤라 신전, 콩코르디아 신전, 헤라클레스 신전, 헤파이스토스, 데메테르, 에스피오클로스, 카스토르와 폴룩스 신전 등이 있고, 저승의 신들의 신전도 함께 있다. 이렇게 많은 신들을 한곳에 모아놓은 거대한 신전 클러스터는 그리스 본토에는 없다. 도시국가들은 제가끔 다른 수호신을 가지고 있어서 아크로폴리스에는 그 도시의 수호신만 들어가고, 다른 신의 신전들은 각기 다른 곳에 있는 것이 상례여서 마그나 그레치아처럼 한 울타리 안에 많은 신전이 모여 있는 일은 거의 없다. 그런 넓은 고원지대가 없었기 때문인지도 모른다.

42 포에니 전쟁이 끝난 후 로마인 사이에는 그리스 열풍이 일기 시작한다. 시칠리아에는 그리스의 식민도시가 많아서 그리스어권에 속했다. 그리스어가 라틴어보다 언어로서의 완성도가 높았기 때문에 로마의 명문가 자제들이 그리스어를 배우려고 시라쿠사로 유학하는 붐이

그리스 문화에 대한 로마의 추종은 로마가 망할 때까지 계속 된다. 지엽적인 차이는 있지만 로마는 신화도 건축양식도 기본적인 부분은 그리스의 것을 답습했다. 건물에 로마네스크식 반원형 아치가 새로 덧붙여지고, 에트루리아 양식이 가미되며, 규모가 커지는 것뿐이다. 도덕 지향적 문화도 그 신화에 가미된다. 주피터는 제우스보다 점잖은 남편이었던 것이다. 기독교 시대가 되어도 그리스의 문화는 여전히 로마에 영향을 미치고 있었다. 동로마에서도 문화는 속국인

일어난다. 언어뿐 아니다. 아테네는 기원전 4세기가 되면 알렉산더의 휘하에 들어가서 쇠퇴의 길이 시작되기 때문에, 계속 성장한 시라쿠사는 아테네를 능가하는 문화도시가 된다. 그래서 로마의 학자와 정치가, 군인들도 시라쿠사에서 그리스 문화를 배우려 했다. 시라쿠사에서 가져간 문화재들이 로마의 예술을 격상시키는 데 크게 기여한다. 로마의 상류층 사람들은 시라쿠사의 조각과 그림들을 선호해서 시라쿠사에는 남는 것이 없을 정도였다. 시칠리아를 통하여 "본격적으로 그리스 문화가 도입된 이후로는 예술도 철학도 수학도 모두 그리스인에게 맡긴 듯한 느낌이 든다"(『로마인 이야기』 2권. p. 75~76)고 시오노 나나미는 말하고 있다. 그런 상황에서 시칠리아가 피정복민이 되니 로마는 입장이 난처했다. 그래서 로마 사람들은 되도록 시칠리아의 문화를 지키려 애를 썼고, 정치적으로도 시칠리아를 우대했다.
기원전 4세기에 창설된 '로마연합'에는 다섯 가지 부류의 국가들이 있다.

  1) 맹주인 로마시민이 사는 곳. 직접세가 없고, 투표권과 피선서권 있으며, 병역의무가 있다.
  2) 무니키피아(투표권 없는 로마시민이 사는 곳). 다른 권리는 같고, 자치권도 보장된다.
  3) 코로니아(6천 명 안팎의 남자들을 식민한 곳). 그들의 혼혈아에게도 시민권을 주었다.
    * 시민권자가 주류면 '로마 식민지', * 투표권 없는 시민이 주류면 '라틴 식민지'라 불렀다.
  4) 소키. 동맹국 그리스 식민도시가 여기에 속한다. 무니키피아, 코로니아 소키는 속주세를 바치지 않는 대신에 병역의무가 있다.
  5) 프린키피아. 로마는 시칠리아를 소키 대신 '프로빈키아'(속주)로 만든다. 하지만 전체를 속주화한 것은 아니고, 절반만 속주였다. 섬의 4분지 1을 지배하는 시라쿠사는 로마와 대등한 자치권이 있는 동맹국으로 특별 대접을 했다. 그들에게는 병역의무도 없었다. 메시나, 팔레르모, 세게스타, 엘리체도 동맹국이었지만, 해군기지를 제공하고, 함대를 유지할 의무가 있었다. 나머지 지역이 프로빈키아이다. 프로빈키아는 본국에서 보낸 법무관의 직활통치를 받는다. 토지는 로마의 직활령이다. 주민들은 임차료를 내고 토지를 경작해야 하는 것이다. 속주세를 내는 대신 국방의무는 없다. (시오노 나나미, 『로마인 이야기』 2권, p. 81~82).

그리스의 것이 주도했다. 신부에게 결혼을 허락한 것, 아이콘[43]을 만들어 감각적으로 신에게 접근하려 한 것 같은 기본적인 사항[44]에서 그리스 정교회는 헬레니즘에서 영향을 받고 있었다.

아이콘 만들기는 나중에 서로마까지 전파되며, 오늘날까지 기독교 안에서 계승되고 있다. 예수님의 손바닥에서 못자욱을 직접 확인하고 믿은 사람들과는 달리, 시간적으로 예수님과의 거리가 멀어지니, 신도들은 신을 대신할 영상이 필요해진다. 그림이 없으면 묵주라도 만지면서 기도하는 편이 하나님과의 교감을 구체화시키는 첩경이기 때문에. 서로마 교회까지 아이콘을 받아들이게 되는 것이다.

이집트를 정복한 프톨레마이오스 왕조가 이집트식 신전을 전보다

---

43 Icon. 성화상聖畵像
44 그리스 정교회는 신부를 결혼하게 하고, 조각은 안 되지만 아이콘은 허락한다. 인간의 감각과 육체를 긍정하는 그리스적 사고방식의 영향이다. 원래의 기독교는 '신상만들기'를 금지하는 종교다. 김민석 교수의 「성경 속 이야기」라는 글(2018년 5월 16일에 「한국일보」)에는 '나를 그림으로 그리지 말라'는 부제목이 붙어 있을 정도다. 신의 형상을 만들지 못하게 금하는 종교는 기독교밖에 없다. 하지만 예수를 본 일이 없는 후세의 신도들은, 예수님의 형상을 보면서 믿고 싶어 해서 성상 그리기가 시작된다. 보지 않고는 믿지 못하는 그리스 사람들이 먼저 아이콘을 만들기 시작했다. 로마 카톨릭에서 우상숭배라고 반발했다. 하지만 결국 서로마도 아이콘 제작에 동의하게 된다. 보는 쪽이 믿기 쉽다는 것을 인정했기 때문이다. 불교도 마찬가지였다. 알렉산더는 인도에 원정을 하고 이내 요절하지만, 그 짧은 기간에 인도에 불상을 만드는 불교미술을 태동시켰다. 간다라 미술의 아름다운 불상들은 '보아야 믿어지는' 그리스의 영향을 받아 만들어진 것이다. 그리스 정교화의 신부의 결혼 허락도 같은 맥락에서 볼 수 있다. 『25시』의 작가 게오르규 신부는 그것을 초대교회를 본받은 것이라 말하고 있다. 인간의 육체에 대한 긍정은, 그리스적인 결정이라 할 수 있다. 그리스 정교회에서는 불구자는 신부를 시켜주지 않는다고 한다. '정신과 육체가 외형적으로 온전하지 못하면 성직자가 되는 것을 금지('비르질 게오르규 특집', 「문학사상」, 1974.5, p. 86)한 것이다. 그리스적인 균형미에 대한 사랑 때문이다. "그리스 정교회에서는 시와 기도를 같은 것으로 생각한다. 그곳에서는 미美와 성聖은 하나이며, 동질의 것이다."('비르질 게오르규 특집', 「문학사상」, 1978.7, p. 292).

더 크게 지어 남긴 것처럼, 오늘날 시칠리아에는 그리스 신들의 주거지의 규모가 본국보다 큰 곳이 많다. 그리스인들은 휴먼 스케일을 좋아했기 때문에 파르테논 신전의 여신상은 12미터밖에 되지 않는다. 아부심벨에 있는 람세스의 석상은 앉은 키가 20미터인 것을 감안하면 그 차이를 짐작할 수 있다.[45]

로마인들은 그리스의 신화체계를 그대로 답습했으며, 그리스의 헌법과 조각과 건축법의 규범들을 답습했고, 학문을 받아들였다. 그러니까 동로마 지배 시기까지 포함시키면 시칠리아에 그리스 문화가 영향을 끼친 기간은 아주 길다. 기원전 8세기에 시작하여 사라센이 쳐들어오는 기원후 9세기까지 1천7백 년 가까운 세월을 그리스의 영향이 시칠리아에서 지속된 셈이다. 1669년의 대지진 후 18세기에 새로 지어지다시피 한 카타니아 같은 도시에도 그리스 신전의

---

45 그리스 사람들은 거창한 것을 좋아하지 않았다. 인물을 조각해도 실물과 비슷한 크기를 좋아했다. 건물도 마찬가지다. 그리스에서 큰 신전인 파르테논 신전이 가로 31미터에 불과하다. 하지만 알렉산더 시대가 되면 신전도 신상도 스케일이 커진다.

〈그리스 신전과 신상의 크기〉
* 파르테논 신전. 가로 31미터, 세로 70미터, 기둥직경 2미터, 기둥 46개, 신상 12미터.
* 아폴로 신전(델피). 가로 23미터, 세로 60미터.
* 콩코르디아 신전. 가로 19.7미터, 세로 42미터다.

그러니까 콩코르드 신전은 파르테논보다 작다. 하지만 늦게 세워진 제우스 신전은 길이 113미터에 폭 56미터, 높이 25미터다. 틸레몬人身柱의 크기만 해도 8미터에 가깝다. 신전의 울타리는 더 말할 필요가 없다. 아그리젠토의 신전의 계곡이 6에이커라 한다. 셀리눈테나 파에스툼도 모두 넓은 산 위의 평지가 신들의 터전이다. 고원지대니까 평지가 넓어서 신전들이 여유 있게 들어서는 것이다. 로마와 알렉산더의 제국에서는 신전들이 모두 크다. 크기가 커지면서 본질은 흐려지는 것이다.

흔적들이 남아 있다. 얕은 삼각형 페디먼트와 코린트식 기둥의 주두柱頭들이 바로크식 건물 여기저기에 배치되어 있는 것이다. 오늘날 우리가 그리스를 보러 시칠리아를 찾아가야 하는 이유가 거기에 있다.

🏛 로마형

로마는 그리스와는 달리 전쟁을 통하여 식민지를 만든 나라여서 로마의 식민지는 로마의 법무관이 와서 다스리는 문자 그대로의 식민지였다. 그들은 속주세를 내야 한다. 하지만 무조건 착취하는 유형은 아니었다. 로마는 속주에 후하기로 유명한 나라였기 때문이다. 로마인들은 앞날을 내다보는 현실주의자여서, 속주가 편해야 본국이 편하고, 그것이 나라에 이롭다는 것을 알고 있었다. 단수가 높은 계산법이었던 것이다. 그래서 식민지를 다루는 방법이 온화했다. 줄 것은 주고 받을 것은 받아내는데도 괜찮은 점이 많았다. 로마는 속주에 어지간하면 자치권을 주었으며, 도로를 정비해주고, 수도시설과, 목욕탕과, 원형 경기장을 만들어주었다. 점령군을 상주시키지도 않았으며, 병역의무도 없는 경우가 많았다. 로마제국에서는 병역은 로마 시민의 자랑스러운 의무였기 때문에, 로마의 서민에게도 부과하지 않았다.

그러니 식민지가 되면 속주세를 내고 토지가 국유화되는 것뿐인데, 속주세의 세율이 파격적으로 낮았다. '넓고 낮은 세금' 징수가 아우구스투스 시대의 로마의 원칙이었기 때문에, 소득의 10퍼센트에 불과했던 것이다. 카르타고 사람들은 아프리카의 속주에 25프로, 어떤 때는 50프로까지의 높은 세금을 부과[46]했으니 로마가 관대했던 것을 알 수 있다. 그런 데다가 유사시에는 지원군을 보내 안보를 책임져주니, 노상 외침에 시달리던 작은 나라들은 속주가 되면 오히려 안정되어간다. 뿐 아니다. 속주에서도 능력 있는 사람에게는 시민권까지 준다. 혈연을 중시하던 그리스인들은 절대로 하지 않던 짓이다. 부모가 모두 그리스인이 아니라는 이유로 아리스토텔레스에게도 시민권을 주지 않은 나라가 아테네다.

로마 시민은 직접세를 안 내니까 속주 사람이 로마 시민이 되면, 그때부터 생활이 편해진다. 거기서 끝나지 않는다. 속주 사람들도 보조병으로 군대에 지원할 수 있다. 로마는 그들에게 또박또박 봉급을 주었으며, 퇴직금까지 주었고, 우수한 사람에게는 시민권도 부여했다. 유력한 인물의 자제들을 로마로 유학시키는 특혜도 주었다. 그들은 일종의 인질인 셈이기는 하지만, 유학생들은 로마의 문화를 즐겼고, 로마에서 공부한 사람들은 로마편이 되기 때문에 로마쪽에서도 해로울 것이 없는 투자였다. 속주 출신이라도 능력만 있으면 원로원에도 들어갈 수 있고, 황제까지도 될 수 있었다. 실지로 스페인과, 아

---

46   시오노 나나미, 『리더를 위한 로마인 이야기』, 혼미디어, 2014, p. 103~110.

프리카 같은 속주에서 황제들이 여럿 나왔다. 콘스탄티누스, 트라야
누스 같은 유명한 황제들이 속주인 스페인에서 출생했고, 아프리카
에서도 필리푸스 아라부스 같은 황제가 나왔다. 그런 관용성은 전쟁
이 일어났을 때 로마의 동맹국들이 배신을 하지 않는 것으로 보답되
었다. 그런 관용성은 팍스 로마나Pax Romana가 유지되는 데 도움을 주
었다. 그 너그러운 틀이 무너져가면서 로마 제국도 쇠퇴한다.

하지만 로마는 코린트나 카르타고처럼 끝까지 대적하는 나라는
가차 없이 처단했다. 땅바닥을 갈아엎고 소금을 깊숙이 뿌려서 몇 대
동안 농사를 짓지 못하게 만들 정도로 가혹했던 것이다. 일벌백계의
효과를 얻기 위한 정책이었을 것이다.[47] 그러지 않는 경우에는, 상인
이 고객을 관리하는 것처럼 로마인들은 조심하며 속주를 거느려서,
속주가 반란을 일으키는 일이 적었다. 속주가 반란을 일으키지 않아
야 로마에 평화가 올 수 있다는 것을 아우구스투스는 알고 있었던
것이다. 긴 안목으로 보면 세금을 적게 받아 반란이 없는 쪽이 본국
에도 유리하다. 반란의 진압을 위해 드는 막대한 비용을 절약할 수
있기 때문이다. 로마제국의 팍스 로마나가 3백 년이나 지속된 비결

---

47 로마는 강화를 맺고 동맹이 되는 걸 선호하지만, 계속 도전하는 적은 가혹하게 다스렸다. 코
린트와 카르타고 등이 거기에 해당된다. 카르타고는 강화를 맺어놓고 두 번이나 배신했기
때문에 세 번째에는 땅을 갈아엎고 소금을 뿌려버렸다. 코린트는 기원전 3세기에 최고의 해
군력을 가진 강국이어서 로마가 동맹을 맺기를 원했는데, 거절하고, 펠로폰네소스 반도의 국
가들과 동맹을 만들어 로마에 대적하려고 했다. 결국 기원전 146년에 전쟁에 패하여 코린트
는 철저하게 파괴된다. 하지만 코린트의 전략적 가치를 알고 있던 아우구스투스는 코린트를
재건한다. 지금 남아 있는 유적들은 대부분이 로마 통치기에 만들어진 것이다(『로마인 이야
기』 2권 참조).

은 강력한 군사력과 관대한 속주정책이 공존했기 때문이라고 할 수 있다. 후기에 가서 속주세의 세율을 올리자 로마동맹이 흔들리기 시작한다. 일부의 로마인들이 토지를 사 모아 대형농장을 만들면서 식민지에서의 횡포와 착취도 심해졌다. 시라쿠사 같은 곳에서 지주에 대한 대규모 반란이 일어난 것은 그 때문이다.

로마가 그리스와 다른 식민정책은 1)영토 점유 2)속주세 징수 3)정치 간여였다. 로마는 점령한 곳을 로마에 병합시켜 토지를 국유지로 만들었고, 속주세를 물게 했다. 속주에서 올라오는 세금 덕분에 로마인들은 직접세를 내지 않으며 여유 있게 살 수 있었다. 로마는 점령지를 직접 통치했다. 총독을 파견한 것이다. 그리스인들의 마그나 그레치아에서는 토지 국유화도, 속주세도 없었고, 집정관 파견도 없었다. 그건 식민지가 아니라 그리스인들이 세운 새 폴리스이였기 때문이다.

🏛 카르타고형

카르타고는 그리스와 달랐고, 로마와도 달랐다. 페니키아의 후예인 카르타고 사람들은 자기네들의 선임자와도 같지 않았다. 그들은 땅을 점령하기를 원했으며, 로마처럼 느긋하게 식민지 경영을 할 마음도 없었다. 기존의 국가에서 영토를 빼앗으려면 많은 피를 흘리지 않을 수 없다. 하지만 시칠리아는 카르타고가 유럽으로 가는 길목에 있는 징검다리여서, 유럽으로 진출하는 데 꼭 필요한 땅이었다. 카르타고는 그 땅이 너무나 절실하게 필요해서 수단과 방법을 가릴 여유가 없었다. 그래서 끊임없이 쳐들어 와서 도시를 불태우고 사람들을 학살했으며, 신전을 파괴하는 만행을 저질렀다. 아그리젠토의 쥬노 신전에는 그들이 불태울 때 그을린 자국이 아직도 남아 있다고 하며, 기원전 409년에 셀리눈테를 침공하여 신전을 부수고 주민을 모조리 학살한 일도 있다. 카르타고는 나중에는 시라쿠사까지 위협했다. 시라쿠사의 참주 디오니시우스가 요새를 구축하여 저항할 때까지 카르타고는 계속 시라쿠사를 괴롭혔다.

포에니 전쟁이 일어났을 때 카르타고 사람들은 로마의 동맹국들이 로마를 배신할 것을 계산에 넣고 작전을 짰다. 하지만 로마의 동맹국들은 배신하지 않았다. 로마는 카르타고보다 속주세가 파격적으로 쌌고, 로마에서는 패장을 카르타고처럼 죽이지 않았으며, 속주민에게도 시민권을 나누어 주었기 때문이다. 어쩌면 카르타고인들은 그 이유를 알지 못해서 패전한 것인지도 모른다. 근대의 제국주의자들이 자행한 식민지 침략은 카르타고형의 연장선상에 서 있다. 나라마다 정도의 차이가 조금씩 있었을 뿐이다.

로마 다음에 아프리카 북부에서 온 사라센 사람들(통치기간, 827~1061년)

은 약탈이 심했고, 종교까지 다른 점령군이었다. 그들은 무슬림이었던 것이다. 하지만 사라센 사람들은 시칠리아에서는 다른 종교를 심하게 탄압하지 않았다. 그리고 세금도 많이 받지 않았기 때문에 사라센의 치하에서 시칠리아가 번영을 누릴 수 있었다. 그리고 사라센은 시칠리아에 기여한 것이 있었다. 자기네들을 위한 것이기는 했지만 수로를 곳곳에 설치해놓은 것이다. 그건 너무나 고마운 일이었다. 메마른 땅에 살던 아프리카인들은 수로 만들기에는 베테랑이어서, 시칠리아에 완벽한 수로망을 만들어놓은 것이다.

원래 화산재 때문에 토질이 비옥한 시칠리아에, 아랍인들이 만든 수로는 풍요의 원천이 되었다. 가는 곳마다 황무지가 옥토로 바뀌게 되어 농업의 수익성이 20배 가까이 뛰었다. 종교가 다른데도 반란이 일어나지 않은 것은 그런 여건 때문이었을 것이다. 시칠리아에서 일주일 있는 동안 강물을 본 일이 한 번도 없었다. 비가 내린 일도 없었고, 공기는 건조했다. 습기가 없는 신선한 공기 때문에 아프던 고관절의 통증이 완화될 정도였다. 그런 건조한 기후인데, 종일 달려도 스프링클러 하나 보이지 않는 벌판의 나무들이 너무 싱싱해서 이상하게 생각했다. 날마다 비가 오는 나라처럼 가는 곳마다 꽃들은 피어 흐드러졌고, 나무에는 마른 잎이 있는 법이 없어서 이해가 되지 않았다. 비결은 아랍인들이 만든 수로에 있었다. 문명이 발달한 아랍의 기술로 만든 수로들은 지금도 제 기능을 다할 만큼 건실해서, 구석구석에서 소리 없이 꽃과 나무와 곡식을 축여주고 있었던 것이다.

이왕 침략을 당할 바에는 문명이 발달한 나라에 당하는 편이 좋다는 글을 어디에선가 읽은 기억이 있다. 그 말은 시칠리아에 잘 맞는 말이다. 시칠리아가 시칠리아풍이라고 불리는 고도의 복합문화를 창출한 것은, 매번 탁월한 문화를 가진 사람들에게 통치를 받은 덕이었을 것이다. 페니키아나 그리스는 젖혀놓더라도, 종교가 다른 사라센까지 관개시설을 만들어 황무지를 옥토로 만들어주고, 새로운 과일나무를 가져와서 수종樹種을 늘려 농작물의 수익률이 급상승하게 만들었으니, 그것은 시칠리아가 불행 속에서 건져낸 행운이라고 할 수 있다.

수로는 곡식에게만 유익한 것이 아니다. 풍부한 물이 대지를 항상 적셔주니 꽃나무들도 여유 있게 잘 자란다. 시칠리아는 봄이면 레몬꽃 향기에 뒤덮이고, 여름이면 쟈카란다와 골든체인, 양귀비꽃, 석류, 유도화 등이 난만하게 피여 흐트러지는 아름다운 고장이다. 내륙의 삼림지대에서 온 괴테가 시칠리아를 좋아한 것은 당연한 일이라고 할 수 있다. "자신의 몸 주변을 바다로 둘러싸본 경험이 없는 사람은 세계라는 개념도, 세계와 자신의 관계도 이해할 수 없다"고 괴테는 말한다.[48] 어찌 바다뿐이겠는가? 언제나 빛을 풍성하게 뿌려주는 태양, 사철 맑은 하늘, 일 년 내내 피여 흐드러진 꽃 같은 것들이 그의 고향에는 없는 것이기 때문에, 자연에 관한 한 시칠리아에는 버릴 것이 없다는 찬사를 보내고 있는 것이다.

---

48 괴테, 『이탈리아 기행』 1권, 박찬기 역, 민음사, p. 373.

"그대는 아는가 저 남쪽 나라를…"

괴테는 「미뇽의 노래」를 통해 그렇게 달콤하게 우리에게 속삭인다. 그는 이탈리아에 와서 1년(1786~7년)이나 머문다, 이탈리아의 자연과 바다는 괴테의 사상체계를 바꾸게 만드는 요인이 된다. 지금도 시칠리아에 괴테의 나라에서 오는 관광객들이 많은 것은 같은 이유에서일 것이다.

아랍인들은 시칠리아에 수로뿐 아니라 건축양식도 전수했다. 각 도시에 있는 수도원과 교회, 궁성 등에 달려 있는 아름답고 긴 회랑들은 아랍이 남기고 간 기념할 만한 양식이다. 잎사귀모양의 아치도 마찬가지다. 팔레르모의 누오보 문같이 아래로 갈수록 퍼지는 실루엣을 가진 건물들도 아랍문화의 유물이다. 전국을 이슬람화하려 해서 물의를 빚은 사라센 사람들은 그 속에서도 이교도에게도 신앙을 강요하는 일은 하지 않았고, 상공업을 장려하고 토지를 비옥하게 만들어 중세의 암흑기에도 시칠리아를 번영하게 만든 것이다.

다음에 온 노르만 사람들은 싸움도 잘했지만 통치술과 행정술도 탁월했다. 그들은 시칠리아에 나라를 만들어 번성하게 해주었다. 뿐 아니다. 자기네보다 앞선 정복자인 아랍인들도 죽이거나 노예로 만들지 않았다. 일부는 내륙지방에 땅을 주어 농사를 짓게 했으며, 병사들은 자기네 군대에 편입시켰고, 손재주가 있는 사람들에게는 모자이크화를 계속 만들게 했다. 노르만은 그런 포용정책을 썼기 때문에 시칠리아에 연착륙한다. 사라센보다는 훨씬 관대했기 때문에 시민들이 그들을 반긴 것이다. 노르만 정권은 짧은 기간에 시칠리아의 전성기를 창출한다. 노르만 시대는 2백 년밖에 지속되지 못하지만, 그 기간이 시칠리아의 황금기였다. 노르만은 시칠리아에 사상 처음으로 나라를 만들어 주었다. 신성로마 제국도 다스리는 프리드리히 2세가 팔레르모에 와서 그곳을 수도로 삼아 국제도시가 되게 해주었다. 그리고 건축 박물관 같은 팔레르모의 두오모와 몬레알레의 두오모, 팔라티나 예배당 같은, 노르만풍의 탁월한 건축물들을 남겨놓아 시칠리아를 예술적으로 업그레이드시켰다.

　노르만 왕조에는 루제르 1·2세, 프리드리히 2세 등 탁월한 군주가 많았다, 그중에서도 프리드리히 2세는 교양 있는 명군이었다. 신성로마제국의 황제이기도 했던 프리드리히 2세는 나무랄 데 없는 좋은 통치자인 데다가 그 섬을 진심으로 사랑한 이방인이었다. 그는 조상들이 무력으로 점거한 시칠리아를 아름답게 만드는 데 전력을 기울였다. 그의 치세 기간은 시칠리아의 황금시대였다. 프리드리히 2세는 과학을 진흥시키고 문화를 창달했다. 외국어에 능통했고, 국제적 감각도 가지고 있었던 프리드리히 2세는, 특별히 이탈리아어에 관심이 많았다. 단테는 근대의 이탈리아어는 사실상 "프리드리히 2세의 궁전에서 발전하기 시작했다"[49]고 말하고 있다. 역사학자인 스탠리 리그스도, 구어로만 통용되던 이탈리아어를 "논리 정연하

49　리그스, 『시칠리아 풍경』, p. 17.

게 조절된 문어체"[50]로 만든 공로를 프리드리히 2세에게 돌리고 있다. 그는 이탈리아의 통일을 시도하다가 교황과 정면충돌을 한다. 이탈리아 통일은 교황의 직할령을 정리하지 않으면 이루어질 수 없기 때문이다.

고분고분하지 않은 프리드리히 2세가 사망하자, 신성로마제국 황제의 임명권을 가지고 있던 교황은 시칠리아를 프랑스의 앙주Anjou가의 샤를 1세에게 넘겨버린다. 그때부터 시칠리아의 악몽이 시작된다. 앙주가의 지배 패턴은 카르타고형의 극단적 모델이었기 때문이다. 샤를 1세는 시칠리아를 자신의 무책임한 부관에게 맡겨버리고, 그가 무슨 짓을 하는지 챙기지 않았다. 그의 무지한 부관이 시칠리아를 얼마나 가혹하게 통치했는지 16년이 지난 1282년 3월 31일에 시칠리아에는 미증유의 대규모 민중봉기가 일어난다.

규모가 큰 학살이 감행되었다. 산 지오반니 교회의 저녁 종소리를 신호로 주변에 있는 프랑스인을 모두 죽이는 반란이 팔레르모 근교에 있는 베스페르스Vespers에서 일어난 것이다. 군중의 분노가 얼마나 사무쳐 있었는지, 무장도 하지 않은 사람들이 프랑스인을 모조리 잡아 죽이기 시작했다. 젊은 여인에게 프랑스 군인 하나가 모욕적인 말을 한 데서 촉발된 사건이었다. 광주학생사건처럼 자연발생적으로 폭발한 성난 민중의 분노는 2천 명 가까운 프랑스인들의 피를 흘리게 하고 나서야 가라앉았다. 이로 인해 앙주가의 시칠리아 통치는 막

---

50 같은 책, p. 102.

을 내렸다.

다음에 온 스페인의 아라곤 왕가가 19세기까지 시칠리아를 통치
했다. 그 기간은 악몽의 연속이었다. 6백 년 동안에 스페인, 사보아,
오스트리아, 영국, 다시 스페인 하는 식으로 수많은 나라들이 정신없
이 들락거리면서, 무자비한 착취와 핍박의 세월이 계속되었다. 바야
흐로 제국주의 시대가 열린 것이다. 관리들은 부패하고 종교는 지나
치게 엄격해서 종교재판과 수탈에 시달리는 고달픈 세월이 계속 되
었다. 거기에 흑사병이 몰려왔고, 지진이 연달아 일어났다.

그 폭정에 맞서기 위해서 마피아가 생겨났다. 전문적인 저항군이
조직된 것이다. 애초에는 압제에 대한 저항이 마피아의 목적이었다.
그러다가 시칠리아가 로마에 흡수되어버리니 그들은 해외에 나가
악행을 저지르기 시작했다. 마피아가 자취를 감춘 지 오랜 지금까지
도 마피아의 망령은 여전히 사람들의 의식 속에 남아 있어서, 시칠리
아에 간다고 하면 만나는 사람마다 말리는 고장이 된 것이다.

1860년에 가리발디 장군이 피에몬테 사람들과 손을 잡고 봉기했
다. 그는 천인대千人隊를 조직하여 오랜 저항 끝에 이탈리아 전체를 통
일하는 데 성공한다. 1870년에 통일이 되었으니 10년이 걸렸다. 서
로마 제국이 망하고 1천2백 년 만에 이탈리아가, 겨우 반도만 남은
상태로나마 통일이 된 것이다. 통일이 되자 다른 도시국가들처럼 시
칠리아도 이탈리아 공화국에 흡수되어버렸다. 자치권을 가지고 있
기는 하지만, 2,800년 가까운 동안의 시칠리아의 장구한 역사는 결

국 이탈리아에 병합되는 것으로 막을 내린다.

사실 시칠리아라는 나라는 노르만 통치기만 빼면 거의 존재한 일이 없다. 시라쿠사와 팔레르모, 메시나 같은 도시국가들만 있었을 뿐이다. 그런데도 시칠리아식 문화는 남아 있다. 침략자들이 남겨준 문화를 그들은 섬나라답게 하나도 버리지 않고 지니고 있다가, 그것을 통합하여 자기네만의 양식을 만들어낸 것이다. 거기에는 그리스가 들어 있고, 로마가 있으며, 아랍과 비잔틴이 있고. 프랑스, 스페인, 독일이 들어 있다. 너무 많은 것이 들어 있어 정신이 산란하기는 하지만, 어쨌든 문화의 종합전시장 같은 것이 생겨난 것이다.

그 비빔밥같이 혼잡된 양식 속에서. 몬레알레의 두오모나 필라티노 성당처럼 보석 같은 모뉴먼트들이 생겨났다. 그 한 옆에 그리스 신전이 있다. 해안가의 단애斷崖 위를 모두 차지했던 아그리젠토의 신들의 계곡이 아직도 있고, 오르티지아 섬이 옛 모습을 그대로 지닌 채 남아 있으며, 시라쿠사의 그리스 극장에서는 아직도 여름철에는 아이스킬로스와 에우리피데스의 고전비극을 상연한다.[51] 그 많은 침략자의 문화가 모두 모여서 시칠리아의 자산이 된 것이다.

---

51 시라쿠사의 그리스 극장에서는 매년 5, 6월에 그리스 고전비극을 상연한다. 금년도의 레퍼토리는 아이스킬로스의 「테바이 공략의 7인Sette Contro Tebe」와 에우리피데스의 비극이었다.

Ⅱ

로마의 어제와 오늘

1
길, 그리고 길동무들

아들이 강의가 있어 며느리가 공항에 데려다주었다. 가는 길에 로이병원 앞에서 영미 씨를 픽업했다. 우리 박물관 자원봉사자 1호인 관광학 박사다. 둘이만 만날 기회가 적은 며느리에게 할 말이 많아서 줄창 둘이만 떠들며 가니까, 영미 씨가 질투가 난다면서 놀렸다. 공항에는 시간도 안 됐는데 이미 모두 나와 있었다. 안과 의사인 오 박사와 두 따님 영란(문헌학), 영은(바이올리니스트), 가이드인 법학사 이지연 씨와 그녀의 단짝인 춘천 화가 박계순 씨. 거기에 나혜석 연구가인 서정자 교수와 김영미 씨, 그리고 나…. '테바이를 공략하는 7인'처럼 7인의 여자가 가이드 이지연을 믿고 시실리 공략에 나선 것이다.

인원수가 적으니 좋은 점이 많았다. 가지고 온 반찬도 고루 나누어 먹을 수 있고, 이동하기도 편하다. 오 박사님 댁은 모범가족이어서 언제나 미리 대기하고 있고, 나머지가 고작 네 명이니 가이드도

▲ 시칠리아 길동무들. 우측 세 번째가 필자

인솔하고 다니기가 쉬웠을 것이다. 20인용 소형 버스를 타면 자리가 넉넉해서 모두 두 자리씩 차지할 수 있는 것도 나쁘지 않다. 버스는 언제나 은빛이었다.

전에는 15명을 모으면 가이드의 비행기표가 공짜여서 표를 같이 샀는데, 그 제도가 없어져서 각자가 표를 사니, 귀국 일정을 다르게 할 수 있어 좋았다. 오 박사님은, 처음 이탈리아에 온 따님들을 위해 로마에 이틀 더 머물기로 했으며, 이지연 씨는 스위스에 친지가 있어 룸메이트와 둘이 스위스에 간단다. 예정대로 돌아오는 건 서정자, 김영미와 나뿐이다. 대부분이 아는 사람들이라 처음부터 화기애애했다. 자주 만나는 사이지만 사적인 자리에서 만나니 더 반가웠다. 서 교수의 스카이라운지 티켓이 남아 있어서, 티켓이 없는 사람도 같이 공항의 라운지에 들어가게 된 것도 감사한 일이었다. 비행기가 한 시간 연발해서 쉴 곳이 필요했기 때문이다. 두 테이블로 나눠 앉아 스낵을 먹으며 수다를 떠니, 한 시간이 금방 지나갔다. 시간이 넉넉하니 면세구역에서 여행용 선크림도 살 수 있었다. 김포에서 사면 한국 돈을 내니 무언가 득을 보는 기분이 된다.

하루에 한 편밖에 없다는 로마행 비행기는 갈 때도 올 때도 한 시간씩 연발했다. 새로 지었는데 인천공항이 어느새 활주로가 모자랄 정도로 외국 비행기들이 몰려오나 보다. 새 천년 기념행사 때 준비위원장이던 이 선생이, 새로 지은 이 공항 활주로에서 매스게임을 하던 생각이 났다. 하얗고 투명한 파라슈트 천으로 'ㅅ' 자형 큰 날개를 만들어 단 유니폼을 입은 학생들이 춤을 추면서 'ㅅ' 자형 대오로 끝없는 활주로에서 질주하는 매스게임이었다. 타이밍이 좋았다. 때마침 막 만들어진 빈 활주로가 있었기 때문에 가능한 축제였으니, 누구도 다시는 시도할 수 없는 희귀한 행사였다. 새 공항의 활주로는 무한대로 넓어서 몇 가닥의 'ㅅ' 자형 대열은 영원을 향하여 비상하려는 새 떼 같았다. 그들의 일사불란한 움직임이 장엄하고 환상적이었다. 이어령 장관이 기획한 감동적인 퍼포먼스 중의 하나였다.

그 일이 엊그제 같은데, 어느새 17년이 지나갔다는 사실이 놀라웠다. 초등학교 때부터 몸이 약해서 새 세기까지 살 가망이 전혀 없어 보이던 내가 21세기를 17년이나 더 살고, 85세의 나이로 시칠리아까지 가고 있다는 사실은 더 놀라운 일이다. 비행기 안은 뜻밖에도 한산했다. 옆자리가 비니 한갓져서 좋았다. 한데 곧 이웃이 필요한 사건이 생겨났다. 영화를 봐야 하는데 리모컨 조작법을 잊어버린 것이다. 할 수 없이 스튜어디스가 도와줄 때까지 기다렸다. 제임스 아이보리 감독의 「하워즈 엔드」를 골랐다. TV에서 한번 보기는 했는데, 초저녁에 조는 버릇이 있어서 비몽사몽간에 보았으니 제대로 다시 보고 싶었다.

자연과 예술을 진심으로 사랑하던 교양 있는 한 여자가, 평생 아끼며 가꾸어온 '하워즈 엔드'라는 장원을 남겨 놓고 세상을 떠난다. 그걸 누구에게 넘겨주고 가느냐는 것이 그녀의 남편의 과제였다. 삶의 마지막이 다가오자 남자는 자녀들 중에서 상속자를 찾기 시작한다. 유감스럽게도 적임자가 하나도 없었다. 그들에게 있어 어머니의 장원은 돈으로 환산하고 싶은 평범한 부동산이었을 뿐이었다. 그러기에는 그 장원이 너무나 소중했다. 오래오래 생각한 끝에 남자는 그것을, 원 소유주와는 혈연이 닿지 않는 후처에게 남기기로 결정한다. 그리고 다음 대에도 그녀의 여동생과 그 딸이 후계자가 되도록 못을 박는다. 그 자매가 하워즈 엔드를 진심으로 아끼고 소중하게 여긴다는 것을 깨달았기 때문이다. 문화적인 유산은 그 가치를 모르는 사람에게 물려주면, 망가진다는 점을 고려한 것이다.

처제가 낳은 조그만 여자애가 꽃이 만발한 장원 속을 요정처럼 뒤 뚱거리며 걸어다니는 것으로 끝나는 라스트신이 좋았다. 하워즈 엔 드라는 전통적 유물이, 정체되어가는 박물관 같은 곳이 되지 않고, 한 생명이 커가는 성장의 터전이 되리라는 것을 시사했기 때문이다. 안소니 호킨스와 엠마 톰슨의 연기가 좋았다.

다시 스튜어디스를 번거롭게 하는 것이 미안해서 영화보기를 그 만두고 독서를 시작했다. 사 놓고 시간이 없어 못 읽은 『한 톨의 밀 알』이라는 소설이다. 작가인 '응구기 와 티옹오Ngugi wa Thiongo'는 아 프리카를 대표하는 문인으로 2017년도 노벨상 수상자인데, 유감스 럽게도 나는 그의 작품을 아직 읽은 일이 없다. 케냐 출신이라는 것 과 유명한 작가라는 것만 알고 있었을 뿐이다. 그래서 시간이 넉넉할 때 그를 제대로 탐색해보려고 4백 페이지짜리 무거운 책을 큰맘 먹 고 가지고 온 것이다.

영국 식민지 케냐의 평범한 사람들의 식민지 체험을 묘사한 소설 이었다. 피압박민족의 참상이 절정에 이르렀던 해방 직전의 마지막 시기에 포커스가 주어져 있었다. 누구도 조용히 '나 혼자'의 삶을 누 리는 일이 허용되지 않는 소용돌이 같은 세월…. 그건 흙탕물 같아서 아무도 그 속에서 깨끗한 몸으로 빠져나오는 일이 불가능하다. 그래 서 이 소설에는 영웅은 없고 죄인들만 있다.

'무고는 불안했다'는 구절로 소설은 시작된다. 가도가도 그의 불안 은 가시지 않는다. 해방이 되어도 마찬가지다. 무고는 독립운동의 리더인 키히카를 숨겨준 죄로 잡혀가서 수용소를 전전하다가 돌아온 사람이다. 그래서 마을에서 영웅 대접을 받는다. 그런데 실상은 키히카를 당국에 넘겨준 밀고자이기도 했던 것이다.

무고는 가난하고 평범한 청년이다. 과묵하고 성실한 그는 "자기만의 조용한 세계에서 살고 싶은" 것이 꿈이다. 그건 그의 하나밖에 없는 꿈이어서 양보할 수가 없다. 레지스탕스에 참여하면 그 꿈을 이룰 수 없다는 것을 그는 안다. 그래서 죽은 듯이 소리 없이 칩거하고 있는데, 압제자를 죽이고 무고 집에 몸을 숨긴 키히카가 그에게 조직을 맡으라고 강요한다. 달리 맡을 사람이 없다면서 일방적으로 만날 장소를 정해주고 떠난 것이다. 무고는 조직의 책임자가 되는 것이 너무너무 싫어서 키히카와 만나기로 한 장소를 당국에 불어버린다. 그랬는데도 키히카를 숨겨준 죄 때문에 그는 수용소로 끌려간 것이다.

압제자를 죽인 키히카는, 무고와 만나기로 한 장소에서 잡혀가서 마을 한복판에서 처형을 당한다. 무고의 죄는 죽은 키히카 외에는 아무도 모른다. 밀고 혐의는 적에게 협조하는 부역자인 카란자에게 돌아갔기 때문이다. 아무도 모르니 그냥 가만히 있으면 된다. 그런데 무고는 계속 마음이 불안하다. 자기 죄를 자신이 잊을 수 없기 때문이다. 밀고한 자가 무고가 짝사랑하는 뭄비의 오빠이기도 해서, 무고는 그녀를 볼 때마다 죄의식을 느낀다.

무고는 애국자인 동시에 민족반역자다. 그의 애국행위만 알려지고 죄는 알려져 있지 않았으니, 해방이 되자 사람들은 그에게 지도자가 되어달라고 간청한다. 무고는 미칠 지경이다. 죄를 카란자가 뒤집어쓰게 내버려두고, 외지로 떠나버리면 그는 벌을 면할 수 있다. 그건 분명 매력 있는 유혹이다. 그래서 그는 죄를 고백하기까지 아주 많은 내면적 갈등을 겪는다.

갈등을 겪는 것은 그 한 사람만이 아니다. 민족을 배반하고 적과 밀착하여 편하게 산 카란자도 마음이 편한 날이 없다. 유부녀인 뭄비를 짝사랑하여 그녀를 얻기 위해 그는 민족을 배반한다. 그런데 여자는 아이까지 낳게 해도 여전히 그를 거들떠보려 하지 않는다. 무엇을 위한 반역인지 알 수 없는 대로 해방이 되니 그는 반역자로 단죄되는 수밖에 없는 처지가 되어있다.

죄의식에 사로잡혀 있는 건 여자도 마찬가지다. 여러 남자들의 짝사랑의 대상인 아름다운 뭄비는 남편을 헌신적으로 사랑하지만, 그가 감옥에 가 있는 동안에 실수하여 부역자의 아이를 낳은 것이다. 그런데 돌아온 남편이 그 실수를 용서하지 않아서 그녀를 힘들게 한다. 그녀는 아이 때문에 주눅이 잔뜩 들어서 마음대로 남편에게 마음을 열어 보일 수도 없다. 남편과 아이에 대한 사랑이 그녀를 갈등 속에 몰아넣는 것이다.

불안한 것은 그녀의 남편도 마찬가지다. 아이를 받아들이지 못하는 자신의 옹졸함도 견디기 어려운 일이지만, 남편 기쿄노에게는 또 다른 고뇌가 있다. 수용소 생활을 오래하던 그는, 아내가 너무 보고 싶어서, 조직의 비밀을 알려주고 풀려났기 때문이다. 그렇게 착잡하고 절박한 내면을 가진 사람들의 이야기가 끝없이 계속된다.

책이 무거워서 팔목에도 부담이 왔지만, 책 내용도 무거워서 두 시간이 지나니 독서를 계속하기가 어려워졌다. 앉아서 열세 시간을 있어야 하는 것은 고문 같아서, 몸이 불편하니 책이 머리에 잘 들어오지도 않는데, 비행기 속에서 읽기에는 내용이 너무 무거운 것 같았다. 인물의 이름이 낯이 선 것도 책읽기를 힘들게 한 이유 중의 하나였다. 주인공은 '무고'인데 그가 좋아하는 여인은 '뭄비'이고, 그녀의 남편은 '기쿄노', '뭄비'를 짝사랑 하다가 아이를 낳게 만든 남자는 '카란자', 죽은 지도자는 '키히카'다. 거기에 '와라이' '왕부이' '완지쿠' 같은 이름이 추가된다. 모두 성이 없고 이름만 있다. 성이 안 나오니 가족 사이에도 공통성이 없어서 누가 누구인지 자꾸 헷갈린다. 러시아 소설을 처음 읽었을 때처럼 이름 때문에 골치가 아파왔다. 번역소설은 이질적인 원산지 문화에 대한 예비지식이 없으면 다가가기가 이렇게 어렵다. 집에 돌아와서 천천히 다시 읽어보니 그건 아주 감동적인 소설이었다. 사람들은 모두 자기 나름대로 이웃과 나라를 사랑하는데도, 극한적인 상황이 지속되자 손이 조금씩 더러워져서 간다. 그래서 해방이 되었는데도 그날을 즐길 수 있는 사람이 많지 않다. 사람들은 제가끔 자신의 더럽혀진 손을 들여다보며 아연해지는 것이다.

그런 스산한 풍경을 작가는 깊은 공감을 가지고 따뜻하게 묘사하고 있다. 그러면서 어두운 색조로 물든 세계에서 발그레한 부분이 희미하게 나타난다. 동틀 무렵 같은 분위기가 생겨나는 것이다. 우유부단한 무고는 드디어 결단을 내려서 죄를 고백하고, 죗값을 받으러 자수하러 가고, 뭄비는 더 이상은 남편의 눈치 같은 것을 살피느라고 쭈뼛거리지 않기로 작심하면서, 자립적인 여성형으로 재생하려 한다. 기쿄노는 오랜 번뇌 끝에, 남의 아이를 낳은 아내를 받아들이기로 마음을 굳힌다. 그녀를 위해 아름다운 나무 의자를 만들어주고 싶었던 따뜻한 마음을 회복하는 것이다. 고발자도 지도자도 반역자도 모두 상처를 가지고 맞이한 해방축제는 어색하고 착잡했지만, 그 속에서도 한 가닥 구원의 빛이 나타나기 시작하는 것이다.

오후 두 시에 떠나 오후 일곱 시에 도착하니 잠은 자지 말아야 시차적응이 쉬울 것 같다. 비행기를 타면 목적지의 시간에 맞추어 시차적응훈련을 미리 해두는 나는, 영화보기, 책 읽기 다음에 남는 시간은, 음악을 들으며 조용히 쉬기로 했다. 떠날 준비를 하느라고 계속 피곤했기 때문이다. 주부들은 누구나 여행을 떠나려면 과로를 한다. 물 새는 수도 고치기, 일주일치 장보기, 병원가기와 문병하기, 공과금 미리 내기 등 꼭 해야 할 일이 참 많다. 그런 데다가 내게는 두 가지 과제가 더 주어져 있었다. 돌아오는 대로 문학관의 전시회를 열어야 하니 도록 교정을 끝내고 가야 한다. 곧 나올 내 책 원고도 마지막 교정을 보고 떠나라고 독촉한다. 그런 일들을 하느라고 피곤한 일주일을 보냈다. 그래서 할 일이 없는 멍청한 시간이 너무나 달가웠다.

2
로마의 어제, 그리고 오늘

드디어 레오나르도 다빈치 공항에 닿았다.

'레오나르도Leonardo'

남자 이름인데 음이 참 이쁘다. 이탈리아어는 고운소리euphony가
많아서 듣기가 좋다. 대부분의 낱말이 'a'나 'o'가 아니면 'i'로 끝나
기 때문이다. '생의 한가운데'를 쓴 독일 작가 루이제 린자의 로마 주
소는 '로카디파파, 로마, 이탈리아Rocca di Papa, Roma, Italia'였다. 모든
낱말이 양모음인 '아'로 끝이 나는데, 자음도 고운 소리인 'R'과 'L'이
많았다. 평범한 집 주소에 불과한데 음이 너무 아름다워서 40년이
지나도 잊히지 않는다. 이탈리아에서는 엘리베이터를 타면 층을 가
리키는 부분에 '피아노piano'라는 글자가 써 있다. 층層이라는 뜻이란

다. 우리말 '층'과는 비교도 안 되게 소리가 이쁘다. 우리가 묵을 호텔은 비아 오스티아 안티카Via Ostia Antica에 있고, 거기에는 '우산 소나무ombrello pino'가 많이 심어져 있다. 이탈리아어에서는 이렇게 모든 단어가 양모음이 아니면 중성모음으로 끝나서 말이 이뻐지는 것이다. 하늘만 밝은 것이 아니라 말도 음악적이고 밝다. 그러니 오페라에 잘 어울리는 것이다.

1996년에 왔었으니까 21년 만에 다시 로마로 왔다. 그런데 도시의 모습이 그때와 별로 달라진 것 같지 않아서 반가웠다. 저녁 일곱 시가 넘었는데 아직 해가 남아 있었다. 희망을 가지고 길옆을 주시했다. 우리가 묵기로 한 호텔에는 매력적인 지명이 적혀 있었다. '1041, Ostia Antica'다. 오스티아 옛 가도에 있다는 뜻이다. 지난번에 왔을 때 보지 못하고 가서 아쉬웠던 옛날의 오스티아 유적지를, 잘하면 지나는 길에 볼 수 있을 것 같다는 기대 때문에 피로도 잊었다. 마르코라는 이탈리아 이름을 가진 한국인 가이드가 승용차 두 대를 가지고 마중 나왔다. 뒤차에 타니 여행사에서 온 낯선 젊은이가 앉아 있었다. 그에게 오스티아 옛길에 대해서 묻는다. "이 근처가 모두 오스티안데요" 하고 심드렁하게 대답한다. 어느새 깜빡 어두워져서 헤드라이트에 비치는 우산 소나무 가로수밖에 보이는 것이 없었지만, 내일 아침 공항 갈 때 볼 수 있으리라는 기대를 버리지 않는다.

숙소는 시골학교 같이 생긴 '오스티아 안티카 파크 호텔'이었다. 로마 근처에는 초고층 건물이 거의 없다. 건물의 고도제한이 엄격한 모양이다. 초고층 건물만 보면 「타워링 인페르노」[52] 생각이 나는 나는 그 점이 아주 마음에 들었다. 고속도로에서 고층건물이 보이지 않는 수도는 이제는 드무니, 로마는 희소가치가 있다.

호텔이 작으니 시설은 좋지 않았다. 엘리베이터가 작은 데다가 한 번에 두 층을 누를 수 없게 되어 있어 혼란스러웠다. 먼저 누른 사람이 내린 다음에 다시 눌러야 움직인다는 것을 배운 것은 다음 날이었다. 방문도 안에서는 잠기지 않았다. 닫으면 안 열린다니까 밖에서 들어올 염려는 없지만, 기분은 좋지 않았다. 하지만, 고층화의 유혹을 견디어낸 로마제국의 후예들의 그 과감한 인내심은 진심으로 존경스러웠다.

1996년에 처음 왔을 때 생각이 났다. 남편과 같이 하는 유럽여행의 첫 번째 기착지가 로마였다. 우리끼리 일정표를 만들고, 여행사에 부탁해서 도심지 한복판에 별 세 개짜리 호텔을 예약하고, 값도 다 치르고 떠났다. 그런데 이탈리아 대사관에 있던 친지가 도와주셔서 유서 깊은 오래된 호텔로 바꾸고 가이드도 소개받았다.

새로 바꾼 호텔은 이름이 잉글라떼라Inglaterra였다. 영국 호텔이라는 뜻이란다. 돈키호테의 작가 세르반테스가 오래 묵었다는 현판이 붙어 있는, 유서가 깊은 호텔이었다. 세르반테스 시대에도 이미 영국 호텔이 로마에 있었던 모양이다. 호텔은 힐튼이나 뉴오타니처럼 모

---

52 1974년도에 나온 화재영화. 135층 건물의 화재를 다룬 20세기 최고의 재난영화다. 폴 뉴먼과 스티브 맥퀸이 나온다. 감독 존 컬러민John Guillermin.

던하지 않은 대신에 격이 높고 클래식했다. 그런데 창마다 문이 세 겹으로 달려 있었다. 이중창 바깥에 얇은 나무판으로 만든 두꺼운 블라인드식 햇빛 차단문이 더 있었다. 처음 들어갔을 때는 깜짝 놀랐다. 대낮인데 방이 캄캄했던 것이다. 하지만 그런 두꺼운 블라인드 창이 왜 필요한지 곧 알게 되었다. 로마의 여름 햇빛이 너무 강렬했던 것이다. 블라인드가 원래는 나무로 만들어졌다는 것도 그 호텔 덕에 알게 되었다.

호텔에서 2백 미터쯤 걸어가면 스페인 광장이 있었다. 거리 이름은 비아 코르소Via Corso. 로마 시대에 마차 경주를 하던 거리란다. 「벤허」에서 찰턴 헤스턴이 나오는 마차경기 장면 생각이 났다. 시네마코프로 보는 마차경기에서는 거리가 훨씬 넓어 보였는데, 실지는 2차선 정도밖에 되지 않았던 것 같다. 그 거리 근처에는 'Senso-Unico'라는 팻말이 여기저기 붙어 있었다. 일방통행이라는 뜻이란다. 그러니까 먼 데 다녀올 때는, 포폴로 광장에서 택시를 내려 짐을 끌고 한 정거장을 걸어야 한다. 돌로 되어 있어 두들두들한 옛날식 도로여서, 길바닥도 관광거리였지만, 매끈하지 않아서 하이힐이 자주 걸렸고, 캐리어를 끌고 다니기에는 아스팔트처럼 편하지 않았다, 그런 불편이 있는데도 우리는 그 호텔이 좋아서 거기를 거점으로 하여 아테네, 피렌체, 베네치아 등에 다녀왔다.

그 호텔에는 오래된 벽화가 입구 쪽 벽 전체에 그려져 있는 유명한 식당이 있었다. 연두색 톤의 바탕색을 가진 벽화에는 전원 풍경이 그려져 있었다. 빵이 너무 맛이 있고, 중동산 굵은 대추의 설탕졸임이 별미였다. 호텔 뷔페식당에서 아침 식사를 푸짐하게 하고 나면, 이탈리아 음식이 맞지 않아서 점심, 저녁을 어설프게 때워도 속이 든든했다. 아침이면 스페인 광장의 넓은 계단을 올라가서 보르게세 공원까지 산책을 했다. 계단 동쪽 길가에 셸리와 키츠의 기념관이 있는데, 문을 늦게 열어서 끝내 들어가보지 못했다. 보르게세 공원 안에는 바이런의 입상도 서 있었다. 영국 낭만파 시인들도 괴테처럼 이탈리아에 홀려 있었던 것이다.

호텔에서 광장으로 나가는 길가 양쪽이 명품거리였다. 페라가모, 까르띠에 같은 명품의 본점들이 즐비했다. 마침 세일 기간이어서 가게마다 세일 팻말이 붙어 있었다. 일본인 관광객들이 길게 줄을 서 있었다. 거기에서 나는 선물용 넥타이를 반값에 샀다. 그리고 아이들을 위해 백화점을 찾았다. 그런데 백화점이 없었다. 명품점이 모여 있으니 백화점이 필요 없는 모양이다. 겨우 찾은 백화점은 일제 시대에 지은 신세계 본관같이 생겼는데, 이름이 리나시멘토Rinascimento였다. 르네상스를 이탈리아에서는 그렇게 쓴다고 했다.

작년에 여행할 때 자동으로 로밍이 된다고 해서 핸드폰을 일부러 바꿨는데, 떠날 때 로밍을 해달라니까, 여행사에서 나온 남자분이 내 것은 이태리에서는 안 되는 기종이라면서 안 해주었다. 그래서 사용법을 안 묻고 왔는데, 로마에 도착하자마자 새벽 3시에 한국에서 전화가 걸려 왔다. 받을 줄도 몰라서 잠만 설쳤다. 한국에서는 아침

10시경이니까 사무적인 전화들이 걸려오는 모양이다. 첫날은 깨어 보니 7시였다. 시간을 바꾸는 것을 깜빡 잊은 것이다. 방에는 시계가 없어서 몇 시인지 알 수 없었다. 시간을 모르니 갑자기 어둠이 불안하게 느껴졌다. 할 수 없이 오밤중에 로비에 내려가 시간을 알아 가지고 올라왔다.

전화가 걸리는 걸 알았으니 모든 문제가 해결되었다. 자기네들 말대로 김영미, 서정자 두 분이 좌청룡 우백호로 양쪽에서 지켜주겠다고 장담하는 데다가 오 박사님 댁 싹싹한 따님 둘이 교대로 도와주니 전화를 빌려 쓸 수도 있었지만, 그러면 자주 걸 수 없고, 길게 걸수도 없다. 남편에게 전화를 마음대로 걸 수 있게 되어 너무 좋았다. 우리 부부는 둘 다 개성이 강해서 가까이 있을 때는 부딪치는 일이 많은데, 멀어지면 옛날의 사랑이 돌아와 넘친다. 그래서 편지가 달콤해진다. 남편의 건강이 좋지 않은 때여서 먼 데 오니 걱정이 쌓이고 쌓이고 하는 중이었다. 형님이 와서 같이 있으니 걱정하지 말라고 남편이 말한다. 형님이 오셨다는 말을 들으니 안심이 되었다. 그가 제일 사랑하는, 엄마 같은 형님이기 때문이다.

새벽 세 시에 깨니 할 일이 없어서 공항에서 사온 안내책을 읽으며 날 새기를 기다렸다. 겨울에 같이 제주도에 갔을 때, 내가 코를 곤다는 것을 외손녀가 알려주었다. 그래서 남에게 폐를 끼치지 않으려고 이번에는 독방을 신청했는데, 기계치가 혼자 자니 전기기구 사용법을 잘 몰라서 매일 난리다. 첫날은 냉방시설을 끌 줄 몰라서 춥게

잤고, 둘째 날은 카드 삽입법이 바깥과 안이 각각 다른 것을 몰라서 또 도움을 받았다. 엘리베이터의 층수 누리기의 비결도 젊은이들에게서 배웠다. 이탈리아의 엘리베이터는 1층이 지층地層, Piano terra이고, 2층이 Piano 1이어서 처음에는 층수도 헷갈렸다.

그런 데다가 웬일인지 이번에는 짐을 많이 가지고 왔다. 나는 짐을 적게 가지고 다니는 것으로 호가 나 있는 편인데, 균형감각에 문제가 생긴 모양이다. 필요하면 늘릴 수 있는 손녀의 핸드캐리어를 빌린 것은 지난번과 같았지만, 기내용 백팩을 작은 캐리어로 바꾼 것이 문제였다. 어깨가 아프니 메고 다닐 자신이 없어서 끌고 다니는 쪽을 택한 건데, 남이 보기에는 최고령자가 캐리어를 양손에 끌고 다니는 것이 딱해 보였던 모양이다. 젊은 분들이 매번 하나를 빼앗아 들어주어서 너무 미안했다. 여지껏 나는 짐을 남이 들게 한 일이 없다. 자기가 좋아서 하는 여행을 왜 남을 힘들게 하면서 다니느냐는 생각에서였다. 2년 전만 해도 그 고집이 통했다. 그런데 이번에는 많은 사람들이 자꾸 돕겠다고 한다. 짐이 두 개인 데다가 내가 더 늙어서 그러는 것 같다. 남에게 폐를 끼치는 것은 송구했지만, 젊은 사람들이 도와주니 몸도 편하고 마음도 따뜻해졌다. 사랑을 받는 기분이 되었기 때문이다. 여행할 때는 누구나 고단한 법인데, 나이가 많다는 이유로 이렇게 도와주려 하는 나라가 세상 어디에 또 있겠는가?

3
로마의 옛길

🏛 오스티아 가도Via Ostia Antica

아침에 일찍 일어나 비아 오스티아의 옛 가도 위로 솟아오르는 해를 보았다. 우산 소나무…. 길가에 늘어서 있는 브로콜리같이 생긴 그 신묘한 나무들과, 들판을 덮고 있는 숲 위로 해가 올라오면서, 교외의 지저분한 거리 사이사이에 서치라이트 같은 광선을 쏘아대고 있었다. 길은 아직 어둑어둑했다. 빈터와 무너진 담 밑에 황홀하게 이쁜 들꽃들이 피어 있고, 동쪽 끝에는 유적지가 있는 들판이 집들 사이로 살짝살짝 모습을 드러내고 있었다. 호텔 서쪽으로 지방도로와 고속도로가 나란히 지나가고 있었다. 신·구 도로 사이에 가로수들이 여러 벌 겹쳐 있는 울창한 완충지대가 가로놓여 있어서, 그 너머에 무엇이 있는지는 가늠하기 어려웠다. 호텔 동쪽에 창고 같은 건물이 있는 곳도 보였지만, 로마 시대부터 있던 오래된 길은 여전히 살아 있었다. 건널목도 없는 어둑시근한 가도 위를 차들이 어찌나 속도를 내며 달리고 있는지 길을 건널 엄두가 나지 않을 지경이었다.

그 장엄한 소나무길 남쪽 끝에는 오스티아 항구가 있다. 로마의 외항인 오스티아 항은 기원전 4세기에 로마가 최초로 확보한 항구다. 그것을 얻음으로써 로마는 지중해와 연결되기 시작한다. 지중해를 자기네 바다로 만드는 거점이 마련된 것이다. 하지만 해외로 나갈 수 있다는 것은 해외에서 들어올 수 있다는 것도 의미한다. 아프리카에서 쳐들어온 반달족이 이탈리아에 상륙한 곳도 그 항구였기 때문이다.

2차선인 오스티아 옛 도로는 아스팔트로 포장되어 있었다. 어딘가에 옛날식 포장도로가 따로 있는 것인지, 아니면 돌 포장이 망가져서 바꾼 것인지 알 수 없었다. 이른 시간인데도 차들이 많이 다녔다. 하지만 혼자서 걸을 수 있는 좁은 인도가 있어서 산책하는 데는 지장이 없었다. 그 길에 혼자 나가서 사람이 없는 새벽 가도의 보도 위를 오래오래 걸으면서, 대로마제국의 흥망의 역정을 생각해본다. 우산 소나무는 하늘을 가려주는 폭이 넓어 그 밑을 걸으면 마음이 안정되었다. 도로변에는 동쪽으로 수로가 있어서 집들은 다리를 건넌 곳에 드문드문 보이고, 물가와 길섶이 모두 풀로 덮여 있다. 풀들에 앙증맞은 꽃이 달려 있어 어수선한 풍경을 가려준다.

어제처럼 젊은 가이드가 모는 승용차 안에서 그에게 오스티아 구
도로를 보여 달라고 또 졸라댔다. 오스티아 가도는 정말로 지금 우리
가 가고 있는 이 길이라면서, 그는 선심을 써서 우리를 유적보존지역
옆길로 안내해주었다. 우산 소나무에 둘러싸인 오스티아 유적지는
끝이 안 보이게 넓었다. 돌벽돌로 지은 무너진 건물의 잔해들도 이상
하게 말끔했고, 꽤 높은 벽도 있었다. 건물의 잔해들이 체면을 차리
면서 보기 좋게 서 있으니, 허물어진 집이 아니라 일부러 그렇게 만
든 설치예술 같았다. 유적들 사이사이를 화초와 잔디와 관목들이 보
기 좋게 장식해서, 황량해야 할 유적지가 평화롭고 아름다웠다. 예전
에는 로마 시민들이 테베레 강에서 유람선을 타고 오스티아로 내려
와 이곳 극장에서 밤에 하는 야외극을 보고 돌아갔다고 한다. 그 지
방에서 출토된 유물들을 전시하는 박물관도 어디엔가 있다고 했다.

기원전 4세기에 만들어진 오스티아 시는 한창 때에는 인구가
10만이나 되는 대도시였다. 거기에는 극장이 있었고, 병영이 있었으
며, 상점가가 있었고, 광장이 있어서, 그 유적을 둘러보는 데 세 시간
은 걸린다고 한다. 기원후 4세기에 진흙의 퇴적으로 항구가 못 쓰게
되어가는데, 말라리아까지 창궐해서 쇠퇴의 길로 들어섰다는 말을
들을 즈음에 우리는 이미 유적보존지역과는 먼 곳에 와 있었다.

🏛 아피아 가도Via Appia Antica

귀국하던 날도 우리는 또 하나의 옛 도로를 구경할 수 있었다. 나폴리에서 서울로 가는 팀과 로마로 가는 팀이 나뉘어졌다. 이번에는 마르코가 우리 차를 운전했다. 로마 공항 근처까지 오자 고맙게도 마르코가 우리에게 특별 보너스를 주었다. 아피아 가도의 가장 한적하고 아름다운 지역을 보여주겠다는 것이다. 그건 너무나너무나 황감한 제안이었다. 1996년에도 나는 아피아 가도에 온 일이 있다. 카타콤을 보기 위해서였다. 그 지역은 관람객이 몰려서 좀 붐볐다. 그래서 길을 즐길 수 없었다. 길 근처 땅속에 미로처럼 꼬불거리게 파여져 있는 기독교인들의 비밀집회 장소가 끝도 없이 이어져 있어서 나중에는 지루했다. 그런데 중도하차가 안 된다고 했다. 중간 출구가 없는 데다가 표지판도 없는 굴이 미로같이 파여져 있어서, 가이드를 놓치면 끝장이라는 것이다. 몇 년 전에 일본 여자 하나가 되돌아간다고 나갔는데, 실종되어 끝내 찾지 못했다는 말을 듣고는 겁이 나서 필사적으로 가이드를 따라다녔던 생각이 난다. 이번에는 그냥 길 자체가 보고 싶었다. 가능하다면 구 도로로 계속 달려보고 싶었다. 그리고 그 길 어딘가에 내려서 어슬렁거리며 시간을 보내고 싶었다. 그 소원이 이루어진 것이다. 작은 손녀가 어렸을 때 만든 감탄사 생각이 났다. '우와따따뿌뻬이!'

▲ 아피아 가도

교통이 복잡한 십자로에서 마르코는 우리를 내려놓았다. 주차할 곳이 없으니 30분 후에 십자로에 서 있으라고 한다. 동쪽은 시가지에 가까워서 서쪽을 택했다. 수원의 지지대 고개처럼 소나무만 늘어서 있는 거룩한 길이 한없이 뻗혀져 있었다. 2천 년의 세월이 지나는 동안에 소나무 가로수는 많이 죽어서 이가 빠진 곳이 많았고, 다른 수종의 나무가 섞여 있기도 했다. 하지만 이건 시저가 달리던 길이고, 영화 「쿠오바디스」에서 '비니키우스'가 개선하던 길이고, 사도 바울이 선교하던 길이다. 베드로는 그 길에서 예수님을 만났고, 스파르타쿠스의 반란 때는, 반란군을 진압한 크라수스가 스파르타쿠스의 패잔병들을 모조리 십자가에 매달아 이 길에 진열해 놓았다고 한다.

그 유구悠久한 길 위에 서니 사람은 자그마한 점으로밖에 보이지 않는다. 어쩌다 차 한 대가 지나가고, 자전거를 탄 커플이 지나갔을 뿐, 30분 동안에 그곳에는 우리 셋밖에는 사람이 없었다. 한니발이 코끼리를 몰고 알프스를 넘어 쳐들어오고, 반달족이 아프리카 쪽에서 장발을 휘날리며 몰려오고, 고트족이 침입해서 그 큰 제국을 삼켜버리기도 한, 그 험난한 세월 속에서, 씩씩하게 살아남은 아피아 가도에는, 아직도 예전 모양의 반듯반듯한 큰 돌들이 종묘 마당처럼 편안하게 포장되어 있었고, 브로콜리 같은 헤어스타일을 한 우산 소나무들이 의리를 지키며 서 있다. 길 좌우에는 건물이 보이지 않는 드넓은 들판이 계속되고 있었다. 들판에는 잘 자란 수목들이 우거져 있어서 사람 사는 곳이 보이지 않았다. 여기는 아직 '카카오톡'이 침범하지 않은 시원始原의 공간이다. 그 공간이 너무 좋아서 떠나고 싶지 않았다. 태곳적 그 옛날의 숭엄한 정적과, 대책 없는 심심함과, 외톨이가 된 것 같은 사무치는 외로움이 엄습해왔다.

그건 경주에서 느끼고 싶었던 감정이다. 하지만 경주의 유적들은 시내와 너무 가까워서 사기를 당한 기분이 들었다. 흙을 한없이 둥글게 쌓아 올린 풍성한 경주의 원형 토분은 그 자체가 역사이고 전설이어서 그 앞에 서면 머리가 숙여진다. 그런데, 잔디가 깔려 있는 그 거룩한 고분들이, 동네 한복판에 옹색하게 박혀 있었다. 그 고분들이 로마처럼 건물이 안 보이는 들판에 있었으면 얼마나 장엄하고 숭고해 보였을까? 눈에 건물이 보이지 않는 들판이 둘러쳐져 있는 아피아 가도에 나는 그만 홀려버렸다. 아마 아피아 가도 중에서 그 구간만 그러했을지도 모른다.

옛날 로마에서는 귀족들이 공공건물을 지어서 국가에 비치는 풍습이 있었다. 지은 건물은 관리까지 맡아 하는 믿음직스러운 노블레스 오블리주다. 그 대신 그 건물에는 기부한 사람의 이름을 붙여주었다. 도로도 마찬가지였다. 지은 사람이 관리까지 맡아야 한다니 이름 하나는 붙여주어야 할 것 같기도 하다. 아피아 가도는 그 도로를 맡은 아피우스의 이름이 붙여진 길이다. 로마 최초의 포장한 직선도로인 아피아 가도는 군용으로 쓰기 위해 만든 것이다. 모르타르와 잡석을 다져서 켜켜이 쌓아 1미터 두께로 만들었다는 이 도로에는 2천 년 전부터 가로수가 있었고, 배수로가 있었고, 돌로 포장까지 되어 있었다. 2천 년을 장수하는 돌이 깔린 포장도로. 이 길은 기원전 2세기에는 브린디시까지 563킬로미터로 연장된다. 로마와 에게해를 잇는 통로다.

그리스 사람이 황금의 비율을 가진 완벽한 신전을 짓는 일에 골몰하고, 진시황이 만 리에 달하는 성벽을 쌓느라고 땀을 흘리고 있을 때, 로마 사람들은 배수로까지 갖춘 단단한 길을 닦아서 세계로 나갔다. 모든 길이 로마로 통하게 사통팔달로 도로 만들기에 열을 올린 것이다. 로마에는 성벽이 없었으며, 로마에는 상주하는 군대도 없었다 한다. 도로망 덕분이다. 직선의 고속도로를 파발말이 달려가면, 삽시간에 병력이 모여들 수 있었기 때문에 상비군이 없어도 지장이 없었다는 것이다. 하지만 그 속력은 '양날의 칼(시오노 나나미)'이다. 빨리 나갈 수 있으면 빨리 들어올 수도 있기 때문이다. 그래서 백 년도 못되어 에페이로스 왕 피로스가 타란토에서 로마 근교까지 단숨에 달려오게 만들기도 했다.[53] 제국을 만들기보다 패망하는 시간이 더 짧았던 것은 길을 달리는 속도 때문이었는지도 모른다. 하지만 켈트족에게 로마를 점령당한 일(BC 4세기)이 있자 로마인들도 성벽을 높이기 시작한다. 개방적인 로마의 자신감이 허물어지기 시작하는 것이다.

그리스도 망하고, 진나라도 망하고, 로마도 망했으며, 그들을 망하게 만든 야만의 세력들도 모두 지금은 사라졌다. 어떤 완벽한 성벽을

---

53 로마가 그리스 식민도시 타란툼과 전쟁을 할 때, 타란툼이 고용한 것이 그리스 북부에 있는 에페이로스왕 피로스였다. 왕이 직접 용병대장이 되어 로마군을 격퇴한 것이다. 기원전 280년의 일이다(『로마인 이야기』 1권, p. 258~270).

쌓아도, 어떤 완벽한 길을 만들어도 제국을 영속시키지는 못한다는 것이 역사의 교훈인 것 같다. 장엄한 아피아 가도를 지키는 기이한 모양의 소나무 가로수들을 보며, 우리 셋은 그 그늘 아래에서 나이를 잊는다. "아피아 가도는 도로의 여왕"이라고 1세기의 시인 호라티우스가 말했다. 그 말에 만장일치로 동의했다.

III

시칠리아 속으로

1
팔레르모

🏛 몬레알레Monreale

시칠리아로 가기 위해 다빈치 공항에 다시 간다. 시칠리아는 이탈리아의 장화에 차인 엉덩이(일본말로 '시리')여서 이름에 '시리'자가 붙게 되었다고 장난치시던 역사 선생님 생각이 난다. 그 말대로 시칠리아는 정말 이탈리아의 장화 바로 앞에 엉덩이를 들이밀고 있다. 장화 끝과 엉덩이의 거리가 너무 가까워서 아슬아슬하다. 3.2킬로미터밖에 되지 않는단다. 그래서 계속 차이다가 결국 이탈리아에 합병되고 말았다.

시칠리아는 이탈리아에서 제일 큰 섬이다. 크기가 제주도의 13배나 된다. 토지가 비옥하고 날씨가 좋아서 이민족의 침범을 아주 많이 받았다. 기원전 8세기부터 이탈리아 공화국에 병합된 19세기까지 그곳을 지배한 나라가 자그마치 열다섯이나 된다. 페니키아, 그리스, 카르타고, 로마, 비잔틴, 아랍, 반달, 고트, 노르만, 프랑스, 독일, 스페인, 오스트리아, 영국, 그리고 이탈리아…. 이름만 나열하는데도 힘이 든다. 시칠리아 사람들은 그런 여건 속에서 살아왔다. 하지만 로마의 속국이 될 때까지 5백 년 동안은 번창했다. 그리스의 도시국가였기 때문이다. 땅이 기름지고 위치가 좋으며, 문화적으로 수준이 높았던 시칠리아에는 본국을 능가하는 나라들도 있었다. 기원전 5세기에 시라쿠사와 아그리젠토는 아테네와 어깨를 겨누는 도시였고, 노르만 시대의 팔레르모는 지중해에서 가장 영향력이 큰 도시였다. 루제로 2세 때(재위 기간: 1130~1154년) 시칠리아는 북아프리카와 중동에까지 영토를 보유한 강력한 나라였던 것이다.

시칠리아 사람들은 자기 나라를 점령한 그 많은 외국의 문화를 하나도 버리지 않고 감싸 안아서, 좀 복잡하기는 하지만 다양하고 아름다운 자기네 양식을 이루어놓았다. 그리고 자기 나라를 거쳐간 이국 문화의 자취를 잘 간수했다. 그중에서도 가장 많이 남아 있는 것이 그리스의 유적이다. 시칠리아는 애초부터 그리스 그 자체였다. 그리스는 이 섬의 4분지 3을 지배하던 최대 세력이었고, 문화적으로 영향을 끼친 기간이 동로마까지 합치면 1천7백 년 가까이 되기 때문에 그리스 신전과 극장이 본토보다 더 많이 남아 있다. 직항로도 없는 불편한 시칠리아에 모여드는 사람들 중에는 고대 그리스를 보러 오는 사람이 많다.

하지만 팔레르모는 다르다. 이 섬에서 제일 큰 도시인 팔레르모는 시칠리아에서 그리스와 가장 인연이 먼 도시라고 할 수 있다. 애초부터 페니키아인들이 개척한 도시인 데다가 카르타고가 그 뒤를 이었고, 아랍인들이 또 그 뒤를 이었다. 아랍 점령기(9세기~11세기)에는 팔레르모가 당시의 유럽에서 가장 부유한 나라였다. 다음에 온 것도 바이킹의 후예인 노르만들이어서 팔레르모에는 애초부터 그리스식 극장이나 신전 같은 것이 없었다. 그 대신 아랍풍이 강하다. 아프리카의 튜니지에서 140킬로밖에 안 떨어져 있는 시칠리아를 십자형으로 나누면, 아랍 쪽과 가까운 북서쪽 4분의 1은 카르타고의 식민지고, 그 지역을 대표하는 도시가 팔레르모다. 아랍인들이 만든 문화적 유산은 노르만들이 거의 다 부셔버렸지만, 그래도 이곳의 관광 대상은 아랍, 노르만 양식의 건물들과 아랍풍의 회랑들이다.

비행기에 타면 이륙할 때 바깥 경치를 보려고 창가에 앉는 버릇이 있다. 상승할 때, 독수리처럼 하늘로 치솟는 비상감을 즐기면서, 지구를 떠나고 있는 현장을 실감하기 위해서다. 처음 비행기를 타보신 시아버님이 "나 구름 위에 다녀왔어" 하며 좋아하시던 생각이 난다. 비행기로 하는 여행은 지구의 표면을 떠나보는 지상에서의 이탈이고, 구름 위에 머물러 보는 천상에서의 체험이다. 디딜 땅이 없는 허허로운 하늘 위에서 아래를 내려다보면, 사람 사는 고장은 너무 아름답다. 그리고 너무 멀다. 그래서 그립다. 그 아득하게 먼 거리가 좋다. 거기서 울고 웃던 일들이 모두 하찮아 보이기 때문이다.

그런데 이번에는 놀라서 이륙과정을 즐길 여유가 없었다. 로마 앞 바다의 해안선이 거의 일직선인 걸 발견했기 때문이다. 어쩌면 인공으로 만든 선인지도 모른다. 하지만 그냥 직선으로 주욱 이어지는 해안선은 본 일이 없어서 너무 이상했다. 어디에 가도 있는 리아스식 아기자기한 해안에 길이든 나는, 그 기이한 해안 풍경에 경악했다. '항구'라는 어휘가 의미하는 바를 비로소 알 것 같았다. 저런 기댈 곳이 없는 맨들맨들한 해안선을 보면서 항해를 하다가 폭풍을 만나면, 바람막이 울타리가 있는 항구가 얼마나 그립겠는가?

팔레르모로 가는 알이탈리아의 소형기 안은 자주색 계열의 색깔로 인테리어가 통일되어 있었다. 인디고 블루의 시트에는 자줏빛 형겊이 부분적으로 붙어 있었고, 스튜어디스의 옷도 농담濃淡이 다른 쌀무늬 모양이 바탕에 뿌려진 자주색 옷감으로 만들어져 있는 데다가, 여기저기에 자줏빛 소품들이 놓여 있어 통일감을 조성하고 있었다. 자주색이 흰 벽과 매치되니 신선하다.

색채와 디자인은 이탈리아 사람들을 당해 낼 수 없다는 생각이 들었다. 이탈리아 국기 색깔로 만든 열쇠고리들이 널려 있는데, 녹색, 붉은색, 흰색의 배치가 하나하나 다르면서 너무 이뻐서 네 개나 산 일이 있다. 더러 세면대에서 물이 새는 곳은 있었지만, 호텔의 세면기의 디자인은 대체로 삽상했고, 간단한 조작으로 확 눈에 띄는 벽면 처리를 한 곳이 많았다. 카타니아의 뒷골목에서는 큰길 중앙에 빨래 줄 같은 끈을 길게 매고, 거기에 구식 알전구를 달아 가로등으로 쓰는 곳이 있었다. 궁해서 만들었을 그런 것들까지 새로워 보이게 처리하는 것이 이탈리아 사람들의 창의성이다. 돈 안 들이고도 낯설게 하기에 성공한 사례가 많았다.

자동차도 디자인이 다양하고 아름답다. 길이 좁으니까 차들이 작은데, 모두 디자인이 아가자기하고 이쁘다. 버스도 20인승 소형이 많은데, 거의가 다 은빛인 데다가, 디자인이 산뜻해서 세련되어 보였다. 디자인이 아름다운 버스를 타고 있으면, 무언가 융숭한 대접을 받고 있는 기분이 된다. 비행기 안도 그랬다. 눈여겨보면 작은 것들이 조화를 이끌어내고 있었다. 한데 스튜어디스들은 뜻밖에도 뻣뻣하다. 안나 마냐니 같은 강한 인상을 주는 여인도 더러 있었다. 나는 그중에서 제일 여리고 이쁜 스튜어디스를 골라 단골로 만들었다.

10시에 탄 비행기가 팔레르모에 11시에 도착했다. 팔레르모는 세계의 항구Parnamos라는 의미를 지닌 시칠리아의 주도州都다. 아랍지배 시대에는 유럽에서 가장 부유한 도시이기도 했다. 은빛버스를 몰고 이탈리아 기사가 마중 나와 있었다. 이름이 살바토레란다. 우리는 그 이름에서 페라가모가 아니면 화가 달리를 연상하는데, 그는 자기 이름이 이탈리아어로 구세주라는 뜻이라고 자랑스럽게 말했다.

40대의 날씬한 구세주가 왔으니 일진이 좋을 것 같다.

살바토레는 자기 나라를 많이 사랑하는 것처럼 보였다. 가이드보다 더 열심히 자기 나라의 좋은 곳을 우리에게 알려주려고 노력하고 있었다. 운전을 하면서도, 앞에 있는 유서 깊은 곳을 꼭 미리 알려주어서, 유심히 살펴보게 배려한다. 그는 관광안내에 아주 열심이어서 많은 도움이 되었다. "이 길 저 끝을 막아서고 있는 문이 보이죠? 누오보 문입니다. 아랍양식이죠" 하면 우리는 그 긴 길을 누오보 문만 주시하면서 달리며 그 인상을 머리에 새길 수 있다.

펠레그리노 산을 보면서 괴테 생각을 한다. "거대한 암석 덩어리인 펠레그리노는 높다기보다는 넓으며, 팔레르모 만의 북서단에 있다. 그 아름다운 자태는 말로는 묘사할 수 없다"[54]고 그가 말했기 때문이다. 무슨 뜻에서 그런 말을 했는지 이해가 되지 않았다. 공항에 내리자마자 마주친 그 산은 검은 피부를 가진 돌산이었다. 하와이의 다이아몬드 헤드처럼 꼭대기가 평평하고 거창한 돌더미가 화가 난 매머드같이 바다를 받으려는 자세를 취하고 있었다. 한자로 '山'이라고 상형화되는 동양의 산들은 봉오리들이 뾰족뾰족한 흙산이어서 정말 '산山' 자 같은 모양을 하고 있는데, 이 한 덩어리의 거무스름한 바위산은 전혀 '山' 같지 않다. 풀 한 포기 없는, 위가 평평한 돌덩어리이기 때문이다. 우리가 생각하는 산의 이미지는 소월의 산처럼 꽃이 피는 곳이다. "가을 봄 여름 없이 꽃이 피"는 것은 아니지만, 거

---

54 괴테, 『이탈리아 기행』 1권, p. 105.

기에는 나무와 풀이 살아 있다. 그리고 머루도 있고, 다래도 열린다. 저런 바위산을 한국식으로 하면 산이라 할 수 없다.

하지만 바다는 달랐다. 빛깔이 그렇게 고울 수가 없다. 그날 맑고 깨끗하고 조용한 티레니아 바다에는 파도도 없었다. 밑바닥의 기복에 따라 바다의 색도가 달라졌다. 결을 이루며 농도가 달라지는 바다는, 어느 부분에서는 숫제 터키석빛을 하고 있다. 지중해에는 대륙붕이 적어서 물고기가 많지 않다더니, 그래서 빛이 그렇게 맑고 청명한지도 모른다. 시내로 가고 있는데 차가 밀리자 가이드가 점심을 좀 늦게 먹을 자신이 있으면 몬레알레부터 보는 게 어떠냐고 묻는다. 점심 시간에는 닫기 때문에 잘못하면 한두 시간 기다리는 일도 있다는 것이다. 8킬로밖에 안 떨어져 있으니까 20분이면 닿는다는 말도 덧붙였다.

캐나다의 몬트리올과 뜻이 같다는 몬레알레Monreale는 왕가의 산이라는 뜻이다. 거기 왕궁이 있기 때문이다. 안내서를 보니 왕궁과 수도원과 두오모가 가까운 데 모여 있다. 노르만 왕조의 루제로 2세가 성모님이 꿈에 나타나서 아버지(루제로 1세)가 숨겨둔 보물의 위치를 알려준 데 대해 감사하는 의미로 지었다는 성당이다. 그 성당을 보고 싶어서 열세 시간이나 비행기를 타고 왔으니, 일정을 바꾼다고 구시렁거릴 이유가 없다.

산상에 세운 도시

꼬불꼬불한 길을 돌아 버스는 계속 산으로 올라간다. 몬레알레는 표고 301미터의 카퓨토Monte Caputo 산 허리에 있다. 올라가노라면 눈 아래로 녹지대가 나타난다. 콩카 도로Conca d'Oro, 황금 고둥이라는 이 쁜 이름을 가진 완만한 평원에 올리브와 오렌지 숲이 있고, 사이사이에 하얀 건물들이 들어선 시가지가 있다. 유럽에 갈 때 제일 신기한 것은 도시마다 지붕이 주황색으로 통일되어 있는 점이었다. 어디에 가나 하얀 벽에 주황색 지붕의 집이 많다. 그래서 아주 평화로워 보인다. 여기도 마찬가지다. 크기와 높이가 가지런한 빨간 지붕의 집들이 채반 같은 평지를 덮고 있고, 그 너머에 바다가 보인다. 경사도가 높아지는 데 따라 높낮이가 달라지는 주황색 지붕들은 집합미가 있어 아름답다. 전망이 좋아서 차에서 내려 앉아 있고 싶어지는 고비가 많다. 고도가 달라져도 풍경은 달라지지 않는다. 시가지가 계속 따라오기 때문이다.

표고 3백 미터의 산 위에 도시를 만드는 것은 에트루리아 시대부터 내려오는 이탈리아의 유구한 전통이다. 이탈리아 문화의 원조인 에트루리아인들은 산 위에 집을 짓고 사는 것을 좋아했다. 로마는 표고가 50미터밖에 되지 않아서 에트루리아인들이 탐을 내지 않았다는 (시오노 나나미의) 말이 나올 정도로, 높은 산에 집 짓는 경향은 확고하다. 저지대에는 모기가 많은 것도 이유였지만, 높은 데 집을 짓는 것은 적을 막는 데 유리하다고 생각했기 때문이다. 그래서 구도로로 달리면서 보면 산상마을이 많이 나타난다. 먼 산 중턱에 자리 잡은 아시시Assisi를 처음 보았을 때의 감동이 되살아난다. 하지만 아시시 같은 곳은 낮은 편에 속할 정도로 산 중턱 높은 곳에 도시들이 많이 세워져 있다. 방어용 요새를 겸한 산상마을을 구경하는 것이 이탈리아 관광의 재미이기도 하다.

시칠리아도 비슷한 것 같다. 몬레알레도 산상도시다. 길이 좁아져서 버스 진입이 금지되는 지역을 지나도 집들은 계속 산마루를 향해 올라가면서 번성한다. 택시도 못 올라가는 구역에서 저 사람들은 어떻게 사느냐고 물으니까, 옛날에는 나귀를 타고 다녔고, 요즈음은 스쿠터를 타고 다닌다고 한다. 그것도 없는 사람들은 아직도 걸어서 오르내려야 할 것이다. 산상에 도시를 만들면 적을 감시하기가 좋고, 방어하기도 좋으며, 전망도 좋고, 말라리아도 쫓아오지 못한다. 하지만, 일상생활이 불편해진다. 아득한 산 중턱에 층층이 들어 있는 집들을 보면서 내가 사는 평창동 생각을 한다. 해발 30미터밖에 안될 것 같은 낮은 언덕 위에 집이 있는데도, 그 동네에 살려면 불편한 일이 많다. 양말 하나를 사려고 해도 경사가 급한 언덕을 한참 내려가서 버스를 타야 하기 때문이다. 매일 걸어 오르내리기에는 벅찬 여건이다. 누군가가 경치 좋은데 살아서 좋겠다고 하니까 초등학생이던 막내가 "아이구 그런 말 하지 마세요. 아플 때는 이가 갈린다구요" 하던 생각이 난다. 그래서 나는 이 나이가 되어도 운전대를 놓지 못한다. 무릎에 부담을 주는 급경사라서 걸어내려 가는 것보다는 운전해 가는 것이 힘도 덜 들고 몸의 부담도 적기 때문이다. 우리 동네에서 평지로 이사 간 친구가 사는 것이 얼마나 편한지 "이런 데서 살아도 벌을 받지 않나?" 하는 생각이 들더라는 말이 생각난다. 산상도시들을 보면 늘 거기 사는 사람들이 먼저 걱정되는 것은 동병상련同病相憐인가 보다.

몬레알레 성당이 있는 마을까지 올라가려면 언덕 중간에서 버스를 내려야 한다. 다음부터는 걸어서 올라가야 하는데, 택시 터미널인 몬레알레 광장까지 올라가보아도 여전히 산 위까지 집들이 올라가고 있다. 그 정상에는 옛 요새의 폐허가 있다고 한다. 스쿠터밖에 안 들어가는 산꼭대기에 카스텔라치오Castellacio 요새의 폐허가 지금도 남아 있다는 것이다. 마피아와 산적들이 마지막까지 그곳에 숨어 살았다 한다.

버스 종점에 다다르니, 다리에 자신이 없는 사람들은 택시를 타고 가도 된다고 가이드가 말한다. 나이 순서대로 네 사람이 택시를 탔다. 가까운데도 10유로를 내란다. 우리가 먼저 도착했길래 광장 복판에 있는 좌대에서 '시칠리아'와 '몬레알레'의 안내서를 샀다. 점심 시간 전에 성당 안을 보려고 헐레벌떡 찾아 왔는데, 안에 들어가 얼마 안 있으니 시간이 되었다고 나가라 한다. 들어와 있는 사람까지 내쫓는 건 또 무슨 경우인가? 점심 먹고 와서 다시 봐도 된다고 하니 할 수 없이 우리도 점심을 먹으러 갔다. 절에 가면 중의 말을 듣는 수밖에 없다. 그건 그 지역의 법도이기 때문이다.

성당 외벽의 '달라지기' 경쟁

겉으로 볼 때 몬레알레 성당은 별로 감동을 주는 건물이 아니다. 네모난 광장 남쪽에 있는데, 광장을 건물들이 돌아가며 가득 채우고 있어, 환경이 여유가 없고 옹색하다. 옆 건물과의 거리가 좁아서 끝부분은 포갠 것같이 보이니 건물의 실루엣을 제대로 감상할 수 없는 것이다. 뿐 아니다. 옆 건물들 때문에 좁은 앞면만 보이니 그 안에 길이가 100미터나 되는 거대한 큰 건물이 있다는 것을 짐작할 수가 없다.

유럽의 두오모들은 대체로 널찍한 정원 안에 혼자 고고하게 서 있다. 피렌체 같은 도시에서는 세상에서 제일 이쁜 색의 거대한 감빛 돔이, 가지런한 집들이 들어서 있는 평원 위에 높이 솟아 우뚝하다. 다른 도시의 두오모들도 대체로 구시가지의 가지런한 건물들 위로 높이 솟아 오른 건물인 데다가 꼭대기가 첨탑이나 돔으로 끝나고 있어 랜드마크가 된다. 두오모들은 도처에 서 있는 높다란 기마상보다 더 오연傲然하고 거룩하다. 건물 자체가 카리스마를 지니고 있는 것이다.

그런데 몬레알레 광장은 사면에 비슷한 크기의 건물들이 비슷한 색상으로 삥 둘러 지어져 있는 데다가 종루도 높이가 4층의 평지붕이어서 확 눈에 들어오지 않는다. 네모난 'ㅁ'자형 광장을 꽉 채우며

들어선 붉은 지붕을 인 흙빛 건물들이, 또 제가끔 'ㅁ'자형을 하고 있으니 아고라[55] 비슷한 느낌을 주기도 한다. 하얀 비치 파라솔이나 차일을 치고 도록과 음료수를 파는 좌판이 두서너 개 놓여 있고, 얼룩덜룩한 옷을 입은 관광객들이 모여 있어서 시장 같은 느낌을 받았는지도 모른다.

그 광장 남쪽 면에 성당의 출입구가 있다. 하지만 정문은 서쪽에 있다. 노르만식이라는데 건축양식이 도무지 낯이 설다. 고딕 성당들은 수직성을 살리면서 삼위일체를 나타내는 형상을 하고 있는데, 이건 그런 양식이 아니다. 그렇다고 그리스 신전처럼 수평성을 과시하는 열주列柱형도 아니다. 여러 양식이 섞여 있는 것 같은데, 문제는 그게 아름답지 않다는 데 있다. 이질적인 요소들이 조화를 이루지 못했기 때문인 것 같다.

18세기에 리모델링했다는 정문의 출입구는 1층 천정에 닿을 듯이 키가 큰 세 개의 아치로 이루어져 있다. 그 위에 좀 넓은 프리즈[56]가 있고 그 위에 난간이 있으며 그 너머에, 그리스 신전과 같은 형의 나지막한 삼각형 페디먼트를 가진 지붕이 보인다. 시내에 있는 팔레르모 성당에도 그런 양식의 출입구가 있는데, 그것은 몬레알레 것보다 모양이 훨씬 다듬어져 있어 아름다웠다. 카탈로니아식 고딕Katalan

---

55 Agora. 그리스에서 시장, 집회장 등으로 두루 쓰이는, 건물들에 둘러싸인 네모난 광장.

56 Frieze. 건물의 주두柱頭와 지붕 사이나 가구 등에 가로로 된 띠 모양의 장식벽. 조각으로 장식하는 일이 많아서 장식대帶라고도 한다. 거기 붙이는 장식용 패널들을 메토프Metofe라고 한다.

gothic양식이란다. 그런데 몬레알레의 것은 프리즈 위에 난간이 붙어 있어서 이쁘지 않았다. 전체가 흙빛인데 그 부분만 하얀 것은 두 군데 것이 동일했다.

하지만 그보다 더 문제인 것은 양쪽에 있는 종루들이다. 양쪽에 서 있는 종루들이 이상하게도 서로 모양이 다르다. 양식도 다르고, 크기도 다르고, 폭도 높이도 모두 다르다. 왼쪽 종루는 2층 정도의 높이인데 너비가 넓다. 평지붕에 아치 네 개가 있는 반층半層이 그 위에 붙어 있다. 오른쪽은 폭이 왼쪽보다는 폭이 좀 좁다. 올라가면서 조금씩 폭이 더 좁아지면서 층간거리는 낮아지는 4층 건물이다.

높이만 다른 것이 아니다. 아치의 모양들이 층마다 다르고, 좌우가 또 다르다. 오른쪽 탑은 각 층 중앙에 반원형의 긴 아치가 하나씩 있다. 층마다 아치의 크기가 커지다가 4층에서는 두 개로 나뉜다. 왼쪽 종탑은 1층 부분에 가느다란 통풍창이 두 개 세로로 나 있어서 요새 같은데, 2층에는 작은 아치가 하나만 있고, 그 위의 반층에는 아주 작은 아치가 네 개 있다. 양쪽의 종루들이 부분마다 '다르기 경쟁'을 하고 있는 것 같다. 그러면서 언밸런스적인 또 다른 아름다움도 없다. 오른쪽 4층 종루와 같은 형의 종루들이 하나씩만 있는 성당이 지방에도 있었다. 하나만 있는 쪽이 훨씬 나았다. 부분끼리 덜 싸우기 때문이다. 그런 데다가 건물 정면의 색상이 통일이 되지 않았다. 전체적으로 황토색인데, 출입문이 있는 부분만 백색이어서 여러모로 코디가 되지 않는다.

유럽의 성당들은 대체로 고딕양식이 많다. 이등변 삼각형 같은 첨탑이 중앙에 하나 좌우로 하나씩 있어서 명동성당처럼 첨탑이 3개다. 탑은 올라갈수록 폭이 좁아지다가 마지막에는 하나만 남는 탑 꼭대기의 십자가로 마감이 되는 것이 상례다. 절대신을 향하여 수직으로 상승하고 싶은 신도들의 소망을 가시화한 양식이다. 같은 건물에 아치나 창문의 모양이 달라지는 것은 극히 드물다. 균형과 조화를 중시하기 때문이다.

그런 성당들은 대체로 가운데가 뾰족한 것이 특징이다. 그런데 노르만양식은 가운데가 낮고 양쪽 종루가 높다. 가운데가 그리스식 낮은 지붕이기 때문이다. 그 안이 바로 유일신의 거룩한 처소여야 하는데, 겸허하게도 높이가 낮은 것이다. 12세기의 노르만 시대는 이미 르네상스적인 평지붕 건축이 준비되고 있는 시기여서, 신의 자리가 그만큼 낮아진 것인지도 모른다. 그게 아니라면 누구 말대로 마무리가 되지 않은 건물인지도 모른다. 같은 양식의 체팔루의 성당은 양쪽 종루도 높이가 같고, 꼭대기에는 고깔 같은 지붕이 얹혀 있었는데 여기는 그런 것도 없다. 종루를 하나만 두는 성당이나 수도원은 그 밖에도 여러 군데 있었다.

다르기 경쟁은 청동으로 만든 출입문에서도 나타난다. 장방형의 길이가 긴 청동의 문에는 네모난 패널들이 두 줄씩 세로로 가지런하게 배치되어 있다. 그런데 패널마다 부조의 그림이 다르고 문마다 작가가 다르다. 정문에는 42개의 패널이 붙어 있는 문이 있다. 그런데 패널의 그림들이 역시 다르다. 「천지창조」와 「카인의 이야기」 같은 것이 그려져 있기 때문이다. 정문은 잎사귀형 아치 안에 들어가 있는 쌍닫이문인데, 당초무늬로 둘레가 겹겹이 장식되어 있는 우아한 테두리 안에 녹색의 아치로 서 있다. 피사의 조각가 보나노Bonanno Pisano의 작품이란다. 패널들을 피사에서 만들어 1186년에 시칠리아까지 실어왔다는 것이다.

북쪽에 있는 관광객 게이트 앞에 서니 그곳의 문들도 특출했다. 역시 성화의 삽화들이 그려진 네모난 패널들을 규칙적으로 두 줄로 붙여 내려왔는데, 그림들이 조촐하고 길이가 파격적으로 기니 참신했다. 그 문들은 성당 외부에 있는 가장 아름다운 부분이다. 하지만 역시 문마다 작가가 달라서 같은 평면에 있는데 제각각이다. 몬레알레 성당의 외부에서는 다르기 경쟁이 벌어지고 있었다. 균형과 조화를 생명으로 여기는 그리스적인 건축문법과는 전혀 다른 양식의 건축법이다.

성당 안의 모자이크 그림들

개성이 강한 녹색 문을 통해 안으로 들어가면, 밖의 어수선함과는 전혀 다른 새로운 세계가 나타난다. 통일된 아름다움을 지닌 놀라운 세계다. 내부 구조는 회당이 세 부분으로 나뉘는 전형적인 성당양식인데, 천장과 벽의 윗부분이 그림 모자이크로 장식되어 있다. 그 그림들로 인해, 높은 천장, 본당과 측랑側廊 사이를 구분 짓는 기둥들, 멀고 높은 앱프스[57] 같은, 통상적인 공간들까지 여기서는 갑자기 놀랍게 느껴진다. 사람들을 압도하는 강력한 그 무엇이 성당 안에 가득 차 있다. 정갈하고, 성스럽고, 섬세하면서 위대한 아름다움이다.

성당은 길이가 100미터나 되는 데다가 성당답게 천장이 높다. 칸막이 코린트식 돌기둥 위로 한층 정도의 장식벽이 더 얹혀 있다. 그런데 거대한 건물의 상부 전체가 구석구석까지 완전히 모자이크 그림만으로 덮혀 있는 것이다. 조각도 없고 회화도 없다. 완벽한 양식의 통일이다. 1,940평이나 되는 공간이 완전히 모자이크 하나만으로 덮혀 있는 광경은 경이로웠다. 모자이크 그림들은 금과 돌과 유리로 만들어져서 시간이 지나도 때가 타지 않는다. 천 년이 지났는데도 금방 만들어놓은 것처럼 정결한 것이다. 탁월한 원화 위에 최상급 기술자들이 만들어서 격이 높았다. 모자이크화를 모르는 극동지역에서는 보기 어려운 새로운 아름다움이다.

두둘거리는 돌조각과 그 이음매가 보이는 모자이크화를 나는 별로 좋아하지 않았다. 그런데, 여기서는 높은 부분에만 있으니까 거리 때문에 그 이음매가 거의 보이지 않는다. 모자이크의 테세라[58]들이

---

57 Apse. 성당 후진 위 돔 안쪽의 둥근 공간. 제단 바로 위에 있는 가장 중요한 공간이다.
58 Tessera. 모자이크 세공용으로 쓰이는 네모난 채색된 대리석 조각. 벽돌 조각, 잔돌. 유리도 사용된다. 기원전 6세기에 그리스에서 색깔 있는 조약돌로 문양을 만든 것이 시초다. 색깔을 입힌 벽돌이나 대리석 진짜 모자이크는 기원전 3세기경에 만들어졌다.

▲ 몬레알레 성당 내부

잘고 섬세한 데다가, 하얀 기둥 위 높은 곳에서 시작되고 있어서, 모자이크화의 결함이 눈에 띠지 않아 신선했다.

모자이크화가 그렇게 많은데도, 과식주의過飾主義라는 생각이 들지 않는 것은, 회당을 세 부분으로 나누는 열여덟 개의 돌기둥 때문인 것 같다. 하얀 대리석으로 된 코린트식 기둥들은 원형대로 간결하게 처리되어 있었다. 간결하고, 명료하고, 균형이 잡힌 세계…. 거기 그리스가 있었다. 하지만 기둥 위에는 빈틈없이 모자이크로 덮인 아치들이 있고, 그 위를 천장까지 모자이크화가 가득 차 있다. 성당 안에서 모자이크화가 없는 곳은 그 기둥들뿐인 것같이 느껴진다. 돌이 주는 차가움과 엄격함이 레이스같이 섬세하고 온화한 모자이크 그림들과 너무나 완벽하게 화합하여, 격조 높은 조화를 만들어 내고 있다. "노르만들이 침입하여 전파한 비잔틴 장식예술과 장식품의 기막힌 기술은 고딕스타일의 엄격함을 완화시켜 주었다"[59]고 모파상도 칭찬했다. 고운 명주실로 짠 레이스 같은 이런 섬세함은 고딕 성당에는 없는 요소다. 모파상은 그 점을 높이 산 것이다. 금박 입힌 모자이크 그림으로 거창한 교회의 상부를 모두 뒤덮은 곳은 프랑스에는 없기 때문인지도 모른다.

모자이크화는 때를 탈 줄 모르는 자료로 만든 그림이라 늘 새롭다는 말을 들었지만, 이곳의 모자이크처럼 잘 관리된 것은 드문 것 같았다. 그중에서도 가장 놀라운 것은 중앙 애프스에 그려진 팬토크레

---

59 『모파상의 시칠리아』, p. 12.

터[60]의 성화였다. 금방 만들어놓은 것처럼 정갈한 성당의 둥근 애프스에, 너비 13미터에 높이가 7미터나 되는 압도적 크기의 팬토크레터의 상이 그려져 있었다. 두 팔을 벌리고 관람객들을 굽어보고 있는 예수님의 거대한 반신상은, 둥근 천궁天穹을 가득 채우고 있어, 처음 들어오는 사람들을 경악시킨다. 교황 프란체스코 1세를 닮았다고 모파상이 말한[61] 그 성상은, 가라앉은 남색 계통의 옷을 어깨에 걸치고 있었다. 밝은 적갈색이 주조主調를 이루는 배경 속에서, 그 무게 있는 색조가 권위를 발휘한다. 세상 전체를 향하여 팔을 벌린 구세주의 장엄한 모습이, 숭고하면서도 온화하다. 제단으로 들어가는 데 있는 네 겹의 잎사귀형 금빛 아치들이 그 압도적인 성화에 권위를 더해준다.

그 성화는 모든 면에서 특이하다. 우선 크기가 파격적이다. 나머지 인물화들은 사이즈를 확 줄여서 아주 작고 날씬하고 그렸기 때문에 성상의 크기가 더 압도적으로 다가선다. 팬토크레터상의 주변에는 섬세한 그림밖에 그려져 있지 않다. 머리 위의 공간에도 가슴 아래 그림에도 큰 인물화는 없다, 다른 곳도 마찬가지다. 파격적으로 사이즈가 작은 인물화들이 이 성당의 특징을 이룬다. 예수상 바로 아랫단에 사도들과 성모의 작은 상들이 가로로 나열되어 있고, 그 아랫단에는 성인들이 있다. 모두 크기가 작은 인물상이다. 본당 제단과 벽에는 비슷한 크기의 자잘한 인물상들이 그려져 있어, 전체적으로 섬세

---

60 Pantocrator. 우주의 창조자로서의 그리스도를 그린 성화.
61 모파상, 같은 책, p. 33.

하고 아름답다. 그런 인물상들이 벽면을 가득 채우고 있으니 본당 전체가 팬토크레터의 은총 속에 잠겨 있는 것 같은 분위기가 생겨난다.

뿐 아니다. 다른 인물들은 아주 자연스러운 포즈를 취하고 있다. 똑바로 서 있는 인물상에도 긴장은 없다. 아주 자유롭고 편안한 자세들이다. 진지한 표정을 하고 있는 것은 예수상밖에 없다. 그런데도 그 성상에서 따뜻한 분위기가 배어 나와서 다른 인물들이 자유롭고 편안한 분위기와 화합한다.

그런 평화로운 분위기는 백색을 많이 쓴 데서 생겨나는 것 같다. 이 성당의 벽화에는 흰색이 아주 많이 쓰이고 있다. 아담의 옆구리에서는 새하얀 이브가 맨몸으로 걸어 나오고 있고, 다마스쿠스의 성벽을 바구니를 타고 탈출하는 사도 바울도 흰 옷을 입고 있으며, 나사로의 부활을 다룬 성화의 인물들도 모두 백의를 입고 있고, 거꾸로 십자가에 매달리는 베드로도 흰 옷차림이다. 채색 옷을 입은 사도들의 옷에도 하얀 라인의 수장授章이 있거나 문양이 있어. 흰 부분들이 고루 퍼져 있다. 전체적으로 짙은 색 옷이 많지 않지만, 예수님과 같은 색상의 옷을 입은 사람은 하나도 없다. 적갈색 계통의 바탕 위에 흰색이나 파스텔 톤의 옷이 많이 쓰이고 있으니 분위기가 맑아질 수밖에 없다. 그래서 예수님의 강렬한 색상의 옷은 비교할 수 없는 무게를 지닌다. 시칠리아에서는 성상은 언제나 같은 옷으로 나타난다. 예수님이 입은 남색은 팬토크레터의 표지標識가 되나 보다.

이 성당의 모자이크들이 감동을 주는 것은, 모자이크 자체의 기술이 발달한 데도 원인이 있는 것 같다. 비잔틴 예술의 진수가 거기 드러나 있는 것이다. 그 아름다운 그림들 사이사이에서 테세라에 입힌 금박의 특수한 색감이 광택을 더해준다. 무광無光의 금을 입힌 유리나 테세라에서 발산되는 황금빛은 아주 특이하다. 호사스러우면서도 가라앉은 그 색감을 표현할 말이 없다. 차분한 호화로움이라고나 할까? 금에서 그런 깊이 있는 숭고한 색감이 나온다는 사실이 놀랍다. 이집트 사람들은 금을 신의 피부라고 생각하여 신상에 금을 입히는 것을 좋아했다. 파르테논 쪽도 마찬가지여서 아테나 여신의 거룩한 신상에는 금으로 된 옷이 입혀져 있었다. 신의 피부여서 금에서는 천년이 지나도 변하지 않는, 그런 차분하고 품위 있는 광택이 나오는 모양이다. 모자이크화의 금 처리법은 아주 교묘하고 정교하다. 조용히 숨어서 빛을 발하는 탁월한 처리법이다. 정밀靜謐함과 호화로움을 함께 간직하고 있는 미묘한 세계다.

이 성당에는 구약과 신약에 나오는 거의 모든 이야기들이 그려져 있다. 성당 자체가 모자이크로 표현된 장대한 성경책이다. 한쪽에서는 새로운 천지가 창조되고 있고, 다른 쪽에서는 가나의 잔치마당에서 포도주가 넘쳐흐르며, 다른 한쪽에서는 아담이 선악과에 손을 대고 있고, 또 다른 곳에서는 베드로가 거꾸로 십자가에 매달리고 있다. 성경 전체가 그림이 되어 벽에 모두 그려져 있는 것이다. 문맹들에게 성경을 가르치기 위해 시작된 성화 그리기가 이런 놀라운 예술품을 섬나라 시칠리아에 만들어놓았다.

나는 점심 시간 때문에 내쫓길 때까지 내내 본당의 제일 뒷부분에 서서 남색 옷을 입은 예수님이 굽어보고 있는 제단 쪽을 바라보고 있었다. 경건한 분위기가 영혼을 씻어주는 것 같았다. 직접 와보지 못한 시칠리아에 사람들을 끌어 모아 데리고 오면서, 혹시 그곳이 좋지 않으면 어쩌나 하는 불안이 있었는데, 몬레알레의 성당 안에 와서 그 불안이 가셔졌다. 이 성당의 모자이크화만 보고 간다고 해도 이번 여행은 충분히 의미가 있는 것이라는 자신이 생긴 것이다.

점심 후에는 벽화의 디테일을 감상했다. 그리고 또 한 번 놀랐다. 벽과 기둥의 장식이 하나하나 달랐기 때문이다. 하지만 그곳의 '다르기 내기'는 성공을 거두고 있었다. 소재와 기법이 같아서 그 다름이 눈에 거슬리지 않고 변조變調를 만들어내서 풍성한 조화를 이루고 있었던 것이다. 모든 부분이 위화감 없이 하나의 교향곡을 이루는 크나큰 하모니가 이 성당의 세계적인 명성의 원천이었다. 건물 안과 밖이 너무나 달라서 혼란스러웠다.

주랑, 그리고 색동 기둥들

시칠리아는 주랑柱廊 문화의 본산이라는 말을 들은 일이 있다. 팔레르모가 특히 그렇단다. 아라비아의 영향일 것이다. 팔레르모는 카르타고의 식민지여서 계속해서 아랍 문화의 영향권 안에 있던 도시

▲ 베네딕트 수도원 주랑

다. 그런 데다가 아라비아처럼 날씨가 따뜻하다. 팔레르모에는 굴뚝
이 없다고 한다.[62] 사철 따뜻해서 난방시설이 필요 없다는 뜻이다. 일
년 중 3백 일은 날씨가 맑다고 하니, 난방시설보다는 햇빛을 가려줄
주랑이 더 필요했는지도 모른다. 그래서 그런지 팔레르모에는 주랑
이 있는 건물이 많다. 벽면이 기다란 사원이나 공공건물에는 대체로
주랑이 만들어져 있다.

　주랑들은 언제 보아도 아름답다. 사슴 다리같이 날씬한 미니 기둥
위에 묵직한 로마식 반원형 아치가 얹혀 있고. 그 위에 스페인 기와
의 간결한 지붕이 덮여 있다. 그런 주랑이 열병식을 하듯이 끝없이

62　리그스, 앞의 책, p. 50.

늘어서 있다. 밖에서 보면 아치의 집합미가 압도적이고, 안에 들어가 있으면 보호받는 것 같은 아늑함과, 프레임이 있는 시야가 공존하니, 주랑은 누구에게나 환영받는 공간이다.

주랑은 길이가 길수록 거룩하다. 1미터 정도의 간격으로 동일한 기둥과 아치가 끝없이 끝없이 이어지는 데서 생기는, 잔잔한 음악 같은 집합미가, 무뚝뚝한 건물을 꿈의 궁전처럼 화사하게 변화시킨다. 회랑[63]은 더욱 좋다. 같은 양식의 주랑이 끝없이 계속되니 무한으로 이어지는 것 같은 해방감을 주기 때문이다. 아치로 시야가 제한되는 것도 재미있다. 걸을 때마다 다른 프레임으로 정원을 볼 수 있다.

우리가 몬레알레에서 본 주랑은 두오모 서남쪽에 지어진 베네딕트 수도원의 것이다. 한 면이 47미터나 되는 거대한 'ㅁ'자형 건물의 안마당 쪽을 빙 둘러가며, 똑같은 모양의 아치가 회랑을 이루며 이어지고 있었다, 경이로웠다. 회랑 안의 환한 안마당은 기하학적 정원으로 설계되어 있었다. 네모난 땅에 십자형으로 길을 만들고 중앙에 둥근 원이 있다. 길 둘레는 두부모처럼 각이 진 얕은 생울타리로 되어 있고, 그 안에는 잔디가 심어졌다, 열대식물이 가운데와 가장자리에 하나씩 심어져 있다. 인공적이고 기하학적인 그 정원은 멀리에서 보면 식물로 만든 녹색의 카펫 같다.

수도원 건물도 정원처럼 단순하고 압축된 건축미를 가지고 있다. 서쪽은 주랑과 같은 형의 아치가 주랑 지붕 위에서부터 다시 시작되

---

63 回廊. 네모난 건물 둘레를 빙 둘러친 앞이 트인 복도, 주랑은 기둥이 있는 복도이다.

기 때문에 아치의 길이가 짧고, 남쪽은 키를 좀 높이고 아치의 아래 부분은 막아 변화를 주었다. 긴 것과 짧은 것들이 간격과 외형이 동일하여 조화를 이루는 것이다. 그것들은 주랑의 아치와도 선이 일치되어 건물 전체에 통일된 분위기를 부여한다. 지붕은 전부 스페인 기와였고, 벽면도 색이 같아서, 네 개의 벽면의 모양이 조금씩 다르고 기둥들도 더러 다른데도 멀리에서 보면 균형이 잡혀 있어, 두오모의 외관보다는 건축미가 빼어났다. 모퉁이에 성당의 4층짜리 종탑과 디자인이 같은 종탑이 하나만 서 있는 것도 보기에 좋았다. 설 만한 자리에 배치되어 있었기 때문이다.

베네딕트 수도원의 주랑은 성당의 모자이크만큼이나 유명하다. 건물 자체가 우리나라 종묘처럼 간결미를 가지고 있는데, 기둥에 모자이크 그림까지 그려져 있기 때문이다. 그 유니크한 기둥들은 그림이 예술적이어서 수도원의 지명도를 높여주고 있다. 이곳의 주랑에는 특별한 점이 많다. 아치 밑에 날씬한 쌍기둥이 있는 곳들이 있다. 옆에서 보면 하나로 보이게 앞뒤로 줄을 맞추어 병렬並列한 쌍둥이 기둥들은 날렵하고 앙증맞지만, 멀리에서 보면 실루엣이 외기둥들과 같다. 쌍기둥들은 소녀들의 키만 한 미니 기둥인데. 둘 중 하나에만 모자이크 그림이 있기도 하고, 하나 건너씩 장식이 있는 곳도 있으며, 두 개 모두에 그림을 넣은 것도 있어 다양했다.

그 주랑들은 모양보다는 장식 때문에 유명했다. 하얗고 날씬한 돌기둥에 모자이크로 그림이나 도안이 그려져 있는 것이다. 그림이 서로 달라서 다양하고, 디자인과 색상이 정교하면서 섬세하여 보는 이들을 놀라게 한다. 기둥 한 개가 동일한 기하학적 도안으로 채워진 것도 있고, 부분적으로 색이나 형태를 바꾸어 가며 악센트를 준 것도 있으며, 빼빼로 과자 같은 형상을 사선斜線으로 죽죽 그린 도안을 층층으로 배치한 파격적인 것도 있고, 당초무늬 장식도 있다. 전체적으로 색상이 밝고 아기자기해서 하나하나가 개성이 있고 아름답다.

그건 하나하나 따로 보아야 빛이 나는 작품들이다. 동일형의 반복은 거의 없기 때문이다. 무늬만 다른 것이 아니다. 색상도 다르고 구도도 다르다. 기둥 하나하나가 다 명품인데, 서로 다른 기둥이 228개나 있으니, 화려하기는 한데 통일성이 없다. 기본 방향이 정해져 있지 않기 때문이다. 몬레알레의 '다르게 하기' 경쟁이 여기 와서 최고조에 달한다. 시칠리아 사람들은 굉장히 개성적이라더니 그 말이 맞는 것 같다. 그 지나친 개성이 문제다. 전체의 구도에 대한 고려가 없이 제가끔 개성만 강하니 건물의 통일성이 저해되는 것이다.

기둥 하나하나에 너무 많은 것을 집어넣은 것도 문제였다. 작은 기둥인데 주신에는 그림이 잔뜩 그려져 있고, 주두에는 코린트식으로 아칸서스 잎새가 새겨진 부분이 있다. 그런데 그 위에 하얀 인물상들이 잔뜩 조각되어 있어 어수선하다. 너무 많은 것이 들어 있어서 세 가지가 모두 해를 입는다. 주두에 아칸서스꽃을 장식하여 코린트식 기둥임을 명시하면서, 그 위에 성서 속의 이야기를 다룬 조각상들을 장식하려고 주두의 키를 키워버려서 두 양식이 모두 망쳐진다. 주두의 높이를 늘려놓아서 코란트식 기둥의 균형미가 망가졌고, 기둥에 그림을 그려 넣어서 돌기둥의 본래의 모습이 손상되었다. 옹색한 공간에 밀집시키니 조각도 제 빛을 발하지 못하기는 마찬가지다.

주랑의 문제는 양식의 혼합에 있는 것이 아니라 통일성이 없는 데 있다. 여러 가지를 한데 몰아 넣었는데 새로운 양식이 아직 육화되지 못해서 각 요소가 제각기 겉돌고 있는 것이다. 최상급 금 모자이크로 장식된 작은 기둥들은 그것만으로 이미 완벽한데, 정교하고 섬세한 조각까지 머리에 이고 있어, 금속과 돌이 다투고 있다. 좁은 공간에 새겨 넣은 미니 성화의 조각들도 하나하나가 내용이 달라서 복잡했다. 12세기 시칠리아의 가장 빛나는 조각들이라고 하는데 옹색한 데 끼어 있어 제 빛을 발휘하지 못하고 있는 것이다. 동물이 있고, 식물이 있고, 인물과 설화들이 어우러져 있는 사실적인 조각군이 끝나면, 그 위에서 아치가 시작된다. 당초무늬로 장식된, 테두리가 두 겹으로 되어 있는 호사스런 아치다. 아치 위는 통일되어 있으니까 아름다운 것들이 너무 많이 들어 있는 기둥들만 문제였다. 작은 기둥에 너무 많은 것을 통일성이 없게 섞어 놓았기 때문이다.

알람브라 궁전에도 베네딕트 수도원의 주랑과 실루엣이 비슷한 주랑이 있다. 사자의 뜰에 있는 아랍식 주랑이다. 하지만 사자의 뜰에 있는 주랑에는 기둥에 코린트식 주두도 없고, 알록달록한 모자이크 무늬를 몸에 감고 있지도 않으며, 하얀 돌조각도 없다. 외형은 대충 비슷한데 사자의 뜰의 기둥과 아치에는 여러 형식이 섞여 있지

▲ 베네딕트 수도원의 서로 다른 그림이 있는 기둥들

않아서 인상이 삽상하다. 같은 아랍식인데, 알람브라의 것은 단순화되고 절제되어 있으면서 종합적인 균형을 이루고 있는 것이다.

몬레알레의 두오모의 내부에는 베네딕트 수도원의 주랑의 열주들 같은 양식의 혼거混居상태가 나타나지 않는다. 거기서는 코린트식 기둥을 원래의 양식대로 그냥 놓아두었다. 아슬아슬하게 기둥 위에서부터 현란한 장식이 들어가기는 하지만, 어쨌든 기둥에는 아칸서스 잎 이외의 장식이 없다. 기둥은 제 양식대로 놓아두고 그 윗부분부터 모자이크로 덮어서, 대리석과 모자이크화를 모두 살려놓은 것이다. 두오모의 인테리어가 탁월하고 깔끔한 이유가 거기에 있다. 두오모는 인테리어가 훌륭하고, 수도원은 겉에서 본 건축미가 탁월하니 서로 비긴 셈이다.

19세기에 시칠리아에 온 모파상은, 다양한 밝은 무늬들이 경연을 벌이고 있는 이 수도원의 화사한 주랑들을 너무 좋아했다. 그 회랑에서 산책을 하면 "무한정 머물고 싶을 정도로 충만한 은총을 받은 느낌"이 들 것 같다고 그는 쓰고 있다. "보는 사람을 놀라게 하며 매혹시키며 황홀감에 빠지게 한다"는 표현은 기둥의 모자이크 그림에 바치는 헌사獻辭다. 수도원 전체가 "섬세하고 예쁘며 우아하다"는 말도 나온다.[64] 모파상은 그 수도원의 밝고 아름답고 다양한 기둥들이 빚어내는 화사한 분위기를 사랑한 것이다. 그는 "베른의 황량한 야산 속에 있는, 모리타니아인들이 은둔하는 카르투지오회"의 수도원을

---

64 『모파상의 시칠리아』, p. 9.

그는 반대의 극에 올려놓고 있다. 베른 수도원의 어둡고 츱츱하고 음산한 분위기에 넌더리를 내고 있었던 것이다. 그 기분을 알 것 같다.

하지만 수도원은 "보는 사람을 놀라게 하며 매혹시키며 황홀감에 빠지게" 하는 미술관이 아니다. 관광객의 휴식을 도모하는 호텔은 더욱 아니다. 그러니까 너무 "섬세하고 예쁘며 우아"해서는 안 된다고 생각한다. 수도원은 세속적인 욕심을 모두 내려놓고 싶은 사람들이 기도만 하며 살려고 들어가는 곳이다. 어쩌면 그건 색채를 거부하는 세계일지도 모른다. 일반 신자들이 모여드는 두오모보다는 더 탈속한 분위기여야 하는 것이 당연하다. 그러니까 진짜 수도원은 색동 기둥이 있는 예쁘며 우아한 곳이 아니라 차라리 베른의 것같이 엄숙한 곳이어야 할 것 같다. 수사들은 기둥의 모자이크화를 감상하러 오는 관광객이 아니기 때문이다.

베네딕트 수도원이 원경遠景이 더 보기 좋은 것은, 복잡한 디테일이 보이지 않기 때문이다. 회랑의 열주들과 아치, 그리고 스페인 기와를 인 건축미만으로도 이 수도원 건물은 유명세를 탈 만큼 아름답다. 한 양식으로 통일되는 것은 그래서 중요하다. 여러 양식을 모아 놓았는데 조화를 이루지 못하면 모두 생기를 잃는다. 팔레르모는 백 개의 성당이 있는 도시라 한다. 그 백 개의 성당들이 모두 기독교 정신에 위배되지 않는 양식으로 통일이 되어 있었으면 좋겠다.

돌아올 때도 택시를 탔는데, 내가 그만 새로 산 책 두 개를 택시에 놓고 내려서 문제가 생겼다. 관광 안내서는 현장이 아니면 살 수가 없다. 그러니 다시 산꼭대기까지 올라가든지 내려오는 차에 부탁을 하는 수밖에 없는데, 시에스타 시간인지 버스 종점에는 택시가 하나도 없다. 설사 올라간들 말이 통하지 않으니 내가 탔던 택시를 무슨 재주로 찾겠는가?

그때 우리의 살바토레가 구원자라는 이름값을 제대로 했다. 광장의 관리소에 전화해서 아무 택시나 책을 가지고 내려오도록 교섭을 해준 것이다. 일행이 기다리는 게 미안해서 음료수를 대접했지만, 첫날부터 최고령자 티를 내고 말았으니 체면이 말이 아니다. 책을 찾으니 갑자기 이틀 동안 밀려있던 피로가 몰려와서 돌아오는 차에서 내내 꾸벅거렸다.

🏛 팔레르모Palermo 시내관광

백 개의 성당이 있는 도시와 수치의 광장

팔레르모 시내로 들어갔다. 제일 먼저 노르만 궁을 찾았다. 팔라티나 예배당을 보기 위해서다. 노르만 왕궁은 9세기에 아랍인들이 지은 것을 11세기부터 노르만 왕들이 사용했던 곳이다. 후세 사람들이 증축하고 리모델링을 많이 했다. 너무 자주 손을 대서, 아랍 노르만 양식의 건물은 거의 원형을 찾기 어려울 지경이 되었다고 한다. 증축한 부분이 본 건물과 양식도 색상도 달라서 보기에도 어수선했다. 그건 우리가 팔레르모에서 본 가장 정돈되지 않은 건물이었다. 지금은 그나마도 주의회가 사용하고 있어서 일부밖에 볼 수 없었다.

팔라티노 예배당은 노르만 왕궁 안에 있다고 했다. 그래서 넓은 터전 어딘가에 따로 지어져 있는 줄 알았다. 그런데 건물 안에 있었다. 'ㅁ'자형 건물 안에 있으니 클 수가 없다. 길이가 33미터에 너비가 13미터밖에 되지 않는 아기자기한 규모다. 2층에 올라가야 있다고 해서 오른쪽에 있는 넓은 계단을 올라간다. 네모난 건물인데, 2층 3층에는 안마당 쪽으로 주랑이 둘러쳐진 널찍한 복도가 있었다.

난간 높이에서 기둥이 시작되고, 그 위에 너그러운 원형 아치가 천장까지 닿아 있다. 주랑은 기둥 사이의 간격이 넓어서 아기자기하지 않은 대신에 시야가 넓었다. 이곳은 기둥에도 아치에도 장식이 적었다. 하지만 바닥에 모자이크 타일이 깔려 있어 주랑 공간이 두루 환했다. 주랑 아래로 열대식물이 심어진 청청한 정원이 내려다 보였다.

주랑 끝 막다른 곳에 예배당이 있었다. 복도보다는 두세 단 높은 곳에 입구가 있다. 예배당 앞에 서니 무언가 이상했다. 건물 2층에서 시작되는 예배당은 드물기 때문이다. 예배당은 1130년에 루제로 2세가 짓기 시작하여, 1143년에 완성했다고 한다. 금박을 입힌 모자이크가 건물의 외벽에서부터 나타나 이목을 끌었다. 모자이크의 소재 중에 가장 귀하고 아름다운 것은 테세라에 금도금을 한 것이다. 얇아서 그런지 금 모자이크화는 이음매가 잘 보이지 않았다. 원래 모자이크화는 세월에 휘둘려도 색이 변하지도 않는 것이 장기지만 금은 유별났다. 무광의 금 모자이크가 발휘하는 그 호화로우면서도 품위가 있는 질감은 보는 사람을 질리게 만든다.

제가끔 색깔이 다른 대리석 기둥으로 측랑側廊과의 경계를 나타낸 본당의 제단 위 높은 곳에, 팬토크레터의 성상이 있었다. 몬레알레 성당의 예수상과 구도가 비슷했다. 규모가 작아서 그런지 이곳의 모자이크화들은 더 정교하고 섬세해 보인다. 금을 풍성하게 사용한 때문일 것이다. 하지만 우리는 더 이상 놀라지도 않고 감동을 받지도 않는다. 금방 보고 온 몬레알레 성당 것과 너무 비슷했기 때문이다.

예수상이 특히 그랬다. 같은 색 옷을 입고 있었고, 왼손에 성경을 들고 있는 것도 같았으며, 얼굴도 비슷한 데다가 성당 안에 있는 위치도 비슷했다. 성화는 규범이 정해져 있어서 개성적인 표현이 허락되지 않으니 닮는 것은 당연한 일이라고 할 수 있지만, 너무 비슷한 점이 많으니 신선감이 없었다. M.G.M사의 영화를 보러 간 시골 아낙네가, 사자가 나와서 포효하기 시작하자 "아! 나 저거 봤다" 하고 도루 나왔다던 말이 생각났다. 우리에게도 그와 비슷한 '기시감旣視感'이 왔다. "아! 나 저거 봤다" 하는 기분이었기 때문이다.

아무래도 관광순서를 잘못 정한 것 같다. 애초의 예정대로 여기에 먼저 왔어야 했다. 그래서 아기자기한 예배당 안을 샅샅이 보면서 모자이크의 아름다움을 천천히 감상한 다음에, 그것보다 더 규모가 큰 몬레알레 성당을 보았다면, 라벤나의 것에 비할 만큼 정교하다는 팔라티나 예배당의 그림 모자이크 앞에서 그런 건방진 기시감은 느끼지는 않았을 것이다. 그런데 규모가 몇 배나 되는 큰 성당 안을 전부 덮고 있는 압도적인 모자이크화를 보고 바로 여기 온 것이 잘못이다. 예수상만 빼면 디테일에 다른 점이 많고, 구도나 인물배치에 같지 않은 부분이 많은데도, 김이 새버려서 건성으로 보게 된다. 몬레알레 성당을 노르만 시대의 마지막 백조의 노래라고 한 이유를 알 것 같다.

궁궐에서는 "루제로 왕의 방"만 보고 나왔다. 베르사유 궁전을 본 사람들은 유럽의 다른 궁전에서 감동을 받기 어렵다. 아무래도 오리지널이 낫기 때문이다. 장거리 비행에서 온 피로와 시차 때문에 우리는 갑자기 탈진상태에 빠졌다. 그래서 구시가지에 갈 때는 차에 머무는 사람들이 생겨났다.

팔레르모의 두오모는 정말로 크기가 어마어마했다. 그런데 가로축이 너무 길었다. 색상까지 황토색이니 학교나 관청 같은 느낌이 들었다. 성당들은 가로가 좁고 세로가 긴 것이 상례이기 때문이다. 긴 평지붕의 약간 오른쪽 중앙에 청동으로 된 돔이 있었다. 우리나라 총독부 건물에 있던 것과 비슷한 형이다. 오리지널 카시드럴은 12세기에 지어진 시칠리아, 노르만 양식의 건물이었다는데, 여러 번 증축과 개축을 되풀이하였기 때문에 원래 모습은 찾아보기 어렵다 한다. 아랍 양식과, 노르만 양식, 고딕 양식이 서로 뒤섞여 있다. 왼쪽과 오른쪽이 다르고 남쪽과 북쪽이 다른 이 다양한 건물은, 이상하게도 이질적인 부분들이 융합되어 조화를 이루고 있었다. 추가된 것들이 원 건물의 단조로움을 보완하면서 균형 있게 배치되었기 때문일 것이다.

전면 왼쪽에 그리스식 페디먼트를 아치 세 개가 받치고 있는 카탈로니아식 고딕 양식의 입구건물이 있다. 원체는 황토색인데 몬레알레 성당의 것처럼 그 부분만 하얗다. 모양은 몬레알레 두오모의 것과 비슷한데 이쪽 것은 그 부분 전체가 색이 통일되어 있다. 몬레알레의 것은 난간 윗부분이 엷은 황갈색이었다. 형체도 훨씬 정련되어 아름다웠다. 돔이 몸체의 단조로운 평면성을 보완해주고 있고, 양쪽에 있는 고딕 양식의 종루들도 본채의 건물과 싸우지 않으면서 서로 조화를 이루었다. 황갈색의 기본색은 우중충한데 평지붕 가장자리에 베풀어진 아랍식 섬세한 장식이 그것을 보완해주고 있었다.

건물의 앞쪽에 야트막한 생울타리로 선을 두른 반원형 공간이 있다. 거기에 하얀 인물의 조각상들이 나무들 사이에 배치되어 있어 보기가 좋다. 건축 박물관처럼 모든 양식이 한데 모여 있는데, 신기하게도 이곳의 것은 완성도가 높다. 종루들은 그것대로 아름답고, 돔은 돔대로 점잖으며, 벽면은 벽면대로 아기자기한데, 그 모든 것들이 합심하여 하나의 조화를 형성하고 있는 것이다. 누군가가 '드라마틱하다'는 표현을 썼을 정도다. 하지만 영 성당스럽지는 않았다. 성당은 가운데가 높아야 하고, 좁은 전면만 보이고 그 뒤에 긴 본채가 숨겨

▲ 팔레르모의 두오모

져 있어야 하는 게 기본인데, 이 성당은 학교처럼 옆으로 길게 세워
져 있기 때문이다.

콰트로콴티 네거리에서 차를 내려 바로 옆에 있는 프레토리아
Pretoria 광장으로 갔다. 지대가 높은 곳에 지금은 상원으로 쓰이는 건
물이 있는데, 광장은 그 앞마당이다. 그 건물도 두오모와 비슷한 청
동 돔을 이고 있어서 평지붕 건물이 안정되어 보였다. 그 고전적 건
물 앞에 조각 광장이 있다. 조각 광장이 아니라 사실은 조각 분수였
다. 웬일인지 물이 나오지 않으니 조각만 남아 조각 광장처럼 되어버
린 것이다. 철책으로 막아 놓은 공간 안에 남쪽으로 반원형의 칸살이

▲ 프레토리아 분수와 조각들

넓은 계단이 설치되어 있고, 인물의 조각상들이 계단 여기저기에 높낮이가 다르게 배치되어 있었다. 열대식물 화분들 사이사이로 드러나는 하얀 대리석 인물상들은 수가 많았다. 30개가 넘는다고 했다. 16세기에 피렌체의 예술가들이 만들었다는 그 조각들은 대부분이 나체상이었다. 성인 남녀상 수십 개가 반원형 계단에 층층이 배치되어 있는데, 남성상 중에는 서 있는 나체상이 많았다. 알몸의 인물상은 대부분이 정면을 향해 정지된 상태로 서 있었다.

인간의 나체를 수치스럽다고 생각한 기독교인들은 그 조각들이 망측스러워서 그 앞을 피해 다녔다 한다. 그래서 광장 이름이 '수치의 광장'이 되었다는 것이다. 그 광장에는 분수가 있었다는데 지금은 물줄기는 보이지 않았다. 분수의 물보라 너머로 볼 때는 그 나체상들이 신비해 보였는지 모르지만, 물줄기가 사라져버린 곳에 물때가 묻은 채 남아 있는 나체 조각들은 좀 초라해 보였다.

로마제국도 가톨릭 교회도 인간의 알몸이 대중 앞에 노출되는 것을 좋아하지 않았다. 이집트도 마찬가지다. 사람의 벗은 몸을 조각하기를 좋아한 것은 그리스인들뿐이다. 로마인들은 그리스풍에 물들어 인물의 조각상을 많이 만들었는데, 나체가 아니라 토가[65]를 걸친 황제나 장군상이 많았다. 로마인들은 그리스 문화를 너무 좋아해서 평소에 그리스식 팔리움[66]을 입고 싶어 하는 사람이 많았다는데, 아우구스투스 황제가 주체성 확립 차원에서 토가 착용을 장려하여, 조각들도 거의가 다 토가를 입은 모습이 된 것이다.

> 토가가 로마 시민권의 표시였던 반면, 그리스의 옷 팔리움은 그리스의 시민권을 나타내지 않았다. 그리스인의 국민적인 의복은 없었으며, 그들이 야만인과 자신을 구분할 수 있는 복장은 '나체'였다."[67]

다른 문화와 그리스를 가르는 기본적인 요소는 그리스인들의 '물질physics'에 대한 선호에 있다. 그리스인들은 우주의 본질을 물질로 보았다. 어떤 사람은 물로, 어떤 사람은 불로, 어떤 사람은 공기로 보

---

65 Toga. 고대 로마 남자들이 입던 긴 겉옷.
66 Pallium. 고대 그리스 남자들이 입던 긴 망토.
67 차천환, 『로마 제국과 그리스 문화』, 길, 2016, p. 204.

았던 것이다.[68] 그것들은 모두 '형이하학physics'에 속한다. 인간에게 있어 '피직스'는 육체다. 그리스인들의 육체긍정은 거기에서 나온다. 육체를 가진 인간을 긍정하는 것이 그들의 미메시스 예술론의 출발점이다. 그리스인들은 인간의 생긴 모습을 그대로 그리고 싶어 했다. 하지만 그들은 움직이는 역동적인 인간의 나체를 더 아름다운 것이라고 생각해서 정면을 향해 정지하고 있는 나체상은 많이 만들지 않았다. 단련되어서 균형이 잡히고 아름다운 인간의 육체를 최고로 아름다운 피조물로 본 것이다. 그래서 원반 던지는 남자도 알몸이요, 마라톤 선수도 알몸이며, 신들도 걸핏하면 알몸으로 그려진다. 중세의 기독교는 그것을 혐오해서 가능한 한 많은 옷을 걸친 인물상을 그렸다. 그리스인들은 나체를 '형태form'로 생각해서 사랑하는데, 기독교인들은 그것을 '살flesh'로 보아서 수치스럽다고 생각한 것이다.

르네상스 시대의 예술가들은 그리스인들처럼 인간의 알몸 그리기로 돌아간다. 피렌체의 시뇨리아 광장에는 「다비드상」이 옷을 입지 않은 채 서 있다. 미켈란젤로의 작품이다. 그는 시스테나 사원 천정에도 아담과 이브를 벌거벗은 형상으로 그려놓았다. 그 그림을 보고 교황은 웃으면서 말한다. "네 눈에 그리 보이더냐? 그럼 그대로 두어라."[69] 교황도 르네상스맨이었던 모양이다. 하지만 천장에 그려진 그 맨몸의 인물상들은 근엄한 사제들을 불편하게 만들었다. 오죽했으

---

68 원질元質=만상萬象의 근원이 되는 것. 그리스인들은 그것을 물, 공기, 불 등의 물질로 보았다. 기독교에서는 신으로 보았다.

69 바스키아 감독의 「미켈란젤로」에 나오는 장면. 주연은 찰톤 헤스톤이다.

면 나체로 된 성화에 속옷이라도 입히자는 종교회의까지 열었겠는가? 문화는 항상 '피직스 선호'와 '안티-피직스anti-physics 선호' 사이를 왕래하며 변천한다.[70]

프레토리아 광장의 나체 조각들은 그 종교회의 참석자 같은 경건한 부류의 사람들을 불편하게 만들었을 것이다. 그래서 르네상스맨들이 만든 자랑스러운 나체상은 수치의 상으로 격하된다. 이탈리아와 스페인은 르네상스를 접어버리고 다시 반종교개혁을 일으켜 중세로 돌아가는 나라들이기 때문이다. 우리는 이미 '피직스physics'를 선호하는 시대에 살아온 지 오래다. 그래서 그 나체상들을 보면서 수치를 느끼지는 않았지만, 적어도 분수는 작동되어 성기들이 노출되는 일은 없었으면 좋겠다는 생각이 들었다. 그건 수치심이 아니라 민망함이다. 가까이 가서 보니 그 조각들은 경탄의 대상이 되기에는 미흡해 보였다. 16세기니까 14세기에 융성했던 이탈리아 르네상스는 사양에 접어드는 시기여서 그런지 그 나체 조각들에는 미켈란젤로의 「다비드상」이나 트레비 분수에 있는 「포세이돈상」에 서려 있는 빛나는 그 무엇이 결여되어 있었다. 그 조각들이 주민들에게 불편하게 느껴진 것은 그 때문이었는지도 모른다.

---

70 피직스Physics는 형이하학. 형이상학은 안티-피직스Anti-physics다.

외국 통치자들이 남긴 것들

걸어서 벨리니 광장으로 들어갔다. 아랍풍의 건물들이 남아 있는 광장에 노천카페가 있었다. 그곳의 오픈카페에 자리를 잡고 젤라또를 먹으며 팔레르모의 도심지 풍경을 즐긴다. 가만히 앉아 있어도 볼 것이 너무 많다. 광장의 동편에는 두 개의 성당이 나란히 서 있다. 마르토라나Martorana 성당과 성 에레미티San Eremiti 성당이다. 같은 12세기에 지어진 것이지만 두 건물의 양식은 판이하다. 카페 바로 옆에 있는 마르토라나 성당은 바로크식이 가미된 노르만 양식이다. 후세에 리모델링을 한 모양이다. 성 에레미티 성당은 돌연한 양식의 건물이다. 어디에도 없는 세 개의 빨간 작은 돔이 지붕 위에 붙어 있었기 때문이다. 관광 안내서에서 볼 때는 지붕 위로 돔의 반원형 부분만 보여서 아주 엑조틱exotic해 보였는데, 가까이에서 보니 원형 밑의 원통형 부분이 노출되어 아름답지 않았다. 요즘 지하 건물 위에 광창光窓으로 만드는 톱라이트 같아 보였던 것이다. 장식이 없는 네모반듯한 건물 지붕 위에, 느닷없이 톱라이트 같은 형의 붉은색 반원형 돔이 왼쪽으로 치우쳐서 세 개가 놓여 있고, 가운데 솟아 있는 사각형 종탑 위에도 같은 것이 하나 얹혀 있다. 무언가 아귀가 맞지 않아서 이화감이 왔다. 안내서를 찾아 보니 회교도들이 기독교 교회 건축에 간여하게 되면서 생겨난 아랍 건축의 변종일 것이라고 했다. 시간이 늦어서 안에는 들어가지 못하고 앉아서 외형만 감상했다.

▲ 에레미티 성당 앞에 선 일행

벨리니 광장 바로 앞이 에마뉴엘레 거리와 마퀘다 거리가 교차하는 콰트로콴티(네거리)였다. 르네상스기와 바로크 시대에 만든 건물들이 많아서 구시가지의 집들은 대체로 3, 4층으로 높이가 가지런하다. 길도 마찬가지다. 도심 한복판에 있는 그 유명한 십자로는 겨우 2차선 도로였다. 하지만 2차선의 반듯한 도로가 3, 4층 건물이 밀집한 거리를 항구까지 일직선으로 주욱 뻗어 있는 광경은 장엄했다. 그 길들은 스페인 사람들이 만든 것이라 한다.

조잡음粗雜音[71]이 많이 들어 있는 콰트로콴티라는 이름을 가진 네거리는 뜻밖에도 규모가 작았다. 네거리에 둥근 원을 그려놓고 그 선에 따라서 집을 지은 것처럼 네 모퉁이 집 앞면이 모두 안으로 둥글게 들어가 있고, 우묵한 벽면 중앙에 있는 벽감에 인물의 조각상들이 배치되어 있었다. 그런 4층 건물이 네 모퉁이에 똑같이 서 있다. 스페인 바로크양식의 건물들이 나란히 둘러서 있는 것도 신기한데, 건물마다 같은 위치에 같은 크기의 인물의 조각상을 한층에 하나씩 장식되어 있는 것이다. 사도들과 성인과 통치자들의 조각상이란다. 제일 위층에는 종교적 인물이 있고, 내려오면서 인물상도 세속화되어 간다.

네거리에는 사람이 많고 보도는 좁아서 벅적거리는데, 날은 어느새 어둡기 시작한다. 길모퉁이에서 우리 버스와 만나서 좁은 길을 비집으며 바다 쪽으로 나왔다. 살바토레가 미리 귀띔해주어서 특이한

---

71 Cacophony. 불협화음, 듣기 싫은 소리. 자음에서는 ㅋ,ㅌ,ㅍ 모음에서는 음모음이 여기에 속한다. 콰트로콴티quatro canti에는 조잡음인 ㅋ,ㅌ이 네 개나 들어 있다.

모양의 누오보 문을 잘 볼 수 있었다. 처음 보는 건축양식이어서 신기했다. 3층인데 층마다 양식이 달라 낮이 설었다. 1층에는 가로로 긴 거무스름한 벽돌을 방사형으로 흙빛 바탕에 박은 엄숙한 아치형 큰 대문이 있다. 그 밑으로 지금도 차들이 지나 다닌다. 2층은 작은 네모 창이 둘만 뚫려 있는 담 같은 느낌의 베이지색 벽으로 되어 있고, 3층은 같은 폭인데, 커다란 잎사귀형 아치가 빡빡하게 다섯 개나 들어 서 있으며, 운두가 높은 삼각형의 작은 지붕이 그 위에 얹혀 있다. 16세기에 스페인의 샤를 5세가 이 도시에 들어 온 것을 기념하기 위해 본래 있던 문을 부수고 지은 아랍 양식의 문루門樓라 한다.

우리는 그날 바닷가에 있는 이비스bis 호텔에 묵었다. 따오기라는 뜻이란다. 그런데 호텔 건너편에 있는 주차장에 차를 세우고 내리라 해서, 사람들은 무거운 짐을 직접 끌고 보도를 건너고 큰길을 다시 건너서 호텔까지 걸어가야 했다. 유턴을 해서 호텔 앞에 내려 놓는 게 온당할 듯한데 살바토레가 왜 그렇게 했는지 모르겠다.

예전에는 잘 사는 사람들이 저녁때가 되면 자가용 마차를 타고 드라이브를 즐긴 해변가라는데, 지금은 팔레르모의 로고처럼 된 이쁜 꽃마차도 이미 사라져서 없고, 길은 좁고 차는 많아서 손님들이 주차장에서부터 걷게 만든 것이다. 그날 나는 너무 고단해서 반년 만에 보는 바다를 옆에 두고도 산책을 할 엄두를 내지 못했다.

▲ 콰트로콘티 네거리. 모서리마다 같은 형의 건물이 서 있다

2
아그리젠토

🏛 아그리젠토Agrigento로 가는 길

아홉 시에 버스로 아그리젠토를 향해 출발했다. 크다고는 해도 섬은 섬이니까, 북쪽 끝에 있는 팔레르모에서 남쪽 끝의 아그리젠토까지 가는 데 버스로 두 시간 반 정도밖에 걸리지 않는다. 시칠리아 섬은 동쪽은 세로로 길고 서쪽은 짧은 삼각형에 가까운 땅이다. 팔레르모와 아그리젠토는 둘 다 길이가 짧은 서쪽에 있어 120킬로밖에 되지 않는다.

그건 가슴을 두근거리게 하는 여정이었다. 인적이 없는 지역을 통해 버스로 한 섬을 종단하는 코스이기 때문이다. 한국은 인구가 너무 많아서, 요즘은 사람과 마을이 없는 곳은 모두 선경으로 여겨진다.

북한 인구의 3분지 1이 피난을 와서 인구의 밀도가 너무 높기 때문이다. 아그리젠토로 가는 길은 아주 조용하고 인적이 드물었다. 위도가 달라질 때마다 자연환경이 달라져서 볼거리도 많았다. 사람이 보이지 않으니 그 자연은 하나님이 직접 손보는 것 같은 느낌이 들었다.

그 속을 달리는 두 시간 반의 드라이브는 축복받은 시간이었다. 인적이 드문 데다가 자연이 너무나 아름다웠기 때문이다. 산은 없었다. 시칠리아에는 산이 에트나 산 하나밖에 없는 것 같은 생각이 든다. 3천 미터를 넘는 엄청난 산이기 때문이다. 그러니까 섬 전체가 그 산기슭인 셈인데, 그 큰 산은 동북쪽에 치우쳐져 있어서, 서쪽을 세로로 달리는 이 지역에는 산악山岳이 거의 없었다. 그렇다고 평야인 것도 아니다. 그냥 야트막한 구릉지대가 구불거리며 끝없이 이어지고 있었다.

언덕들은 꼭대기에서 발끝까지 알록달록한 이쁜 채소들로 덮여 있었다. 짙은 자주색 밭이 자주 나타나서, 무어냐고 물었더니 가축의 사료로 쓰이는 풀이란다. 색상이 그렇게 이쁜 풀을 먹으려면 소들도 황송할 것 같다. 구릉지대니까 대형농장은 없다. 작음작음한 밭들이 조각보처럼 아기자기하게 이어져 있을 뿐이다. 저마다 색깔과 모양이 다르고 이랑의 방향도 달라서 누군가가 구도에 맞추어가며 만들어놓은 조각보 같다.

채소밭이니까 일단은 녹색이 주조主調가 되지만, 노란색도 있고, 자주색도 있으며, 연두색과 빨강색도 섞여 있다. 땅 임자들이 제가끔

▲ 아그리젠토로 가는 길가의 꽃나무들

원하는 채소를 심었을 텐데 배색이 탁월하다, 일부러 코디를 해놓은 것처럼 채소들은 사이좋게 어울려서 아름답다. 채소가 그렇게 이쁜 것은 싱싱하기 때문이기도 하다. 물을 양껏 마시고, 알뜰한 보살핌을 받으면 채소도 꽃처럼 이뻐지나 보다. 빈 곳이 없을 정도로 여러 가지 채소가 잔뜩 심어져 있는 밭들은 대지에 깔린 널찍한 채색 융단 같다.

채마밭 가장자리에는 꽃들이 피어 있다. 길가와 언덕, 밭뚝 같은 곳에도 여러 가지 색깔의 꽃들이 경연대회를 하듯이 흐드러지게 핀다. 골든체인이 무리지어 피어 있고, 빨갛고 섬세한 양귀비꽃도 있다. 꽃나무들도 많다. 흰색과 핑크색 유도화가 어우러져 있고, 석류 꽃도 만발이다. 2미터가 넘는 석류나무를 본 것은 그때가 처음이다. 한국에는 석류가 귀하다. 남녁으로 피난 갔을 때 처음 석류나무를 보았다. 1미터도 못되는 아주 작은 나무여서, 석류나무는 모두 난장이 인줄 알았는데 너무 커서 놀라버렸다.

하늘과 땅밖에 없는 천지인데, 하늘은 심심할 정도로 구름 한 점 없고, 아낌없는 하늘의 사랑을 받아 땅은 장미원처럼 호화롭다. 그런 구릉지대가 계속된다. 이따금 마을이 나타나도 인적은 없다. 식물들만 모여 5월의 시칠리아를 과시하고 있는 것이다. 식용식물의 전시장 같은 구릉지대가 그렇게 아름다운 풍경을 만들어내는 것이 신기하다. 시칠리아의 빛나는 태양이 그 모든 것에 황금빛 축복을 내린다. 괴테의 말대로 "자연이 얼마나 화려하고 다양한 색채를 지니고 있는지[72] 경탄할 만하다. 공기가 너무나 맑고, 자연이 너무나 정갈하고, 꽃들도 너무나 향기롭다. 리그스의 말대로 "더 이상 무엇을 더 바라겠는가?"[73]

그런데 이상하게도 말이나 소가 보이지 않는다. 시칠리아에는 농경지가 많고, 초지가 적어 말이나 소가 많지 않다고 한다. 그 대신 노새가 많단다. 예전에 팔레르모의 명물이었던 꽃마차도 노새가 끌었다는 것이다. 하지만 노새도 어디서 키우는지 그림자도 보이지 않는

---

72 괴테, 『이탈리아 기행』 2권, p. 40.
73 리그스, 『시칠리아 풍경』, p. 35.

▲ 구릉지대의 채소밭들

다. 가축을 기르는 지역이 따로 있는 모양이다. 우리나라처럼 닭들을 좁은 곳에 가두어 기르는 대형 양계장 같은 것도 보이지 않는다. 적은 수의 가축을 방목하여 기르니 시칠리아에서는 조류 인플루엔자가 문제가 된 일이 없다고 가이드가 알려준다. 온 세계를 공포 속에 몰아넣은 조류 인플루엔자가 이 지역에서는 생기지 않았다니 역시 문제는 밀집사육에 있었던 모양이다.

차도 잘 다니지 않고, 집도 많지 않았다. 웬일인지 전신주 같은 것도 보이지 않고, 스프링클러도 눈에 띄지 않는다. 비닐하우스도 없다. 굽이치는 채소밭 구릉 사이를 하얀 2차선 도로가 구불거리며 흘러갈 뿐이다. 한 고비를 돌면 새 꽃들이 나타나고 한 고비를 돌면 또 새 꽃들이 나타날 뿐 전신주조차 눈에 띄지 않는 이상한 고장이다.

원전을 만들지 않기로 나라에서 결정했기 때문에, 전기는 외국에서 사다 쓴다고 한다. 그러니 전기료가 비싸고 전기가 항상 모자라지만, 국민들이 친환경적인 것을 좋아해서 잘 협조해 준다고 가이드가 알려주었다. 그래도 전신주는 필요할 텐데 보이지 않으니 궁금하다. 어쩌면 지하에 묻었는지도 모른다. 전신주가 없으니 자연이 너무 보기 좋다. 이탈리아에서는 쓰레기도 소각시설이 완비된 이웃나라에 보내서 돈을 주고 처리한다고 한다. 국경이 붙어 있는 나라가 많으니 그런 편리한 점도 있는 모양이다. 아그리젠토로 가는 길은 인적이 적은, 아름다운 구릉지대 사이를 계속 누비고 있었다. 거기에는 향기와, 고요와, 풍요가 있었다.

🏛 신전의 계곡

아직도 고속도로는 높은 언덕 위에 걸려 있는데, 오른쪽으로 저 멀리 산상도시가 펼쳐져 있는 산자락 남쪽 고원지대에 신전이 하나 나타났다. 콩코르디아 신전이란다. 아무것도 없는 고원지대에 열주列柱식 그리스 신전이 하나 우뚝 솟아 있는 것을 보았을 때, 우리는 모두 탄성을 올렸다. 조용하고 광대한 천지에 홀로 서 있는 신전 하나가 큰 도시와 맞먹는 것처럼 보였기 때문이다. 거기에 페리클레스 시대의 그리스가 있었다. 인간이 다다를 수 있는 가장 높은 경지를 재현한 한 문명이, 텅 빈 하늘과 땅 사이에 오만하게 서 있는 신전을 통하여 모습을 드러내고 있는 것이다.

신전들은 제일 보존이 잘된 것도 지붕이 제대로 붙어 있지 않는 낡은 건물에 불과했지만, 고원지대의 넓은 들판 전체가 신전만 있는 곳이어서, 신화시대로 돌아가고 있는 것 같은 경건한 느낌을 주었다. 루카치의 말대로, 인간의 "내면과 외면 사이에 아직 심연이 가로놓여 있지 않았던 시대"[74], 아들이 강가에서 울분에 떨고 있으면, 여신인 어머니가 물에서 나와서 새 방패를 하늘 대장간에 맞추어주던 시대, 신과 인간이 서로 마주 서서 대화를 나누던 그 지복至福의 시대의 환幻이 거기 있는 것이다.

이번에도 관광순서가 잘못되었다는 생각이 들었다. 나폴리에서 기차를 타고 메시나에서 시칠리아 관광을 시작했어야 옳았다. 타오르미나를 지나고, 카타니아와 시라쿠사 등 동남해안의 그리스 식민지들을 둘러본 후, 아그리젠토까지 보고 나서 팔레르모로 가는 것이 순리였을 것이다. 팔레르모가 대표하는 노르만 시대보다는 1천6백 년이나 앞서는 마그나 그레치아가 시칠리아의 남동쪽에 있기 때문이다. 섬의 서북쪽에 있는 팔레르모가 수도가 된 것은 9세기부터였

74 루카치의 『소설의 이론』 서두에 나오는 말이다.

다. 아랍과 노르만이 다스리던 시기에 팔레르모가 시칠리아의 중심에 놓이게 되는 것이다. 그런데 우리는 거기에서 떠나 세월을 거슬러서 지금 기원전 5세기 전후에 형성된 신전의 계곡으로 들어가고 있다. 타임머신을 타고 1천6백 년 전의 세계로 돌아가고 있는 셈이다.

이제부터 우리가 만나러 가는 곳은, 아직 로마의 속국이 되기 이전의 자랑스런 마그나 그레치아이다. 한창때는 아테네와 어깨를 겨누었던 그리스 문명의 땅 아그리젠토에는 신들이 집단으로 모여 살던 지역이 있다. 스무 명의 신을 한 곳에 모여 놓았던 신전의 계곡이 높은 단애斷崖 위에 여유 있게 펼쳐져 있는 것이다. 그리스에는 평지에 신들이 그렇게 많이 모여 사는 지역이 없다. 올림포스 12신이 모여 사는 집단 거주지는 평지가 아니라 올림포스 산 꼭대기다. 녹색의 나무들이 하얀 대리석 산을 수놓아주는 영험스러운 높은 산(2,917미터) 위, 아득한 그 정상에 신들의 공동 주택이 있다고 그리스인들은 생각했다. 거기에서 신들은 정의와 평화를 관장하고, 신도들을 챙기며, 방자한 짓을 하는 인간을 찾아 징벌한다. 그리고 사랑도 하고 결혼도 한다. 낮은 곳에 있는 신전은 신들이 지상에 일이 있을 때 내려와 머물다 가는 별장 같은 곳이다. 거기에 상주하는 것은 신이 아니라 신상이다.

그리스에도 신들이 몇 명씩 이웃하여 사는 곳이 있다. 도시마다 여남은 개의 신전이 있는데 도시 자체가 크지 않으니까 신전들이 이웃해 있는 일이 더러 있다. 전시에는 옹색한 요새 속에 모여 살아야 하니까 작은 신전들을 그 안에 다닥다닥 만들어놓기도 했다고 한다. 하지만 평상시에 가까이 있는 것은 제우스와 헤라나 아테나처럼 가까이 있어도 서로 불편하지 않은 혈족 신끼리인 경우가 많고, 그나마도 거주지의 높낮이와 성역의 크기가 신격과 수호하는 도시에 따라 달랐다. 어느 도시에나 아크로폴리스에는 그 도시의 주신만 사는 일이 많아서 아그리젠토처럼 수십 명의 신이 같은 평면 위에서 사는 신전 단지는 거의 없다고 할 수 있다.

그리스 신들은 자기 분야밖에 관장할 수 없는 직능신이어서인지 다른 신에게 간섭을 하지 않는다. 그것은 자기 분야를 침범받는 것을 좋아하지 않는다는 의미도 된다. 그리스 신들은 개인존중사상의 모본模本이 되는 신들이다. 그래서 제우스 형제의 삼권분립은 잘 지켜졌다. 3형제 중 하나는 하늘을, 하나는 바다를, 하나는 저승을 다스리는 데, 서로 영역침범을 하지 않는 것이다. 그래서 그들의 거주지는 가깝지 않다. 하지만 다른 신들의 거처는 제우스 형제들의 신전보다는 가깝다. 같은 도시 안에 있기 때문이다.

그리스 신들은 사랑받는 지역이 각각 다르다. 그리스의 도시 국가들은 주신主神이 서로 다르다. 주신은 그 도시에서는 제일 높은 신이어서 제우스 신보다 더 높은 곳에 신전이 세워진다. 아테네의 주신은 아테나 여신이다. 해발 150미터의 절벽 위에 있는 아크로폴리스의 암산 위에는 그 도시의 수호신인 아테나 여신이 혼자 있다. 기원전 432년에 완성된 파르테논 신전은, 사방을 돌기둥으로 둘러싼 열주식列柱式 신전이다. 그 안에 있는 내실은 아테나 여신만의 성역이다. 파르테논 신전에는 다른 신은 들어갈 수 없다. 그리스 신전의 가장 큰 특징은 내부 공간의 없는 것이다. 거기에는 신도들이 모여 앉아 예배를 볼 수 있는 장소가 없다. 내부 공간은 신상안치실과 그 부속실밖에 없다. 그 대신 신전 전체가 제단이며 성역이다. 파르테논 신전은 건축물이 아니라 조각이라고 부르노 제비Bruno Zevi는 말하고 있다. 실용적인 내부 공간이 없기 때문이다.[75]

아테나 신전 입구 쪽 낮은 곳에, 파르테논 신전보다 11년 늦게 승리의 여신 니케의 신전(BC 421년)이 세워진다. 파르테논을 지은 건축가 칼리크라테스Kallikrates가 포에니 전쟁의 휴식기에 지은 4미터 높이의 기둥이 네 개짜리 꼬마 신전이다. 니케는 타이탄족에 속하는 강의 여신 스틱스Styx와 지혜의 신 중의 하나인 팔라스Pallas 사이에서 태어난 여신이다. 지혜의 신의 딸이니, 아테나 여신의 분신과 같은 존재인 것이다. 그리스에는 아테나 여신이 니케상을 들고 있는 조각이 있다.

니케 신전이 지어진 다음 해에는 파르테논 신전의 북쪽에 6인의 처녀들Cariatides이 기둥 대신 건물을 떠받치고 있는 우아한 에레크테이온이 세워지기 시작한다. 그 신전도 아테나 여신을 위한 것이다. 그 신전 안에는 아테나 여신의 상징인 올리브 나무가 싹튼 장소가 있으니 성소 중의 성소인 셈이다. 에레크테이온에는 성소가 두 개 있

---

75 브루노 제비. 『공간으로서의 건축Architexture as space』, Horizon, 1957, p. 76

다. 동쪽 것은 아테나의 것이고, 서쪽 것은 포세이돈의 것이다. 에레크테이온은 원래 전설적인 왕인 엘렉테우스의 집이라는 뜻인데, 나중에 그의 몫을 포세이돈이 이어받았다. 에레크테이온은 이오니아식으로 지어진 파격적인 꼬마 신전이다. 파르테논 신전과는 크기가 다르고 높이도 같지 않아서 멀리에서는 보이지도 않는다. 아테네 시의 어디에서나 보이는 파르테논 신전은, 신전 중의 신전이어서 가장 높은 곳에 절대적인 카리스마를 가지고 혼자 서 있다.

파르테논과 가장 가까운 곳에 있는 올림포스 신의 집은 헤파이스토스의 것이다. 하지만 그 신전은 아득한 산 아래에 있는 북쪽 평지에 있다. 옛날 아고라의 서북쪽 끝자락에 있는 헤파이스토스 신전은 보존상태가 좋은데도 불구하고 관광코스에는 들어 있지도 않다. 그 신전 안에도 헤파이스토스와 아테나의 신상이 나란히 놓여 있었다 한다. 아크로폴리스 근처의 신전들은 모두 아테나 여신과 연관이 있는 것이다.

제우스는 올림포스 신의 우두머리지만 종합신이어서 아테네에서는 아테나 여신처럼 아테네하고만 연결되어 있지는 않다. 그래서 아테네에서는 그의 신전은 평지에 있다. 제우스 신전은 2세기에 로마의 하드리아누스 황제가 새로 지어줄 때까지 오랫동안 부서진 대로 방치된 폐허였으며, 바다의 신 포세이돈의 신전은 시내에서 70킬로나 떨어진 동쪽 바닷가 수니온 곶岬에 있다. 아르테미스 신전은 북쪽으로 22킬로 떨어진 교외에 있으니 아크로폴리스는 아테나 혼자의 영역인 것이다.

다른 도시들도 한 신을 특히 높이는 경향은 같다. 델포이에서는 아폴로가 제일 높고, 파에스툼에서는 포세이돈이 최고이며, 에피다브로스에서는 에스클레피오스가 제일신이고, 아르고스에서는 헤라가 주신이다. 그렇게 도시마다 수호신에게 특혜가 주어지니, 신들의 집이 비슷한 크기로 지어지는 집단 주거지는 이루어지기가 어렵다.

뿐 아니다. 그리스 신전은 파르테논 신전처럼 아크로폴리스 같은 높은 산 위에 홀로 서 있어야 그 아름다움을 제대로 발휘한다. 집단으로 서 있을 양식이 아닌 것이다. 신전이 만인이 우러러보는 높은 곳에 서 있어야 권위가 생기는 것은 어디에서나 마찬가지다. 아그리젠토의 신전의 계곡도 절벽 위 높은 고원지대에 있다. 하지만 거기에는 한 신만 있는 것이 아니다. 많은 신전이 같은 평면 위에 세워져 있다. 지역이 워낙 평평하고 넓으니까 신전이 많아도 서로 방해가 될 가능성은 적지만, 여러 신전이 같은 평지에 세워져 있으면 서로 권위가 상쇄되는 느낌이 든다.

그런 일은 그리스 본토에서 일어나기는 어렵다. 아그리젠토의 신전의 계곡은 넓이가 6에이커의 고원지대여서 20여 개의 신전을 세울 수 있는 대지가 충분하다. 그런 넓은 고원지대가 그리스에는 없다. 하지만 설사 있다고 해도 그렇게는 하지 않았을 것 같다. 그리스의 신들은 개성이 강하고 히에라르키hierarchy가 엄격해서 신격에 따라 신전의 크기와 높이가 달라진다. 언제나 제일 큰 것은 제우스 신전이다. 다른 신이 이웃해 사는 경우에도 파르테논 신전처럼 신격에 따라 대지의 높낮이가 달라지고 크기도 달라진다. 아그리젠토처럼 디오스쿠리 신전이나 헤라클레스 신전, 원주민의 신전 같은 것들이 헤라나 제우스 신전과 같은 높이의 지반 위에 이웃해서 세워지지는 않는 것이다.

같은 평면 위에 너무 많은 신전의 유적이 나란히 있으니, 신들의 별장단지 같아서 좀 당혹스럽다. 문화가 발달하고 경제적으로 윤택했던 마그나 그레치아에는, 신전만 모여 있는 동산이 그 밖에도 더 있다. 셀리눈테에도, 그런 곳이 있다. 셀리눈테에는 6주형 대형 신전의 유적이 한데 모여 있는 언덕이 두 군데나 있고, 파에스툼에도 대형 신전이 나란히 서 있는 곳이 있다. 하지만 아그리젠토의 신전의 계곡처럼 이십여 명의 신이 한 곳에 모여 있는 곳은 없다. 아그리젠토의 신전의 계곡은 마그나 그레치아에서도 신전들이 가장 많이 모여 있는 구역이다.

마그나 그레치아에는 도리스식으로 지어진 고전기의 6주식 신전이 많다. 아그리젠토의 콩코르디아 신전, 파에스툼의 포세이돈 신전, 시라쿠사의 아테네 신전 등이 모두 6주식 도리스 신전들이다. 그리스의 고전기를 대표하는 신전의 절반이 마그나 그레치아에 있고, 그 신전들은 모두 도리스 양식으로 지어져 있다. 아그리젠토의 제우스 신전이나 셀리눈테의 G신전 등의 대형 신전은 완성을 보지 못하고

마는 경우가 많았지만 양식은 역시 도리스식이다. 셀리눈테의 다른 신전들도 마찬가지다. 아직 이오니아식이 나오기 전에 그 도시는 폐허가 되기 때문이다.

셀리눈테는 마그나 그레치아의 그리스 국가 중에서 제일 먼저 카르타고에 점령(BC 409년)당해서 철저하게 파괴되는 도시다. 신전만 만들고 국방을 소홀히 한 결과다. 기원전 6세기부터 거대 신전을 짓기 시작한 셀리눈테의 예전 도시는 거듭되는 전쟁으로 인해 파괴되고, 지진으로 인해 매몰되어 아크로폴리스까지 완전히 사라졌다가, 16세기에야 발굴이 시작된다. 에베소나 폼페이처럼 화산재에 도시 전체가 매몰된 케이스다. 그래서 셀리눈테의 신전들은 어느 신을 모신 건지도 모를 정도로 파괴되었고, 지붕이 남아 있는 곳은 없다. 모처럼 만든 신들의 집단 거주지가 폐허가 되어버린 것이다. 아그리젠토는 그보다는 좀 났지만, 거기에서도 온전한 형태를 가지고 있는 것은 콩코르디아 신전 하나밖에 없다. 그 많은 신에게 신전을 지어 바치고 싶었던 그리스 사람들은 이제는 사라져서 없고, 남아 있는 것은 돌무더기만 쌓여 있는 폐허뿐이다.

🏛 도리스식 신전과 노르만식 신전

신천지에 나라를 세우고 나서 그리스인들이 제일 먼저 한 일은 신전을 짓는 것이었다. 강적인 카르타고를 쳐부수고 나서 신바람이 난 그리스인들이 제일 먼저 한 일도 신전짓기였다. 그리스인에게 신전은 그렇게 소중한 것이다. "그리스 건축과 그리스 문명은 신전을 중심으로 진행"[76]되었기 때문이다. 그리스인들은 민가의 건축양식에는 관심을 두지 않았다. 그들은 로마인처럼 호화롭고 격조 높은 개인 빌라를 지을 꿈같은 것을 꾸지 않았다. 집보다는 아고라에서 보내는 시간이 많았기 때문인지도 모른다. 그들이 생활하는 옥외의 공간에는 언제나 신전이 있었다. 그리스인들은 신전을 보면서 살다가 신전을 보면서 죽어갔다. 그것으로 족하다고 생각했는지도 모른다.

그래서 그들은 자기네들이 정말로 원하는 이상적인 신전양식을 찾는 일에 전력투구했다. 거의 2백 년 가까운 세월이 신전양식의 완성을 위한 탐색에 바쳐졌다. 거기에는 실지 치수보다는 눈에 보이는 치수에 형체를 맞추는 조정작업까지 포함되었다. 다듬고 고쳐가는 작업을 그렇게 오래 계속하다가 드디어 완성한 것이 아테네의 파르테논 신전이다. 신전양식의 완성은 민주주의의 절정기에 이루어졌다. 페리클레스와 페이디아스의 시대에 파르테논 신전이 지어진 것

---

76 임석재, 『서양건축사』, 북하우스, 2011, p. 24

이다.

핑크빛이 살짝 도는 펜텔리Penteli 산 하얀 대리석을 가지고 그들은 피타고라스의 황금비율에 맞추어 파르테논 신전을 지었다. 내실에는 당대 최고의 조각가 페이디아스가 조각한 아테나 여신상을 안치했다. 신화와 영웅들의 이야기를 가지고 페이디아스는 신전의 페디먼트도 조각으로 채웠다. 그리스인들이 원하던 모든 최상의 것을 그 신전에 모아 넣은 것이다. 파르테논 신전에는 그리스 문화의 정수가 들어 있다. 파르테논 신전은 그들이 추구해온 이상적인 아름다움의 가시可視적인 심볼이다.

그리스 문화를 대표하는 성기 고전기(기원전 480년~429년)에, 전력을 다하여 세워놓은 파르테논 신전은 도리스 양식을 대표한다. 열주列柱에 둘러싸인 장방형 넉넉한 공간 안에 신상안치소만 있는 도리스식 신전은, 그리스의 전성기를 대표하는 양식이며, 그리스에서 가장 먼저 확립된 신전양식이고, 가장 널리 퍼진 대표적 양식이기도 하다.

시칠리아도 그리스와 마찬가지로 기원전 5세기를 정점으로 하고 있기 때문에, 성기 고전기에 시칠리아에서 왕성하게 지어진 신전들은 거의가 다 도리스 양식으로 지어졌다. 이오니아식 신전은 시라쿠사에 하나만 있었다는데, 지진으로 파괴되어 지금은 공공건물의 지하에 유적만 남아 있다고 한다. 시칠리아는 본토와 같은 시기에 같은 문화를 함께 발전시킨 곳이다. 그리스의 고전기 양식으로 지어진 첫 건물이 오르티지아 섬에 있는 아테나(미네르바) 신전이고, 마지막 건물이 파르테논 신전보다 2년 늦게 완성된 콩코르디아 신전이기 때문이다. 고전기의 대표적인 신전 여섯 개의 건립시기를 대비해보면 그 사실을 확인할 수 있다.

신전명	나라	건립시기	특징
시라쿠사의 아테네 신전	시칠리아	BC 480년	성기 고전기의 첫 신전
올림피아의 제우스 신전	그리스	BC 460년	로마시대 최대 규모의 신전
파에스툼의 포세이돈 신전	이탈리아	BC 460년	고전기 양식의 완성
스니온의 포세이돈 신전	그리스	BC 440년	
아테네의 파르테논 신전	그리스	BC 432년	대표적 신전
아그리젠토의 콩코르디아 신전	시칠리아	BC 430년	고전기 마지막 신전

도리스식 신전의 대표적 건물 여섯 개 중 세 개가 마그나 그레치아에 있다. 고전기의 도리스식 신전양식은 그리스 본토와 시칠리아가 함께 만들어가다가 파르테논 신전에 가서 비로소 완성되는 것이다. 시칠리아에 남아 있는 그리스 신전들이 주목을 받는 것은, 그것이 그리스의 전성기의 양식을 대표하고 있는 데 있다. 시칠리아가 한창 신전들을 짓던 시기가 그리스의 전성기인 고전 시대와 맞물려 있었던 것, 도리스 양식이 다른 양식보다 먼저 시작된 것 등이 고전 시대의 도리스 양식이 시칠리아에 많이 정착한 이유이다. 하지만 페리클레스 시대에 완성된 도리스 양식은 그 후 급격히 쇠퇴기에 접어든다. 아테네가 쇠퇴하고 있었기 때문이다. 다음에 온 이오니아 양식이 아직 자리를 잡기 전에 아테네가 흔들리기 시작해서, 도리스 양식은

주가가 더 높아진다.

그런데 본토의 도리스식 신전은 지진과 전란으로 남은 것이 적고, 보존상태도 좋지 못하다. 그리스보다는 마그나 그레치아에 도리스식 신전이 더 많이 남아 있고, 보존상태도 양호하다. 시칠리아는 섬이어서 반도인 그리스보다는 유적들이 전쟁에 노출되는 기회가 적었던 것이다. 괴테나 모파상 같은 유럽의 문호들이 그리스를 만나러 시칠리아에 가는 이유가 거기에 있다. 나의 시칠리아 여행의 목적도 도리스식 신전을 보기 위한 것이었다. 그러니까 이 책은 시칠리아에서 본 그리스 이야기를 쓴 것이다.

그리스의 이오니아식 신전은, 니케 신전에서 이목을 끌기 시작한다. 아크로폴리스 남쪽 입구에 있는 니케 신전은, 파르테논 신전보다 11년 늦은 421년에 지어진 이오니아식 신전이다. 이오니아식 신전은, 같은 경내에 다음 해에 세워지기 시작하는 에레크테이온으로 이어진다. 에레크테이온은 아테네에 있는 이오니아식 신전을 대표하는 건물이다. 하지만 거기에서 도리스식 규범들은 이미 해체되어 있다. 에레크테이온은 열주로 둘러싸인 신전도 아니고, 삼각형 박공지붕도 없는 건물이다. 그때 이미 아테네는 스파르타와 내전 중이어서 새 신전을 계속 지을 형편이 아니었기 때문에 이오니아식으로 독립된 큰 신전은 그리스에는 거의 없다.

이오니아식 신전 양식은 본국에서는 빛을 보지 못했지만, 해외에서 많이 활용된다. 기원전 336년부터 시작되는 알렉산더 시대가 되

▲ 파르테논 신전, Vincenzo Coronelli, 1688

면, 이오니아 신전 양식은 제국식 스케일로 대형화되면서 해외로 퍼져나간다. 알렉산더가 새로 점령한 소아시아 연안 지역에 새로 짓는 신전들이 모두 이오니아식을 채택하고 있기 때문이다. 그 대표적인 예가 에베소에 있는 아르테미스 신전이다. 기둥 사이의 간격이 넓고 키가 큰 이오니아 양식을 이용하여 헬레니스트들은 너비 51미터, 길이 112미터에 기둥이 117개, 높이가 17미터나 되는 초대형 신전을 새 점령지에 지은 것이다. 파르테논 신전의 두 배 가까운 크기다.

그리스 신전의 기본 양식인 1)열주列柱, 2)낮은 삼각형 지붕 등은 도리스식과 이오니아식, 코린트식이 공유한다. 하지만 기둥의 모양과 크기가 다르다. 도리스 양식은 기둥이 굵고 짧다. 육중한 기둥들이 받침돌을 놓지 않고 바닥에 직접 놓이는 것이다. 그래서 도리스식 신전은 키가 크지 않다. 키를 키우려고 더러 이오니아식처럼 받침돌을 놓는 절충식이 사용되기도 하지만, 비율은 변하지 않으니 융통성이 적다. 도리스 양식은 비례의 법칙을 중시했기 때문에 마음대로 키를 키울 수 없었던 것이다.

이오니아식과 코린트식 기둥은 날씬하고 밑에 받침돌이 있어 융통성이 많았다. 받침돌의 높이를 이용하여 비율을 변동시킬 수 있으니 키를 키울 수 있는 것이다. 그리스 신전의 기둥 중에서 후세의 유럽에서 인기가 있었던 것은 날씬하고 융통성이 있는 이오니아식과, 장식적인 코린트식이었다. 이오니아식과 코린트식 기둥은 후세에 조금씩 변형되면서 많이 활용된다. 알렉산더식 대형신전에 적합했을 뿐 아니라 아랍식 회랑의 아치를 받치는 작은 기둥으로도 활용되었고, 두오모의 전면 장식으로도 쓰였다. 외벽뿐이 아니다. 내부 공간의 칸막이용 열주로도 사용되는 일이 많다. 성당의 중앙홀과 측랑^{側廊} 사이에는 코린트식 기둥이 많이 사용되었다. 코린트식 기둥의 변형은 17세기의 바로크양식의 건물들에서 특별히 풍성하게 나타난다. 길이와 폭을 자유롭게 조정하여 건물의 외벽과 내벽에 두루 사용되었던 것이다.

세 양식을 가르는 두 번째 변별 특징은 주두^{柱頭}다. 도리스식은 기둥머리가 심플한 네모판 얇은 돌로 되어 있어 아주 간결하다. 이오니아식은 소용돌이 모양의 둥근 주두가 양쪽에 있고, 코린트식은 주두 부분이 길어지면서 그 안에 아칸서스 잎사귀 도안이 들어 있어, 화려하고 장식적이다. 알렉산드리아 시대부터 현대까지 그리스 신전의 기둥들은 많은 대형 건물에서 채택되고 있는데, 대부분이 이오니아식과 코린트식이다.

하지만 코린트식으로만 된 큰 신전은 알렉산드리아에도 거의 없고 시칠리아에도 없다. 아그리젠토나 세게스타, 셀리눈테 등 시칠리아에 남아 있는 그리스 신전들은, 거의 모두 도리스식이다. 시칠리아뿐 아니다. 나폴리 근처에 그리스인들이 세운 신전들도 도리스 양식이 주도한다. 그리스 본토에도 코린트식 신전은 아주 적다.

세 번째 차이점은 기둥과 기둥 사이의 거리이다. 도리스식 기둥들은 주간 거리가 5미터 내외다. 이오니아식은 거의 그 두 배 가까이 된다. 도리스식은 주간柱間 거리가 좁고, 기둥이 굵으며, 신상 안치소가 작고, 열주식 개방양식이어서 다른 양식의 건물에 적용되기 어렵다. 도리스식은 기둥의 직경이 2미터가 넘고, 장중해서 신전 이외의 건물에 쓰기에는 적당하지 않다. 그런 규범 지키기가 도리스식을 그리스 신전의 적자嫡子로 만들고 있다.

그리스 신전양식은 현대에도 많이 사용된다. 모든 나라에서 박물관, 도서관, 대학같이 지적활동을 하는 건물에는 의례히 중심 건물이 그리스식으로 되어 있다. 앞면에만 여섯 개의 기둥이 있는 간이簡易

▲ 그리스 신전의 기둥 양식. 왼쪽부터 도리스식, 이오니아식, 코린트식.

신전양식(프로스타일)이 보급되고 있는 것이다. 그런데, 그 경우에도 기둥은 이오니아식이거나 코린트식을 많이 사용한다. 기둥이 날씬하고 주간거리가 넓기 때문이다. 덕수궁의 석조전도 중앙 건물이 이오니아식 기둥으로 되어 있다.

시칠리아의 그리스 신전들은 대체로 기원전 6~5세기에 세워진다. 그리스 본토와 시기가 비슷하다. 양식도 순수한 그리스식, 그중에서도 도리스식으로 통일되어 있다. 앞에서도 말한 것처럼 도리스식 신전이 유행하던 시기는 아테네의 전성기였다. 그래서 도리스식 신전은 그리스 신전양식을 대표한다.

고전 시대의 도리스식 신전의 양식상의 첫번째 특징은 내부 공간이 없다는 점에 있다. 내부 공간이 없는 것은 그리스 신전이 외관용 건물임을 의미한다. 그리스 문화는 형식을 존중하는 문화다. 그리스인들은 보지 못한 것은 그리지 않는 리얼리스트들이다. 내면까지도 외면화하여 묘사하는 것이 호메로스 시대부터 시작된 그들의 예술적 특성이다. 그래서 그리스 신전에는 내실이 없다. 신상 하나 들어

註 그리스 신전을 보려면 꼭 알아야 하는 단어들이 있다. 첫 번째가 '페리페테랄peripeteral'이라는 용어다. 사방이 기둥으로 둘러싸인 그리스식 신전 형태를 의미한다. 콩코르디아 신전은 페리페테랄의 6주柱형 도리스식 신전이다. 그 다음은 '프로스타일prostyle(전주前柱식)'. 덕수궁의 석조전처럼 앞면에만 열주가 서 있는 형태를 뜻한다. 그 다음이 성상안치소celler이다. 기둥으로 둘러싸인 휑한 공간 안에 삼면에 벽이 있는 성상안치소가 들어 있다. 신이 서 있는 자리다.
그 밖에도 'ㅅ'형 지붕 안의 삼각형 벽면을 의미하는 페디먼트, 그 아래에 가로로 띠처럼 둘러져 있는 기둥머리 위의 들보의 윗부분에 있는 장식벽이 프리즈다. 이런 낱말을 모르면 안내판을 이해할 수 없다. 그리스 신전은 열주와 셀라, 페디먼트를 기본항으로 하고 있다.

설 작은 자리밖에 없는 것이다. 그 대신 그곳은 아무도 들어갈 수 없는 신만의 성역聖域이다. 성역은 기둥으로 둘러쳐진 외부 공간에까지 포함한다. 실용성이 전혀 없어 보이는 그 기상천외한 기둥의 숲에 그리스 문화의 모든 것이 들어 있다.

신만을 위한 신전을 짓는 행위는 '수' 자체를 사랑하는 수학, 미 자체를 목표로 하는 예술, 진리탐구에만 몰두하는 학문들을 만드는 정신과 상통한다. 이집트인들이 땅을 측량하려고 수학을 발전시키는 옆에서 유클리드는 수 자체를 위한 수학을 정립했고, 그리스인들은 신만을 위한 신전을 만들었다. 실용성을 배제한 그런 문화를 만든 나라는 그리스밖에 없다. 그리스가 없었으면 예술을 예술 자체로서 가치를 두는 나라는 언제 나왔을지 모른다. 그리스는 형식을 존중하는 문화니까 신도 사람처럼 육체를 가지고 있다. 신의 육체는 인간의 것보다 더 아름다워야 한다. 선은 미와 함께 있는 것이 이상적이기 때문이다. 아름다움과 선이 하나로 융합되어 있는 것이 그리스인들이 사랑한 칼로카가티아[77]의 세계다. 하지만 우선순위를 따지자면 미가 우위優位에 있다고 할 수 있다. 예술지상주의가 그리스에서 시작되는 이유가 거기에 있다.

노르만적 예술에는 그런 외면존중경향이 약하다. 노르만이 시칠리아를 지배한 시기는 기독교의 전성기인 11, 12세기다. 전 유럽이 기독교로 물들었던 중세인 것이다. 그때는 시칠리아도 기독교가 지

---

77 Kalokagathia. 그리스에서 선善과 미美를 함께 숭상하는 경향을 말한다.

▲ 몬레알레 두오모

배하고 있었다. 기독교에서 중시하는 것은 내면이지 외면이 아니다. 그래서 모든 성당은 내부 장식에 역점이 주어진다. 문맹 신자들을 위한 것이기는 했지만, 벽에는 성경 내용을 그린 당대 최고의 화가들의 성화를 가득 붙여 놓고, 창문에는 스테인드글라스를 붙여서, 건물 내면 전체를 성역화한 것이다.

두오모에는 그리스 신전 같은 비실용적인 외부 공간이 없고, 성화로 둘러싸인 거룩한 내부 공간이 있다. 그건 신과 신도가 함께 있는 공간이다. 기독교는 내부에 더 많은 것을 집중시킨다. 노르만식으로 지은 몬레알레의 두오모는 외관은 보잘것없다. 여러 양식이 뒤섞여

▲ 파르테논 신전

있는 어수선한 흙빛 건물일 뿐이다. 내면은 그렇지 않다. 질서정연한 성화의 세계가 내면 전체를 점령하고 있다. 외면이 아니라 내면의 아름다움이 지배하는 세계다.

　그리스 신전의 두 번째 특징은 휴먼 스케일의 준수에 있다. 인체의 비례에 준하여 이상적인 아름다움을 추출해낸 도리스적 신전은, 대부분이 6주식이며, 주간 거리가 4~5미터, 높이가 13미터 이내이고, 내실에는 신상안치소밖에 없다. 고전기의 신전에는 파르테논 신전을 빼면 8주형이 거의 없다. 그리스 사람들은 고전 시대에는 8주형 이상의 큰 신전은 짓지 않았다.[78] 그건 알렉산더도 하지 않은 짓이다. 그는 이오니아식으로 기둥을 바꾸어 키를 높게 하고, 기둥 사이를 두 배로 넓혀 대형화한 것이지 기둥 수를 늘린 것은 아니다.

고전 시대 이전에도 신전을 키우려는 경향은 있었다. 아그리젠토의 제우스 신전과 셀리눈테의 G신전 같은 경우가 그것이다. 그 신전들의 크기는 파격적이었다. 그걸 줄여놓은 것이 파르테논 신전이다. 그리스 정신은 보편성 중시의 원칙 위에 세워져 있었기 때문에 파격성은 환영을 받지 못한다. 고전 시대의 그리스인들이 이상적이라고 생각한 크기가 파르테논 신전이었던 것이다. 몬레알레 성당은 파르테논 신전보다 많이 크다. 본당의 길이가 100미터나 되고 종루는 4층이다. 규모만 큰 것이 아니다. 모든 면에서 그것은 그리스 신전과 대척된다. 그리스 신전은 간결성이 중시되는 단일양식인데, 두오모는 세 부분으로 내면이 갈라져 있고 양식도 다양하다. 두오모 안에는 기둥을 새끼처럼 꼰 꽈배기형 기둥까지 있다. 휴먼 스케일을 넘어서는 크기를 복잡한 양식으로 채운 건물인 것이다. 세상에서 양식을 가장 많이 섞어 놓은 것이 노르만식 성전일 것이다.

그리스 신전의 세 번째 특징은 균형과 조화의 존중에 있다. 엄격한 균형미를 만들어내는 원동력이 비례의 법칙이다. 그리스 신전은

---

78 기원전 6세기에 세워진 셀레눈테의 G신전은 전면이 8주이고 측면이 17주이며, 아그리젠토의 제우스 신전도 비슷하게 크다. 하지만 성기 고전기의 도리스식 신전은 파르테논 신전이 상한선이다. 성기 고전기의 그리스는 휴먼 스케일을 사랑해서 신전이 크지 않았다. 알렉산더가 그틀을 깨고 신전을 대형화하고 실용화한다. 파르테논보다 두 배 가까운 크기로 확대한 것이다.

피타고라스의 비례의 법칙이 지배하는 양식이다. 이오니아식이나 코린트식은 도리스식보다 규범이 흐슨했지만, 기본 규범에서 아주 벗어나는 일은 없었다. 도리스 양식은 대표적 양식답게 비례의 규범을 가장 잘 지켰다. 거기에서는 시메트리symmetry가 생명이었다. 신전 기둥의 균형을 만드는 기반은 인간의 육체의 비율이다. 그래서 함부로 기둥을 키우거나 하는 일이 불가능하다. 그리스인들은 불균형한 것을 혐오했기 때문에 헤파이스토스는 불구자라는 이유로 어머니에게서도 학대를 받는다. 그런 전통은 기독교 시대에까지 미쳐서 그리스 정교회에서는 육체의 균형이 깨진 자는 신부가 되지 못하게 했다. 균형은 그리스인들이 추구한 미와 선의 기본 축이었던 것이다.

그리스 신전에는 모든 것이 짝수로 되어 있다. 좌우대칭의 구도를 선호해서 건물의 왼쪽과 오른쪽에 같은 것을 설치하는 것이다. 기둥 수의 단위도 짝수로 되어 있다. 2주식, 4주식, 6주식 하는 식으로 신전의 규모가 계산된다. 신상을 빼면 그리스 신전은 홀수가 없는 세계다. 18세기에 리모델링을 했다는데도 몬레알레의 성당은, 외관상으로는, 균형이나 대칭구조에는 관심이 적은 건물이다. 정문의 출입구는 1층 천정에 닿을 듯이 키가 큰 세 개의 아치로 이루어져 있다. 출입구 부분이 양식도 색상도 다른 부분과 달라서 이색적이다. 다른 곳은 거기만이 아니다. 양쪽에 서 있는 종루들이 서로 외양이 다르다. 크기도, 폭도 다르고, 높이도 다르다. 베네딕트 수도원의 회랑 기둥들도 서로 다르려고 기를 쓰고 있다('몬레알레' 항 참조). 그렇게 부분마다 다르기 경쟁을 하는 건물은 그리스 신전에서는 있을 수 없다. 그리스 신전은 균형과 통일을 생명으로 여기기 때문이다. 그리스식 일사불란한 균형의 미학은 노르만양식에서는 찾아보기 어렵다.

그리스 신전의 네 번째 특징은 직선애호경향에 있다. 지붕도 직선이며, 기둥도 직선이고, 주두도 직선이고, 야트막한 이등변 삼각형 지붕 밑에 있는 들보 역시 직선이다. 도리스식 신전에서는 기단 바닥에, 세로로 홈이 죽죽 파진 둥근 기둥들이 직접 바닥에 세워진다. 장식이 없는 돌기둥이다. 기둥은 원주지만 들어내는 선은 직선이다. 그래서 도리스식 신전양식은 간결하다. 기둥들은 엄격한 황금비율에 따라 건물의 크기나 높이와 조응하면서, 일정한 간격을 두고 질서정연하게 건물의 네 면을 에워싼다. 그 안에는 3면이 막힌 작은 신상안치소가 있을 뿐이어서, 도리스식 신전들은 앞에 서 있으면 반대쪽이 훤히 들여다보인다. 곡선이 들어설 자리가 없다. 엄격한 곡선 배제의 공간이다. 그리스 신전에는 아치가 없다. 아치뿐 아니다. 돔도 없다.

"건축에서 원형천장은 하늘을 상징하는 이미지이기 때문에 일찍부터 이것을 지으려는 바람이 있었다"고, 『서양건축사』의 저자 임석재 씨는 말한다. 그런데 그리스에는 둥근 지붕에 대한 동경이 전혀 없다. 그 이유를 임 선생은 "주요 생활무대가 옥외 공간이었던 그리스와 마케도니아 왕국에서는 원형 공간에 대한 관심이 거의 없었다"고 풀이한다. 종일 둥근 하늘 아래에서 생활하기 때문이라는 것이다.[79] 아치나 돔이 발달하지 않은 이유는 물론 그것만은 아닐 것이다. 돌이라는 딱딱한 건축자재의 영향도 있을 것이기 때문이다. 하지만 미케네에는 아가멤논 시대에 이미 '아트레우스의 보물창고'가 반원형으로 지어져 있었으니, 기술적인 문제 때문이라기보다는 그리스인들의 직선선호적 세계관의 표상이라고 보는 쪽이 타당할 것 같다.

아치나 돔이 없는 점은 이집트도 마찬가지다. 고대 문명 중에서 아치를 처음 만들어 활용한 것은 메소포타미아 사람들이다. 그 지역에는 돌이 적어서 흙벽돌밖에 건축자재가 없었다. 흙이니까 곡선 만들기가 돌보다 쉬웠던 것인지, 아니면 그 지역 사람들이 특별히 아치를 좋아하는 미적 취향을 가지고 있었는지는 몰라도, 메소포타미아에서는 일찍부터 아치가 발달한다. 아치는 메소포타미아가 원산지지만, 로마가 기술공학으로 그것을 활성화시켜서 널리 보급한다. 로마네스크 건물에는 콜로세움처럼 아치가 풍성하게 도입되어 있다. 로마 사람들은 아치만 많이 만든 것이 아니라 돔도 만들었다. 세상에서 가장 완벽한 돔은 판테온인데, 그것을 만든 사람들이 로마인이다. 판테온은 큰 건물 전체가 거대한 원형 돔으로 덮여 있어서, 그 안에서는 누구나 하늘 같은 둥근 천장을 즐길 수 있다.

기독교가 그것을 계승한다. 그래서 노르만식 건물들은 그리스 신전과는 반대로 아치를 풍성하게 활용하고 있다. 아치의 본향인 중동

---

79 임석재, 『서양건축사』, p. 85

과 로마를 모두 겪은 문명이기 때문이다. 몬레알레의 두오모[80]에는 세 개의 애프스Apse에 돔형 둥근 천장이 있다. 백 미터의 긴 공간을 가로막는 칸막이 기둥에도 아치가 얹혀 있다. 베네딕트 수도원은 더 하다. 거대한 사각형 건물을 주욱 둘러가며 안쪽으로 회랑이 둘러쳐져 있는데, 그 기둥들이 모두 반원형 아치를 이고 있다. 파도처럼 섬세하게 넘실거리는 아치들이 나란히 이어진 회랑이 있고, 그 위에 있는 본 건물에도 아치형 창문들이 이어진다. 아치형 회랑은 클수록 경이롭다. 팔레르모는 회랑의 미학이 발달한 고장이어서 끝없이 이어지는 아치들이 아름답다. 노르만식 건물에는 잎사귀형 아치도 있다. 아랍이나 중동에서 온 양식이다.

그리스식 신전에는 그런 아치가 전혀 없다. 처음부터 끝까지 준엄한 직선일 뿐이다. 2004년에 아테네에 다시 갔을 때, 나는 그곳의 현대 건물들이 지금도 직선을 선호하는 것을 발견하고 놀랐다. 정교회 건물만 빼면 곡선으로 된 창문을 가진 건물이 거의 없었다. 명석한 것을 숭상하는 호모 사피엔스(이성인간)들은 직선 선호형인 모양이다. 그러니까 그리스 신전과 노르만 신전을 가르는 변별 특징 중의 하나는 아치형 주랑柱廊이라고 할 수 있다 그건 직선과 곡선의 차이이기도 하지만, 단순성과 복합성의 대립이기도 하다.

그리스 신전은 이집트 신전처럼 양식이 확정되어 있다. 모든 것이

---

80 Duomo. 원래는 가톨릭 교회의 돔을 의미하지만, 일반적으로는 한 도시를 대표하는 큰 성당을 의미한다.

비례의 법칙에 따라 분명하게 규정되어 있는 것이다. 도리스식 신전에서는 어떤 경우에도 기둥 사이의 거리나 기둥의 모양이 달라지지 않는다. 그건 엄밀한 균형미학에 의거해서 확정한 기본율이기 때문이다. 고전기의 그리스 신전은 크기의 차이는 있어도 양식의 차이는 없다. 크기가 크든 작든 외형의 비율이 달라지는 일은 없는 것이다. 확정된 양식이야말로 고전기의 그리스 신전이 가지는 가장 그리스적인 특징이다. 이집트의 경우처럼 그것은 절대적인 전범典範이며, 확정된 국가 브랜드다. 그리스 신전은 기둥머리의 양식에 따라 도리아식, 이오니아식, 코린트식으로 나뉜다. 하지만 각 양식이 세칙이 정해져 있어서, 한 건물 안에 다른 양식을 끌어들이는 예는 많지 않다. 한 건물 안에서는 지붕 모양, 기둥 모양, 기둥머리와 받침돌 모양, 내실의 구조 같은 것들이 엄격하게 통일되어 있는 것이다.

그리스 신전양식은 오늘날에도 학교나 도서관, 박물관 같은 일반 건물에 사용되면서 전 세계로 퍼져나간다. 로마 시대부터 시작된 이런 현상은 현대까지 지속되고 있다. 그런 건물에는 실용적인 프로스타일의 유형이 압도적으로 많다. 앞면만 열주식으로 하고 내부는 일반 건물처럼 만들어서, 건물의 상징성과 실용성을 공유하는 것이다.

그런 경우에도 페디먼트의 경사도, 프리즈의 두께와 비율, 기둥의 기본 패턴 등 그리스 신전의 본질적 측면은 그대로 유지된다. 시칠리아 사람들이 만들어도 몽고 사람이 만들어도 그리스 신전양식은 언제나 한결같다. 아무도 토를 달지 않고 그리스 건축의 황금비율에 승복하고 있기 때문이다. 그리스 신전은 그리스 정신의 가시적可視的인 심볼이다. 시대가 바뀌고 지역이 달라져도 기본 패턴은 흔들리지 않는다.

　도리스식 신전은 간결하여 일체의 장식을 허용하지 않는다. 기둥에도 지붕에도 장식이 없다. 하얀 대리석 기둥에 세로로 홈이 파져 있을 뿐이다. 하지만 신상과 페디먼트, 프리즈 등은 예외에 속한다. 파르테논 신전의 내실에는 12미터짜리 아테나 여신상이 서 있었다. 나무로 만든 위에 상아와 금으로 장식한 호화로운 신상이다. 작은 금 조각을 이어서 페이디아스가 만든 긴 옷을 입고 서 있는 여신은, 내실이 투시형이어서 밖에서도 보였을 것이다. 안의 것도 눈에 보이게 만드는 것이 그리스식이다. 건물 외부에서 장식이 허용되는 부분은 페디먼트와 프리즈뿐이다. 프리즈에 장식하는 부조 패널을 메토프라고 한다. 메토프는 문양이 있는 패널을 붙인 것이어서 떼내기가 쉬웠던지 남아 있는 것이 많았다. 아그리젠토의 고고학 박물관에서는 셀리눈테 신전에서 출토된 메토프의 특별 전시를 하고 있었다.

　하지만 그리스 신전 장식의 하이라이트는 페디먼트의 조각들이다. 파르테논 신전의 페디먼트는 놀랍게도 당대 최고의 천재 조각가 페이디아스가 장식하였다. 그 최고의 예술은 아테나 여신에게 바치는 아테네 시민들의 최상의 오마주다. 그리스인들은 파르테논 신전에 인간의 모든 꿈을 담으려 했다. 리그스의 말대로 누가 감히 고전 시대의 그리스인들의 취향에 토를 달 수 있겠는가?[81] 파르테논 신전

---

81 "어쩌면 그게 맞을 것이다. 우리가 누구라고 감히 그리스인의 취향에 의문을 제기하겠는가?" 스탠리 리그스, 앞의 책, p. 120.

이 인류가 만든 가장 보배로운 문화적 유산이 되는 것은 그 형식적 완벽성에 기인한다.

노르만양식은 시기적으로 그리스 신전보다 1,600년이 지난 11세기에 시작된다. 기독교가 로마에서 공인(AD 323년)된 지 7백 년이 지난 시점이다. 그동안에 시칠리아는 로마에서 온 기독교 문화와 아랍에서 온 이슬람 문화의 지배를 받았다. 지배자들에게서 배운 예술로 두오모 짓기와 모자이크 그림기술이 제휴하는 새로운 양식이 생겨난 것이다. 몬레알레의 두오모는 감성적인 장식예술과 절대신에 대한 신앙이 통합하여 만들어졌다. 기둥 하나하나가 장식이 다른 개별성 존중의 문화와, 아치를 가진 거창한 아랍식 회랑, 잔돌 하나하나를 모아 1,900여 평의 성화 벽을 이룬 비잔틴의 섬세한 예술정신의 합성품인 것이다.

12세기경의 유럽에는, 시칠리아처럼 침략자에게 문화를 전수받아서 여러 문화를 함께 지니고 있는 작은 나라들이 많이 있었다. 하지만 다른 나라들은 대체로 어제의 것을 버리고 새로운 양식을 받아들였기 때문에, 시칠리아처럼 한 건물 안에 만물상같이 복합적인 문화가 공존하는 건물은 생겨나지 않았다. 그런데 섬나라인 시칠리아는 들어온 외래문화를 하나도 버리지 않고 다 가지려 했다. 있는 대로 한데 모아놓고, 그것을 조화시켜보려고 애를 쓴 것이다. 시칠리아 사람들은 그런 문화를 노르만풍이라고 불렀다. 복합문화를 의미하는 노르만풍은 시칠리아풍이기도 하다.

노르만이 선택한 것은 홀수의 미학이다. 그리스보다는 기독교 쪽을 택한 것이다. 게오르규의 말대로 "성령은 언제나 한 사람 한 사람에게 개별적으로 임하기"[82] 때문에 기독교 문화는 보편주의를 좋아하지 않는다. 그들은 균형의 미학 대신에 불균형의 미학을 선택했다. 기둥 하나하나의 무늬가 서로 다른 쪽을 선택한 것이다. 그것은 개별성존중경향이다.[83] 그리고 이성보다는 감성을 존중하는 경향이기도 하다. 그들이 선택한 것은 '문체혼합'의 낭만적 미학이었고, 그것은 단일한 양식을 거부하는 경향을 의미하기도 한다. 한 건물 속에 그리스식과 아랍식, 비잔틴식, 바로크식이 마구 섞여 있는 이유가 거기에 있다. 그러니 통일된 양식이 확정될 수 없다.

노르만 양식은 1)건물의 외부보다는 내부를 중요시했고, 2)큰 건물을 선호했으며, 3)언밸런스 스타일을 좋아했고, 4)직선보다는 곡선을 선호했으며, 5)간결한 것보다는 복합적인 것을 좋아했다. 모든 면에서 그리스와는 반대되는 양식을 선호한 것이다. 그러면서 그리스의 직선적인 문화도 버리려 하지 않았다. 그래서 팔레르모 성당 같은 예술의 종합 전시장이 생겨나는 것이다.

그리스 신전은 외관용 건물이다. 그래서 외면을 중시했다. 그런데 중세는 외면성을 좋아하지 않았다. 노르만의 몬레알레 성당은 기독

---

82 '게오르규 어록', 「문학사상」, 1978년 7월, p. 286.

83 낭만주의의 구호는 "두 번 다시 볼 수 없는 것을 사랑하라"이다. 그들은 유일성을 존중하기 때문에 보편적인 것들을 좋아하지 않는다. 기독교는 낭만주의처럼 개별성과 내면성을 존중한다.

교의 내부중시경향을 대표한다. 몬레알레 성당 안의 1,900여 평의 벽면을 가득 채운 모자이크 성화들은 이야기의 내용이 모두 다르다. 그 다른 것의 종합이 기독교의 세계다. 작은 돌을 좃아서 만드는 그 섬세한 모자이크 작업도 낭만적 경향에 부합한다. 자연석은 똑같은 것이 없기 때문이다.

고전기의 그리스 신전에는 큰 돌밖에 없었다. 몬레알레 성당의 모자이크와 콩코르디아 신전의 도리스적 양식은, 작은 돌과 큰 돌의 미학을 대표한다. 그리스 신전은 단순명료한 직선을, 정확하게 다듬은 큰 돌로 표현하는 것을 선호하기 때문에 모자이크 예술과는 근본적으로 결이 맞지 않는다. 모자이크화는 불규칙한 작은 돌의 결합에서 생겨나는 개성적인 예술이기 때문이다. 아늑하고 따뜻한 몬레알레 성당의 내부는 풍성하고 아름다워서 고양된 심미적 세계를 보여준다. 하지만 외부는 아니다. 시칠리아에는 그리스 신전을 제외하면 한 가지 양식으로 완성해놓은 모뉴멘탈한 건축물이 적다. 팔레르모에서는 왕궁도 성당도 모두 여러 양식이 함께 들어가 있어 어수선하다. 사람들이 노르만식 혹은 시칠리아식이라고 부르는 두오모들은 고딕식 건물에 아랍식 회랑이 붙어 있고, 바로크식 출입문 위에 그리스식 지붕이 얹혀 있다. 보석 같은 내면을 가진 몬레알레의 두오모도 마찬가지다. 베네딕트 수도원에는 두꺼운 받침대 위에 세워진 코린트식 기둥 위에 로마네스크식 아치가 올려져 있고, 두오모의 본당 지붕은 또 그리스식이다. 몬레알레의 두오모는 거창한 청동문을 몇 개나 가지고 있다. 그런데 그 문들은 제작자가 모두 다르다. 그래서 화가마다 다른 그림을 그려넣었기 때문에 양식이 통일되지 못한다.

그리스 신전에는 부분이 혼자 노는 그런 신전은 없다. 전체가 서로 조응하여 하나의 유기적인 통일을 이루는 것이다. 노르만양식의 문제점은 몬레알레 두오모처럼 노르만식 종탑 사이에 그리스식 지붕의 건물이 들어 있는 데 있다. 나지막한 그리스식 지붕은 신들의 능력의 표상이기도 하다. 그리스신들은 절대신이 아니어서 높이가 얕아도 된다. 하지만 기독교의 하나님은 그리스의 신들보다는 더 높은 지붕 안에 있는 것이 맞다. 기독교의 신은 그리스의 열두 명이나 되는 신들이 나누어 가졌던 기능을 혼자 다 관장하는 무소불능한 신이기 때문이다. 고딕 성당의 지붕이 첨탑처럼 높은 것은 그 때문이다.

"온갖 것이 다 섞여서 별로야. 서로 조화를 이루지 못하고 어색한 것 같아."

어느 한국 청년이 팔레르모를 보고 평한 말이다.[84] 온갖 것을 섞어놓고, 양식적으로 조화를 이루면서 통합하지 못한 것이 노르만 신전의 특징임을 지적한 재미있는 촌평이다. 결론은 간단하다. 모든 논의는 노르만식 신전들이 스타일 혼합mixing of style의 극치를 이루고 있는 데 반해, 도리스식 신전은 스타일 분리separation of style의 표본이라

---

84 허은영, 『시실리 다이어리』, 지성사, p. 254.

는 점에 귀착된다.[85] 앞의 것은 낭만적 미학의 규범이며, 후자는 고전주의 미학의 본질이다. 아그리젠토의 그리스 신전이 우리에게 보여주고 있는 것은 그리스인들이 지향하던 고전적 미학을 고수하는 자세이다. 그리스 신전은 그렇게 개성이 강해서 다른 양식과 타협이 되지 못한다. 콩코르디아 신전 같은 예외가 있기는 했지만 대부분이 그리스 신전들은 성당으로 쓰기에는 아주 부적당하다. 도리스식 신전에는 신자들이 있을 자리가 없기 때문이다. 두오모와 그리스 신전 사이에는 이렇게 먼 거리가 있다.

여러 안내서에서 보면 노르만 양식은 아랍 양식, 비잔틴 양식과 혼용되는 경우가 많다. 거기에 그리스 양식, 로마 양식까지 섞어놓은 멜팅 포트 같은 것이 노르만 양식이라고 할 수 있다. 그렇게 형식에 구애받지 않는 곳에 노르만 양식의 자유로움이 있는지도 모른다. 그런 양식은 세계 어디에도 없기 때문이다. 노르만 양식의 꽃은 몬레알레에 있는 성당과 수도원이라고 할 수 있다. 거대한 성당 안을 모자이크 그림으로 통일한 두오모를 생각하고, 드넓은 수도원의 사각 건물에 둘러쳐져 있던 회랑의 아름다움을 생각하면 시칠리아에 다시 가고 싶어진다.

팔레르모를 보고 나서 아그리젠토에 와보니, 그리스식 직선의 엄

---

85 문체분리. 문체에는 고상한 것과 비속한 것이 있는데, 두 스타일의 요소들이 서로 섞이는 것을 금하는 것을 문체분리라고 말한다. 예를 들면 비극(고상한 문체)과 희극(낮은 문체)은 섞을 수 없는 것이다. 문체혼합. 문체끼리 섞이는 것. 고전주의는 문체분리를 택했고, 낭만주의는 문체혼합을 선택했다.

격함과 균형감각, 양식의 통일성 등이 더 두드러져 보였다. 하얀 대리석 열주 안에 신상이 딱 하나만 놓여 있는 그 절제의 미학이 그리스 문화의 본질이라는 사실이 확연하게 드러났던 것이다. 콩코르디아 신전은 감동적이었다. 건물의 색상이 백색에서 황토색으로 변했는데도 그리스의 다 부서진 신전의 폐허는 여전히 관광객을 머리 숙이게 만드는 그 무엇을 가지고 있었다. 명징明澄한 것이 지니는 아름다움이다. 그런 집을 하나 지어서 문학관으로 만들고 싶은 것이 나의 평생의 소원이었다. 그러면서 그 안에 채우고 싶은 것은 또 몬레알레 성당의 벽화 같은 섬세하고도 따뜻한 개성적인 예술이다.

아그리젠토의 신전의 계곡에 와서 보니 그 반대의 극에 서 있던 다른 하나의 미학이 그리워진다. 검소한 신전 안에 아기자기한 모자이크 그림의 파노라마가 펼쳐지고 있었던 기억이다. 몬레알레의 모자이크 그림을 통한 내부묘사가 얼마나 심오하고 컬러풀하고 개성적이었는지 알 것 같기도 하다. 그것을 통하여 나는 무슬림식 과식주의의 감성적인 다양성이 그리스 신전과 얼마나 다른가를 확실히 알게 되었다. 사흘 동안에 그 많은 것을 볼 수 있는 것이 시칠리아 여행의 재미인 것 같다.

🏛 신들이 살던 곳을 거닌다

신전의 계곡은 바닷가에서 보면 높은 단애斷崖 위에 위치해 있지만, 계곡이 아니라 완만하게 경사져 내려오다가 생긴 고원지대다. 시내에서 3킬로 정도 떨어져 있어 인적이 드물고 한적하다. 보이는 것은 신들이 살던 들판밖에 없는 곳…. 사이프러스와 올리브 나무들이 군데군데 심어진 들판에는 이상하게도 꽃나무가 적다. 사람의 손길이 닿아 곱게 다듬어진 팔레르모 근처의 구릉지대와 비교하면, 그곳은 다듬어지지 않은 나무들이 엉성하게 자라고 있는 어수선한 들판이다. 하지만 도로는 시원스레 넓고, 하얗고, 판판하다. 관광객이 많지 않아 호젓했다. 우리가 간 날은 하늘이 씻은 듯이 맑았고, 날씨는 좀 더웠다.

젤라Gela 문으로 들어가서 동쪽을 향해 완만한 비탈길을 한참 걸어 올라갔다. 28도 정도가 되는 날씨여서 꽤 더웠는데, 신전의 계곡 안의 큰길에 올라서니, 바람이 사방에서 불어와서 말할 수 없이 쾌적했다. 공기가 너무나 청량해서 가슴 밑바닥까지 맑은 기운이 스며들어 전신을 정화시키는 것 같았다.

매표소와 포장마차 상점들이 있는 마당이 나타났다. 포장마차에서 영미 씨가 선명한 연짓빛 밀집모자를 샀다. 곤색 옷을 입고 있어 잘 어울렸다. 화장실에 다녀온 후 쥬노네Giunone(=쥬노=헤라) 신전을 향해 완만한 경사지를 올라가기 시작했다. 동남쪽으로 칸살이 넉넉한 계단이 있었다. 나무 난간이 있는 계단을 끼고 오르면서 보니 오른쪽 나무들 위에 패널판같이 벽 한쪽만 달랑 남은 신전의 열주들이 보였다. 녹음 사이로 보이는 그 한 겹의 열주벽이 아름답고 품위가 있었다. 지붕은 없었지만 상인방[86]은 반듯하게 남아 있어서 정연整然했다.

청명한 날에 신전의 열주들이 가지런히 서 있는 것을 보면서 걸어 올라가는 것은 기분 좋은 일이다. 올라가 보니 아래에서 보이던 동쪽 면만 열주들을 지탱해주는 인방이 가로질러 있었고, 나머지 세 부분은 기둥들만 남아 있었다. 기둥들은 이 빠진 곳이 많았다. 높이도 들쑥날쑥해서 어수선했다. 높낮이가 너무 다른 기둥들이 고립무원의 자세로 듬성듬성 고립하고 있어서 기이했지만, 이상하게도 이곳의 열주들은 작은 것이나 큰 것이나 남은 부분이 깔끔하다. 크고 작은 기둥들이 '차렷' 자세로 서 있는 것 같은 얌전한 폐허였다.

기원전 440년에 지었다는 쥬노네 신전은, 콩코르디아 신전처럼 기둥 서른네 개를 가진 큰 신전이었는데, 그중에서 스물다섯 개가 아직 남아 있었다. 높낮이가 불균형한 기둥들이 듬성듬성 서 있어 어수선했지만, 아주 비는 벽은 없어서, 애초에는 규모가 컸다는 것을 입증해주었다. 보호해줄 지붕도 없고, 이웃과 연결해줄 인방도 없는데, 말짱하게 원형을 보존하고 있는 외기둥도 있었다. 속수무책으로 재

---

86   창문 위 또는 벽의 위쪽 사이에 가로지르는 인방. 창이나 문틀 윗부분. 벽의 하중을 받쳐 준
     다(편집자 주).

난 속에 던져져 있는 기둥들이 자세를 흩트리지 않으면서, 큰 것은 큰 것대로 작은 것은 작은 것대로 2천5백 년 동안 비바람을 견뎌온 세월이 거룩해 보였다.

신전의 계곡 남쪽 끝에 있는 낭떠러지 위에는 마그나 그레치아 시절에 쌓은 엄청난 성벽이 있었다. 너비가 2미터가 넘어 보이는 황톳빛 견고한 성벽이다. 그런 성벽이 애초에는 절벽 위에 끝없이 이어져 있었던 것 같은데, 지금은 무너진 곳이 너무 많고, 사이즈도 격차가 많아서 들쑥날쑥했다. 무너진 곳에서는 바다가 보이고 서쪽에 저 멀리에 있는 시가지도 보였다.

이상한 것은 성벽 여기저기에 반원형이나 사각의 구멍들이 잔뜩 뚫려 있는 것이었다. 두 층으로 뚫려 있는 곳도 있었다. 모양도 불규칙하지만, 사이즈도 제각각이어서 미웠다. 그것들이 비잔틴 시대의 기독교인들의 무덤 자리라는 말을 듣고 너무 놀랐다. 관이 들어가기에는 너무 옹색해 보이기 때문이기도 했지만, 시신은 흙에 묻어야 하는 것으로 알고 있는 한국적 고정관념 때문에 그 무덤들은 너무나 기이하게 느껴졌다. 그렇게 드넓은 대지가 옆에 있는데, 왜 시신을 땅에 묻지 않고 성벽 중턱을 우벼 파서 묻었느냐고 물었더니, 묻힐 토지를 소유하지 못한 사람들이었을 거라고 가이드가 대답했다. 그렇다면 그리스 신들의 동산을 침범한 기독교인들의 불법묘지였던 셈이다. 종교가 다르니 거기 묻힌 사람들도 편안하지는 않았을 것 같다.

성벽과 평행하여 큰길이 서쪽으로 나 있다. 길 오른쪽에는 올리브

▲ 헤라 신전

와 아몬드, 사이프러스 같은 나무들이 군데군데 서 있는 좀 낮은 들
판이 이어져 있다. 나무가 듬성듬성 있어서 어설퍼 보이는 황야다.
들판에는 탑처럼 하나씩만 남은 신전의 기둥들이 군데군데 서 있어
생급스럽다. 관록이 있어 보이는 오래된 나무들이 폐허의 여기저기
에 푸짐한 그늘을 드리우고 서 있다. 뿌리가 깊어서 물이 적은 지역
에서도 잘 자란다는 올리브 나무다. 올리브와 포도는 아프리카에는
나지 않는 과실이어서 시칠리아의 중요한 수출품이었다고 한다. 시
칠리아에 풍요를 가져다준 고소득 작물들이었던 셈이다. 근처에 유

▲ 성벽을 파고 만든 무덤

황 광산들이 있어서 그런지 그 고원에는 말라 죽은 나무들이 더러 있었고, 살아 있는 나무들도 기운이 없어 보였다.

신전의 계곡에 가서 가장 놀란 것은 신전들이 모두 황갈색 돌로 지어져 있는 것이었다. 용암이 굳어서 형성된 응회암이라고 했다. 근처에 그런 빛 돌산이 많은 모양이다. 그리스 신전은 의례히 핑크빛이 살짝 도는 삽박한 하얀 대리석으로 지어지는 줄 알았기 때문에 충격이 컸다. 그리스 사람들도 그 흙빛이 싫었든지 하얀 칠을 한 흔적이 여기저기 남아 있다. 쥬노네 신전에는 카르타고 사람들이 불을 질러서 탄 자국이 아직도 남아 있다고 하는데 찾아보지 않았다. 2천여 년 동안 비바람을 맞으면서 불탄 자국이 아직도 씻겨 나가지 않았다는 것은 믿기 어려운 이야기였기 때문이다.

다음은 콩코르디아 신전(기원전430년)이다. 어느 신의 신전인지 알 수 없는 콩코르디아(화합이라는 뜻) 신전은 이 계곡에서 유일하게 원형을 많이 보존하고 있는 신의 집이다. 6주식 페리페테랄 스타일의 도리스식 신전, 가로 20미터, 세로 42미터에 기둥은 34개다. 기둥 46개의 파르테논 신전보다는 작지만, 시칠리아에서 온전히 남아 있는 신전 중에서는 가장 큰 것이라 한다. 쥬노네 신전과 비슷한 시기에 비슷한 규모로 지어진 것이라는데, 이쪽은 외형이 말짱해서 훨씬 젊어 보인다. 기원전 430년에 지었다니 파르테논 신전보다 2년 뒤다.

콩코르디아 신전은 이 계곡에서 가장 보존상태가 좋은 신전이다. 유네스코의 로고로 나올 정도로 말짱한 그 신전은, 좀 높은 곳에 혼자 우뚝 솟아 있어 권위가 있어 보였다. 서른네 개의 기둥이 모두 무사하게 4층 기단 위에 서 있고, 지붕도 페디먼트 부분이 남아 있다. 콩코르디아 신전이 없으면 6에이커의 광대한 들판은 완전히 폐허로 보일 것 같다.

콩코르디아 신전이 보존상태가 좋은 것은 6세기부터 교회로 쓰였기 때문이라 한다. 교회가 보수를 자주했기 때문에 외형이 보존되었다는 것이다. 기독교가 이교도의 신전 보전에 기여한 셈이다. 다른 종교가 회당으로 써서 보존이 잘된 점에서 이 신전은 이스탄불의 소피아 사원과 비슷하다. 하지만 소피아 사원은 유일신을 믿는 종교끼리여서, 내부 시설이 유사점이 많으니 종교가 달라져도 사용하는 데는 별 지장이 없었을 것이다. 내부 공간이 넓으니까, 밖에다가 미나레트[87]를 몇 개만 만들어 세우면, 모스크로서 외관도 기능도 문제가 될 것이 없기 때문이다.

하지만 그리스 신전은 문제가 다르다. 그리스 신전에는 신도들이 있을 자리가 없다. 그래서 다른 곳에서는 신전의 바깥 기둥 사이를 벽으로 막아 예배를 볼 내부 공간으로 만들어 썼다. 시라쿠사의 두오모 같은 경우에는 미네르바(아테나) 신전의 건물 뼈대를 그대로 이용하면서 두오모를 지었다. 그래서 북쪽 벽에는 미네르바 신전의 바깥 기둥들이 사이가 벽으로 막힌 형태로 성당을 받치고 서 있다. 전면은 완전히 바로크식으로 개조했지만, 내부에도 그리스 신전의 두 번째 열주를 그대로 막아 쓴 부분이 있다. 그리스 신전이 기독교 성당에 뼈대 채 흡수된 케이스다. 그런데 콩코르디아 신전은 외형에 전혀 손을 대지 않은 채 교회로 썼다니 어디서 예배를 보았는지 궁금하다. 파르테논 신전도 교회와 모스크로 씌었다는 말을 들었다. 그렇다면 그들은 러시아 정교회 신도들처럼 서서 예배를 보았는지도 모른다. 어쨌든 원형을 훼손하지 않은 건 고마운 일이다. 두 가지 양식을 한데 버무려버리는 것은 해서는 안 되는 일이기 때문이다.

이 신전이 보전된 또 하나의 비결을 자연적 여건에 있다고 본 사

---

87 이슬람교의 예배당인 모스크의 일부를 이루는 첨탑(편집자 주).

람이 있다. 지층 깊은 곳에 진흙층이 있어서 지진을 견뎌냈다는 설이다. 알고 지었는지 모르고 지었는지 알 수 없지만, 그건 완벽한 천연의 내진耐震 설계여서 지진이 잦은 지역에서 건물을 보존하는 데 크게 기여한 것이다.[88] 바다가 내려다보이는 고지대에서 저만치 떨어져 서 있는 신전을 보면서 천천히 다가가는 과정이 감동적이다. 가까이 갈수록 신전의 아름다움은 빛을 발했다. 하늘이 코발트빛으로 배경을 만들어주었고, 바닥이 하야니 흙빛 건물도 칙칙하지 않았다.

신전 앞마당에 청동의 청년상이 하나 놓여 있다. 한쪽 어깨를 약간 들고 비스듬히 앞을 보며 누운 형상이다. 무릎 아래는 사라지고 없었지만, 8미터 가까운 거대한 나신裸身이 아름다웠다. 청동으로 된 그 청년은 속이 비어 있었다. 그 시절에 그렇게 큰 거푸집을 만들었다는 이야기가 된다. 청동 어깨 뒤에 날개가 달려 있다. 전설에 나오는 이카로스Icarus다. 아버지가 초로 만들어준 날개를 달고 미궁을 탈출하는 데는 성공했는데, 아버지의 충고를 무시하고 태양에 너무 가까이 다가갔기 때문에 날개가 녹아서 바다에 추락했다는 인물이다. 그의 이야기는 상징성을 띠고 있어서, 많은 예술작품의 소재가 되었다. 설마 하고 위험에 바짝 다가갔다가 추락하는 젊은이는 이카로스만이 아니기 때문이다.

힘이 들어서 나무 그늘에 앉아 있는데, 맑은 남색 신발 하나가 시야에 들어오더니 그 위의 남색 칠부바지 자락이 보인다. 브라우스는

---

88 '시칠리아, 그리스보다 더 그리스다운 신들이 노닐던 땅'(한국일보 2016.6.23. 참조).

▲ 이카로스 청동상이 뒹굴고 있는 콩코르디아 신전 앞의 필자

흰색이고 모자는 코발트빛. 하늘빛과 코디가 되는 패션이다. 신선하고 정갈한 느낌이 들었다. 멋쟁이 화가 박 여사다. 화가 선생은 그렇게 날마다 새로운 색으로 신발까지 코디를 해서 보는 이들을 즐겁게 해준다. 세련되었으면서 옷이 잘 소화되어 눈여겨보아야 멋이 드러나는, 진짜 댄디dandy한 할머니다. 그런 안목을 가지는 것은 분명 신이 베푼 특혜다. 아름다운 것은 사람들에게 기쁨을 주기 때문이다.

애초에는 아크라가스Akragas였다가 아랍 시절부터 지르겐티Girgenti라고 불리었던 아그리젠토Agrigento(1927년부터의 명칭)의 신전의 계곡에는, 처음에는 20여 개의 신전이 자리 잡고 있었다 한다. 기적에 가까운 규모다. 그 많은 신전들이 이 언덕 저 언덕에 알맞게 배치되어 있었을 시기를 생각해보니 상상을 초월하는 그림이 된다. 아직도 아그리젠토에는 기둥이라도 몇 개 서 있는 신전이 다섯 개나 있다. 그중에서 아테네의 파르테논 신전 다음으로 보존상태가 좋다는 콩코르디아 신전에 우리가 지금 와 있는 것이다.

헤라클레스 신전과 디오스쿠리Dioscuri(Caster e Pollux)[89]신전을 천천히 돌아보면서 걷는다. 헤라클레스 신전에는 기둥들만 있고, 디오스쿠리 신전은 겨우 기둥 네 개가 남아 있는데, 거기에 상부의 구조물이 위태롭게 한쪽에 걸쳐져 있다. 신묘하다. 애초에는 6주형 건물이었다는데 한 귀퉁이만 남아 있으니 애교가 있어서 그런지 아그리젠토시의 로고로 쓰이고 있다 한다.

그 방대한 유적 구석구석에 풀꽃들이 돋아 있다. 꽃나무가 적은 지역이어서 풀꽃 하나하나가 이목을 끈다. 돌짬에서 돋아난 그 용감한 풀들은 시칠리아의 5월의 찬란한 햇빛 아래에서 어느 화초보다도 요염하다. 돌무더기만 남은 죠베(Giove=Jupiter=Zeus) 신전에 돋아난 한줄기 보라색 풀꽃은 더 매혹적이었다. 돌무더기들이 엄청난 무게로 짓누르니 화초들도 악이 받쳐서 강렬해지는 모양이다. 제우스 신전은 너무나 장엄한 폐허였다. 학교 마당 같이 넓은 곳에 넘쳐나는

---

89 Castor e Pollux. 제우스와 레토 사이에서 태어난 쌍둥이들의 이름. 디오스쿠리Dioscuri는 신의 자식들이라는 뜻이다. 폴룩스는 불사의 몸이었는데, 카스토르가 전쟁터에서 죽자 자기도 죽게 해달라고 제우스에게 간청한다. 형제애에 감동한 제우스가 하루는 하늘에서 하루는 땅에서 그들을 같이 살게 해주었다 한다. 어부와 항해사의 수호신이다.

돌 하나하나가 엄청나게 커서 기가 질린다. 그 거창한 기둥조각들이 눈앞을 온통 메우고 있으니 보는 이들이 압도당하는 것이다. 폐허도 규모가 크면 카리스마를 가진다는 것을 깨달았다. 제우스 신전의 장대한 폐허 앞에 모조품 텔라몬(人身柱)이 널브러져 있다. 8미터 가까이 되는 대형의 남성상이다. 네모난 돌을 층층이 돔방돔방 쌓아 사람 형상을 만든 재미난 기둥인데. 기둥과 기둥 사이에 하나씩 세웠던 것이라 한다. 그 광대한 폐허 속에 시칠리아의 꿈이 남아 있다. 카르타고를 쳐부순 승리에 아그리젠토 사람들이 얼마나 신명이 나 있었는가를 신전의 규모가 말해주고 있다. 최근에 부두를 만들 때 그 돌들을 가져다 쓰려고 했는데 돌이 너무 커서 가져가지 못했다는 말을 들었다. 금으로 섬세하게 세공한 멕시코의 신상들을 녹여서 금덩어리로 만들어 버리던 스페인 군인들 생각이 난다. 바미안 석불을 파괴하던 탈레반들도 같은 부류다. 문화는 사람의 손에 의해 힘들게 만들어지고, 사람의 손에 의해 손쉽게 파괴된다. 그 밖에도 이 터전에는 지모신 데메테르(케레스), 기술의 신 헤파이스토스(불카누스), 의술의 신 아스클레피오스 등의 신전과, 토착신의 신전의 유적들이 남아 있다고 안내서에 씌어 있었다.

그 많은 신전들을 짓던 시기는 아그리젠토의 전성기였다. 인구 20만을 넘는 부자 도시 아그리젠토에는 그 무렵에 사치풍조와 쾌락주의가 팽배해 있었다고 한다. 이 도시는 사람들이 내일이 없는 것처럼 춤과 음악에 도취되어 깨여날 줄을 모르던 곳이었다는 것이다. 부자들은 침대를 상아로 만들었다 하며, 저명인사의 혼사에 8백 대의 마차가 동원되었다는 기록도 있을 정도였단다.

> "이들은 내일 당장 죽을 것처럼 쾌락에 몸을 맡기고 살면서 집은 영원히 살 것처럼 짓는구나"

오죽했으면 철학자 엠페도클레스가 그렇게 한탄한 글이 남아 있다고 한다.[90] 아직 이 도시가 아크라가스라고 불리던 시기에 엠페도클레스는 여기에서 태어났다. 기원전 5세기의 일이다. 지금은 그저 폐허일 뿐인 이 썰렁한 계곡 주변에 그런 번영의 시기가 있었다는 사실이 믿어지지 않는다. 내일 지구가 망해도 춤추고 노래하는 일을 멈추지 않을 것 같던 철없는 젊은이들이, 살아 있음을 마음껏 즐겼다는 그 광란의 고장이 지금은 너무 잠잠하고… 한적하다.

그날 신들이 살던 계곡에는 시원한 바람이 불고 하늘이 청명했다. 종일 그 선선한 동산에서 노닐고 싶었다. 정말로 신들이 지상의 별장으로 신전을 짓고 싶어 할 만큼 신들의 계곡은 고요하고, 서늘하고, 거룩했다. 그 신령스럽던 영토는 지진과 전쟁으로 인해 거의 다 허물어져버렸지만, 무너진 신전의 거석Ε6들이 지니고 있는 묵중한 질량감은 여전히 감동적이다. 그리스의 신들을 믿은 사람들이 한때 그렇

---

90 리그스, 앞의 책, 112~3쪽 참조.

게 많았다는 것은 놀라운 일이다. 오늘날에는 그리스도 일신교의 품 안에 들어가 있기 때문이다.

나는 그리스가 기독교 국가가 된 것이 영 납득이 되지 않는 때가 많다. 인간인 것이 자랑스러워서 기도도 서서 했다는 오만한 사람들이 그리스인이었다. 인간으로서의 명예를 완성시키기 위해 영생을 거부한 오디세우스의 후예들이 그리스인이었다. 벌은 신이 주는 것이라면서 사형제도를 안 만들었다는 사람들이 그리스인이었다. 신전의 보물은 해적들도 건드리지 않는다는 곳이 옛날의 그리스였다. 그런 믿음은 어디로 가고, 지금은 교회에서 나서 교회에서 죽는 것을 기쁨으로 여기는 독실한 기독교인들이 90퍼센트가 넘는단다. 예전의 그리스인들이 가졌던 것은 인간으로서의 명예를 최고의 가치로 간주하는 '수치의 문화shame culture'였다. 잘못을 저지르면 부끄러움을 느끼는 그 인본주의가 파르테논 신전 같은 완벽에 가까운 예술품을 만들어내는 원동력이 되었던 것이다.

기독교는 다르다. 기독교인들은 현세보다는 내세를 중시하며, 인간보다는 신을 존중한다. 기독교의 신은 무소불위無所不爲, 무소불능無所不能의 전능한 신이다. 인간들이 그 앞에서 할 말은 하나밖에 없다. '키리에 엘레이종.'[91] 그들은 신본주의이자여서 잘못을 저지르면 신 앞에서 회개하는 '죄의식의 문화guilt culture'에 속한다. 신의 성격이 너무나 다르다. 어떻게 전환이 가능했을까? 그러고 보면 인본주의와

---

91 Kyrie Eleison. '주여 불쌍히 여기소서' 하는 기독교의 기도문.

신본주의의 거리도 생각보다 가까운 것인지도 모른다.

고대의 그리스인들은 궁전이나 빌라 같은 것을 짓지 않고, 여유가 생기면 신전부터 지었다. 건축사에서 신전이 차지하는 비중이 3분지 2가 되는 것이 고대의 그리스였다. 그들은 신전에 자신들의 모든 문화를 쏟아부었다. 그리스 신전에는 피타고라스의 수학이 들어 있고, 페이디아스의 예술이 들어 있으며, 페리클레스의 인간평등 사상이 들어 있고, 소크라테스의 철학이 들어 있다. 이집트가 돌로는 신전만 지어서 5천 년이 지난 후에도 신들의 집은 살아남게 한 것처럼, 고대 그리스인들도 있는 힘을 다해 돌로 신전을 지어서 후세에 자기들이 누리던 문명의 심볼로 남겨놓았다.

콩코르디아 신전 앞에 누워 있던 이카로스의 청동상을 다시 생각해본다. 한때는 인류의 꿈을 대변하던 아름다운 그리스가, 참담하게 다리가 부러지고 날개가 꺾여 거기 그렇게 던져져 있는 것 같은 기분이 된다. 영겁 같은 세월이 녹으로 꽃을 만들어 이카로스의 청동의 육체에는 이끼처럼 이쁜 초록색 동록銅綠이 퍼져 있다. 시간이 만들어낸 그 색의 질감이 깊이가 있어서 보기 좋았다. 썩어도 제대로 썩으면 동록 같은 것이 꽃처럼 피어 아름다울 수 있다는 사실이 위로가 되었다.

🏛 텔라몬과 그리스의 항아리들

고고학 박물관에 들어가니 제일 먼저 눈에 띄는 것이, 제우스 신전에서 가져다놓은 텔라몬의 오리지널이었다. 네모난 큰 돌을 돔방돔방 쌓아서 만든 8미터짜리 인신상人身像이 중앙홀 우측 벽을 전부 차지하고 있었다. 아래 윗층을 터놓은 높은 천정을 두 팔로 떠받치고 있는 형상인데, 이상하게도 내려갈수록 몸이 작아졌다. 종아리 아래가 불균형하게 가느니까, 천장을 받치고 있는 것이 아니라 매달려 있는 것 같은 인상을 주었다. 신전의 기둥 사이를 받쳐주는 역할을 하는 것이라는데, 무릎 아래가 너무 작아서 제 몸도 지탱해낼 것 같지 않았다. 기둥 사이사이에 하나 건너씩 그런 것을 세웠다니까 그리스 신전으로서는 파격적인데, 에레크테이온의 카리아티드들처럼 우아하거나 아름답지 않은 대신에 남성적이고 박력이 있었다.

인원수가 적다고 이탈리아인 가이드를 고용하지 않아서 유물들을 설명해줄 사람이 없어서 박물관에 들어가니 답답했다. 어느 나라나 자기 나라 가이드만 설명을 하도록 규정하고 있기 때문에, 우리 가이드는 나서면 안 되는 자리였다. 안으로 들어가자마자 셀리눈테의 신전의 동산에서 발굴한 메토프(들보 위에 붙이는 부조나 그림으로 된 패널)가 전시되어 있었다. 정교한 당초무늬 같은 것이 조각되어 있는 네모난 석판이었다. 셀리눈테의 신전에서 나온 것은 메토프만이 아니었다. 너무나 풍성한 그리스의 항아리들이 유리 전시장에 보기 좋게 배열되어 있었다. 보존상태가 너무 좋아서 새것 같았다.

전에 메트로폴리탄 박물관에서 본 그리스 항아리들은 대형이었는데, 여기 것은 중형이다. 정선해 놓았는지 도자기들이 신작전에 나온 작품들처럼 정갈하고 깔끔했다. 그림들이 탁월했고, 하나하나가 스토리를 가지고 있어서 전문가의 설명이 너무 필요했다. 검은 바탕에 주황색으로 그림을 그려 넣은 한 무더기의 그리스 항아리들에는 신화가 있고, 전설이 있으며, 도예와, 미술과, 역사가 있었다.

도자기에 그려진 것은 이상하게도 대부분이 사람이었다. 그리스인들은 항아리에까지 인간을 그린다. 정지하고 있는 인간상이 아니라 생기에 넘쳐 무언가를 하고 있는 역동적인 인간상들이다. 신화나 전설 속에서 나온 탁월한 인간들…. 이집트인들은 정지하고 있는 인간을 주로 그렸고, 이슬람 쪽에서는 사람이나 동물을 그리는 것을 금기시해서 당초무늬 문양이 발달한다. 살아 있는 인간의 동작에 관심을 가진 것은 그 무렵에는 그리스인들밖에 없었다. 인간인 것을 자랑으로 여기던 그리스인들은 항아리에 식탁용 도안을 그린 것이 아니라 본격적인 인물화를 그렸다. 전쟁 장면이 많았다. 그리스에는 회화가 남은 것이 적어서 항아리에 그린 그림을 가지고 회화의 역사를 연구해야 하는 형편이라는 말을 들은 일이 있다.

그 항아리들은 너무 아름다워서 학생시절에 배운 키츠[92]의 「그리

---

92 John Keats(1795~1821). 영국의 낭만파 시인.

▲ 고고학 박물관의 텔라몬

스 항아리에 부치는 노래古甁賦, Ode on a Grecian Urn」생각이 났다. 나무 밑에서 음악을 연주하는 청년, 여자 뒤를 쫓아가는 젊은이, 남자에게서 도망치는 소녀 등이 그려진 목가적인 도자기를 앞에 놓고, 키츠는 나직한 소리로 "그대 정적靜寂의 신부여!" 하고 운을 뗀다. "들려오는 멜로디는 감미롭다. 하지만 들리지 않는 노래는 더욱 감미롭구나 … 그대의 음악은 세상이 끝나도록 멎을 수 없으리니" 하고 시인은 악기를 든 젊은이에게 속삭인다. "그대는 그녀를 영원히 포옹하지 못하리"라고 여자를 쫓아가는 청년에게도 말을 건다. "하지만 슬퍼하지 말아라, 그녀는 영원히 그대 옆에 있을 것이며, 영원히 지금처럼 아름다우리니…" 그러고 나서 키츠는 결론을 내린다.

▲ 그리스 항아리

"미美는 진이고 진은 미다. 이것이 너희들이 세상에서 아는 모든
것이고, 알 필요가 있는 모든 것이니라"

그날 우리는 엠페도클레스 항 근처에 있는 작은 호텔에 묵었다.

3
카타니아

🏛 **카타니아**Catania **평원의 밀밭**

날씨는 쾌청의 연속이다. 구름이 정말로 한 점도 없다. 아그리젠토
를 떠나 내륙을 향하여 들어가니 채소밭 대신 밀밭이 나타난다. 드디
어 시칠리아의 곡창지대에 온 것이다. "지르겐티를 떠나서 조금 가면
풍요한 토지가 전개된다 … 곳곳에 밀이나 보리가 심어져 있어서 풍
요로운 광경을 끊임없이 제공해준다"[93]고 괴테가 쓴 글 생각이 난다.
1787년 4월의 일이다. 230년 전이나 지금이나 시칠리아는 비슷했
던 것 같다. 우리처럼 팔레르모 쪽으로 들어온 괴테는, 시칠리아가
곡창지대라는 말을 들었는데 아무리 가도 곡식 심은 곳이 눈에 띄지

---

93 괴테, 『이탈리아 기행』 2권, p. 29.

▲ 카타니아 평원의 밀밭

않아서 이상하게 생각하고 있었는데, 카타니아 평야에 들어서니 드디어 밀밭이 나타나더라는 것이다. 카타니아로 가는 고속도로 옆으로 에트나 산을 향해 뻗어 있는 완만한 구릉지대가 있는데, 그 넓은 지역을 온통 밀밭이 덮고 있는 광경은 인상적이었다. 따뜻하고… 부드럽고… 평화롭고… 풍성하다. 로마가 시라쿠사를 속국으로 만들 때, 강화조건 중의 하나가 밀을 자기네에게 우선적으로 팔아달라는 것이었다니, 시칠리아 밀의 힘이 얼마나 컸는지 알 것 같다.

성숙기인듯 밀들은 모두 엷은 갈대빛을 하고 있었다. 식물에 물든 그 성숙한 색감이 너무 좋았다. 그런 밀밭이 온 천지를 덮고 있으니 축복받은 기분이 되었다. 한국의 가을 논은 밀밭보다 훨씬 더 아름답고 윤택하다. 성묘 갈 무렵이 되면 벼들은 부드러운 황금융단처럼 들판을 덮는다, 따뜻하고… 부드럽고… 평화롭고… 풍성하다. 북국이어서 나의 고향에는 논도 없어 논이나 밀밭의 가을 정취를 모르고 자랐다. 그래서 벼나 밀이 익어가는 들판의 풍요로운 분위기는 내게는 언제나 새롭게 다가온다. 5월이어서 녹음이 싱그러운데 이미 성숙한 밀밭이 구릉 전체를 덮고 있으니, 자연이 멋을 부리고 있는 것 같은 기분이 된다. 단색 모드의 통일된 아름다움이다.

밀은 씨만 뿌려 놓으면 거둘 때까지 그냥 내버려두어도 되는 편리한 곡물이라 한다. 이탈리아에서 근무하던 한국 공무원이 그 말을 하면서 "이탈리아에는 글쎄 잡초가 없어요. 얼마나 축복받은 나랍니까" 해서 너무 놀랐다. 내 생각에는 잡초도 못 나오는 땅은 좋은 땅이 아닐 것 같았기 때문이다. 올리브처럼 밀도 척박한 땅을 견디는 슬기를 가지고 있는가 보다. 하지만 벼는 그렇게 무던한 작물作物이 아니다. 수시로 피를 뽑아주고 물을 조절해주고, 병충해에도 신경을 써주어야 낟알을 제공한다. 밀에 비기면 너무나 까다로운 작물이다. 벼농사를 지으려면 세심하게 신경을 써야 하고 부지런해야 한다. '물보기'만 해도 진이 빠진다. 물이 많아도 안 되고, 모자라도 안 되기 때문이다. 그렇게 까다로운 대신 벼는 쌀을 제공한다. 거드름을 피울 만하다. 우리 개념으로 보면 아직도 밀은 잡곡에 불과하기 때문이다.

사진기가 없던 시대라 풍경을 그려줄 화가를 대동하고 괴테는 말이나 노새를 타고 시칠리아의 구석구석을 광석과 식물을 탐사하러 다녔다. 그는 광석연구가이기도 해서 전문적인 발언을 많이 한다. 칼타니세타 부근에 풍화된 석회암이 많다는 말도 하고 있고, 같은 석회암이라도 어느 지역에서는 땅을 풍요하게 만드는 요인이 되는데, 다른 지역에서는 "석회암의 열이 뻗쳐 있어서 '곡식을 심을 수 없다'"는 것이다. 언뜻 보면 이해하기 어려운 산등성이에 마을이 있는 이유가 거기 있다고 한다. "이 근처에서 흑청색이나 갈색의 용암을 만들어서 즐기고 있는 것을 보면 자연이 얼마나 다채로운 색을 좋아하는지 알겠다"[94]는 말도 한다. 스키를 타거나 하이킹을 하러 이곳에 오는 요즘 젊은이들이 들으면 어떤 표정을 지을지 궁금하다. 사람들은 그렇게 자기가 보고 싶은 것만 보면서 살다가 간다. 광석연구가인 괴테가 팔레르모의 펠레그리노 산을 아름답다고 한 것은 어쩌면 광석 쪽에 포커스를 둔 발언이었는지도 모른다. 자연을 보는 관점이 사람마다 그렇게 다를 수 있는 것이 세상 사는 재미일 수도 있다. 밀이 익어가는 언덕 사이사이에는 나무들이 심어져 있어. 그 녹색이 밀밭의 단조로움을 윤색해주고 있다.

　고도가 점점 높아져가니, 이 지역이 아득한 태곳적에 신들이 살던 에트나 산의 자락이었다는 생각이 떠오른다. 호메로스 시대 사람들은 에트나 산에는 하데스로 가는 지옥문이 있다고 생각했다. 페르세포네가 목욕을 하던 페르구사 호수도 에트나 산의 남쪽 자락에 있

94　같은 책, p. 32~40.

으며, 외눈박이 괴물 폴리페무스의 동굴도 이 근처에 있었다 한다. 오디세우스에게 속아 적을 모두 놓친 거인이 분을 못 참아서 도망가는 그의 배를 향해 집어던졌다는 거대하고 미운 바위가 카타니아 북쪽 해안가에 아직도 남아 있다. 엔나에는 시칠리아의 토착신들의 본거지도 있었다 한다. 그 유구한 신화의 고장 끝에 시칠리아에서 가장 새로운 건물이 많은 카타니아라는 바로크식 도시가 생겼으니 신들도 아마 놀랐을 것이다.

엔나 쪽으로 올라가는 길에 접어들었는데 갑자기 차들이 서서 움직이지 않았다. 앞에서 교통사고가 난 모양이다. 늙은 기사 니콜로가 머리를 써서 얼른 샛길로 들어섰다. 덕분에 우리는 시칠리아 중남부에 있는 소도시의 안쪽 깊숙이 들어갈 수 있었다. 좁은 길 양편에 꽃들이 피어 있는 마을이 있었다. "복숭아꽃 살구꽃"은 아니지만 꽃나무들은 모두 키가 사람 키만 해서 풍성한 꽃 대궐을 이루고 있었다. 인적이 없는 산골 마을이 평화롭고 아름다웠다.

고속도로로 어느 지역을 지나가는 것은 달리는 말에서 경치를 보는 것과 흡사하다. 집 하나 나무 하나 제대로 관찰할 수 없다. 시칠리아의 시골 마을에 들어가본 것도 교통사고 덕이고, 그 마을을 감상할 수 있었던 것도 차들이 정체한 덕분이다. 겨우 산마루에 다다르니 드디어 이오니아 바다가 나타난다. 타오르미나, 카타니아, 시라쿠사가 있는 시칠리아 섬의 동남 해안이 나타난 것이다.

🏛 에트나Etna, 쟈카란다Jacaranda, 그리고 벨리니Bellini

카타니아에는 에트나 산이 있다. 해발 3,300미터를 넘는 엄청난 산이 섬 전체에 군림한다. 시칠리아는 모두 그 산자락에 있다. 해발 1천 미터에도 도시가 있고, 5백 미터에도 도시가 만들어지면서, 남쪽을 향해 서서히 고도가 낮아지다가 산자락은 못 이기는 체하고 바다에 가 닿는 것이다. 카타니아 호텔에서 아침에 창문을 여니 거기 산이 와 있었다. 시칠리아의 빛나는 아침 햇빛을 받으며 북쪽 하늘 위에 성산聖山 같은 에트나 산이 나타난 것이다. 깜짝 놀랐다. 너무 가까웠기 때문이다. 3층에서 보아도 높이가 아득했다.

에트나 산은 활화산이다. 그 산이 지진을 일으켜 카타니아를 괴롭힌 것이 백 번도 넘는다는데, 아직도 성이 차지 않는지 하얀 연기를 계속 뿜고 있었다. 연기가 구름처럼 바람에 나부끼며 하늘거리니 연기인지 구름인지 분간이 되지 않는다. 높이가 남산의 열 배나 되는 산이니 카타니아 근처에서는 어디서나 그 산이 보인다. 만년설을 이고 있는 거룩한 산, 신들이 살았다는 산이다. 섬에 엄청나게 큰 산이 솟아 있다는 점에서 시칠리아는 제주도와 비슷하다. 에트나 쪽이 압도적으로 높은 것뿐이다.

그 산은 지금 공업화를 하여 시칠리아 제2의 도시로 도약하고 있는 카타니아에 수많은 관광객을 불러다주고 있다. 활화산의 분화구가 뜻밖에도 관광객들의 호기심을 자극한다는 것이다. 하이커들과 겨울 스포츠팬들도 모여든다. 산에 올라가면 이오니아 바다가 보이는 기막힌 경치도 흡인력을 지니고 있을 것이고, 스키를 하고 내려와서 곧바로 해수욕을 할 수 있는 바다가 있는 것도 매력 포인트 중의 하나일 것이다. 카타니아의 관광산업은 호황을 누리고 있다.

하지만 에트나 산은 착하기만 한 산은 아니다. 너무 자주 불을 뿜어대기 때문이다. 카타니아는 에트나 산과 가까워서 수없이 지진의 피해를 입었다. 큰 피해를 줄 정도의 강진이 온 것만 해도 팔십 번이 넘는단다. 그중에서도 결정적이었던 것은 1669년의 대지진이다. 인근의 4개 도시를 모조리 휩쓸 정도로 지진이 크게 일어났다. 그중에서 가장 큰 피해를 입은 것이 카타니아다. 뻘건 용암이 바닷가까지 쏟아져 내려온다. 네 도시가 삽시간에 폐허로 변한다. 엎친 데 덮치는 격으로 30년도 못되는 1693년에 다시 큰 지진이 발생한다. 지난 문명의 흔적을 마저 쓸어가버리기 위해서다. 그런 엄청난 재난을 겪으면서도 카타니아 사람들은 굴하지 않았다. 가리발디 문의 시계탑에는 놀라운 말이 씌어져 있다고 한다. "나는 나의 잿속에서 아름답게 재생했다." 지금 우리가 보고 있는 카타니아는 1693년 이후에 잿속에서 부활한 새 도시다. 기억상실증 환자처럼 그 이전의 세월은 모조리 잊은 망각의 도시가 새로 생긴 것이다. 카타니아에는 고대의 유적이 거의 없다.

새 도시를 다시 세우던 시기가 유럽 전체를 바로크 예술이 휩쓸고 있던 18세기여서, 재건된 도시는 놀랍게도 바로크[95]라고 불리는 최신의 양식으로 재탄생했다. 바로크 건물을 짓는 면에서 보면 카타니아는 다른 도시들보다 유리했다. 다른 도시들은 기존의 건물들 사이사이에 조금씩 바로크양식을 보태는 형편인데, 카타니아는 도시 전체에 완전히 새롭게 짓는 일이 가능했기 때문이다. 지진이 1700년 이전의 건물들을 모조리 쓸어버린 덕이다. 스페인 지배기여서 카탈로니아식 바로크가 성행했다. 인근에 있는 모든 피해지역마다 바로크양식의 새로운 두오모와 빌라들이 들어섰다. 시칠리아에서 바로크 건물이 가장 많은 곳이 카타니아다. 카타니아는 시칠리아에서 가장 양식이 통일되어 있는 도시이기도 하다.

새로운 천지에 신전을 자유롭게 짓는 일은 그리스 식민지 시절부터 시작된 시칠리아의 행운 중의 하나이다. 시칠리아는 거의 주인 없는 땅과 마찬가지여서, 그리스 사람들은 넓은 터전에 원하는 크기로 신전을 지을 수 있었다. 본국보다 더 아름다운 건물을 지을 수 있었던 것이다. 바로크양식도 그런 자유로운 여건 속에서 번성했다. 그래서 그 도시는 영 시칠리아스럽지 않다.

이따금 재난은 이런 선심도 쓴다. 로마가 불탔을 때. 시민들은 네

---

95 Baroque. 르네상스의 고전적 양식에 반기를 들고 17세기에 이탈리아에서 시작하여 유럽으로 퍼져나간 예술양식. 건축에서는 거대취미, 곡선애용, 자유롭고 유연한 접합, 역동적 표현, 비구축적인 것을 선호하는 경향 등을 의미하며, 조각에서는 비상하는 동작이나 역동적인 다양한 복장 같은 것을 선호한다. 16세기 말에 시작되어 18세기 초에 끝난다. 초기에는 장식과 다현상이 나타나, 꽈배기형 기둥 같은 것을 만들어내기도 했다. 카탈란 바로크는 스페인의 카탈로니아식 바로크를 의미한다.

로 황제를 의심했다. 심미주의자인 그가 로마를 새로 짓고 싶어서 불을 질렀다고 생각한 것이다. 그게 사실이든 아니든 결과적으로 로마는 그 화재로 인해 엄청나게 새로워지면서 커졌다. 그 새로 부활한 로마가 지금 우리가 보는 로마의 구시가지이다. 서울도 6.25 때 간선도로가 거의 모두 두 배 이상 넓어졌다. 폭격 덕이다. 서울역 근처가 피해가 가장 심했던 지역이다. 9.28 때 유엔군이 서울을 수복하느라고 만리동에 진을 치고 며칠 동안 남산에 있던 인민군을 향해 포탄을 쏟아부었기 때문이다. 서울역, 퇴계로 일대가 모두 폐허가 되고 나서야 서울은 겨우 수복됐다. 많은 사람이 죽은 힘든 전투였다. 하지만 오늘날 그 근처에 시원한 큰길이 생기고, 초고층 건물들이 들어선 것은 모두 그 폭격 덕분이다. 재난은 때로 이런 뜻밖의 보너스를 주기도 한다. 1669년의 지진으로 인해 카타니아도 네로 때의 로마처럼 새 도시로 재생했다. 18세기에 새로 태어나서 카타니아는 시칠리아의 최신식 도시가 된 것이다.

바로크양식은 장식을 좋아하는 스타일이다. 자칫하면 과식誇飾주의[96]가 되기 쉬운 양식인 것이다. 건물의 어느 한구석도 그냥 놓아두지 않고 장식을 해대니까, 같은 양식의 건물을 종일 보고나면 멀미가 난다. 몬레알레의 두오모나 오르티지아의 두오모 등에도 과식주의의 영향을 받아 많은 장식을 매단 코너가 한구석에 자리 잡고 있다.

---

96 Culteranismo. 스페인 시인 공고라가 1609년에 주장한 시풍. 세련된 어구와 추고를 통하여 글을 어렵게 써서, 교양 있는 사람만이 음미할 수 있게 하는 경향. 기이한 내용의 공허함을 감춘 난해시다. 건축에서도 기교를 부려 지나치게 많은 장식을 하는 경향을 과식주의라 한다.

바로크양식은, 간결하고 명료한 것을 선호하는 그리스 신전과는 반대의 극에 서는 화려한 양식이다.

그래서 바로크를 싫어하는 사람들이 더러 있다. 일본 작가 오오카 쇼헤이大岡昇平는 그런 사람 중의 하나였다.

> "아테네에 도착해서 처음 깨달은 것은 유럽 각지에, 그토록 추악한 느낌을 주고 있는 바로크가 없는 것이다."[97]

30년 전에 그 글을 읽고 너무 신선하게 느껴지던 생각이 난다. 나도 바로크 건물을 좋아하지 않았기 때문이다. 그건 한국인의 공통 특징일지도 모른다. 한국은 그리스처럼 간결하고 명료한 건물을 좋아하는 나라니까, 바로크양식은 한국인의 취향에 맞지 않는 것이다. 화가 S 선생님의 한옥집에 가면 벽 한 면에 너비 30센티 정도의 한 뼘쯤 되는 길이를 가진 심플한 붓걸이 하나만 걸려 있는 곳이 있다. 그 벽이 그 댁의 하이라이트다. 여백의 미를 한껏 누리려는 주인의 고담枯淡한 품격이 거기 서려 있었기 때문이다. 그런 미학을 좋아하는 한국인들은, 한 곳도 비우지 않고 벽 전체에 그림을 그려넣는 바로크식 건물에 들어가면 저항감을 느끼는 경우가 많다. 일본인들도 같은 것을 느끼는 모양이다.

하지만 오오카의 말은 좀 지나친 느낌을 준다. 영양가가 너무 많

---

97   오오카 쇼헤이大岡昇平, 「ギリシアの幻想」, 『世界の旅』 7. 小學館, 1964, p. 160.

은 음식을 계속 먹는 때처럼, 바로크 건물은 연거푸 보고 있으면 무언가 물리는 것 같은 느낌을 주는 것은 사실이지만, 혐오감까지 일으킬 정도는 아니다. 바로크는 곡선이 아름다운 양식이다. 지나치게 많이 장식하는 버릇만 빼면, 유연하고 우아한 역동적인 곡선들이 환상적인 아름다움을 창출하는, 화려하고 풍성한 양식이기도 하다. 다행히도 카타니아의 바로크 건물에서는 장식과다현상이 일어나지 않아서 그 아름다움을 부담 없이 즐길 수 있었다. 바로크 건물은 건축비가 많이 드니까 모든 건물에 다 적용될 양식은 못 되지만, 카타니아의 도심에는 바로크식 건물이 많다. 바로크식 건물은 교외로 나가면서 점점 수가 줄어들지만, 도시의 외관에 통일성을 부여할 정도는 된다.

나이가 3백 년도 되지 못하여서인지 카타니아는 건물들이 깨끗한, 정결해 보이는 도시다. 지은 지 오래되지 않은 것도 이유 중의 하나겠지만, 관리도 아주 잘 되어 있는 것처럼 보였다. 3세기면 건물들이 충분히 더러워질 만한 기간인데, 지저분한 건물이 많지 않았다. 팔레르모처럼 카타니아도 경제적으로 활성화되고 있는 도시여서, 모든 것이 잘 돌아가고 있는 것 같았다.

하지만 그 망각의 도시가 밝아 보이는 가장 큰 이유는, 건물의 색상이 아그리젠토와 다른 데 있었다. 카타니아에서는 건물에 흰색이 많이 사용되고 있었다. 바로크식 건물들에는 하얀색 돌기둥을 장식용으로 사용하고 있는 곳도 많았다. 민가에도 창틀이나 집 모서리에 흰 돌로 선을 두른 건물이 많다. 벽체가 희지 않으면 프레임이 하얫다. 돔에서 여러 방향으로 그은 내림선들도 흰색이 많고, 고층 건물의 층간 경계선도 흰색으로 표시되어 있다. 하얀색 중에서도 석회석의 백색은 더 빛이 난다. 피라미드 꼭대기의 거울처럼 빛났다는 외장벽이 하얀 석회석이었다. 많은 건물에 흰색이 쓰이는 걸 보니 이 근처에 석회석 산이 많은가 보다.

카타니아는 암석층이 다양한 색상을 가진 지역에 위치해 있다. 석회암이 많을 뿐 아니라, 용암에서 생성된 짙은 회색돌과 갈색돌이 있으니 기본색이 세 가지여서 돌의 색상이 다양했다. 아그리젠토는 황갈색 응회암 지대여서 신들의 계곡은 황톳빛이 주조를 이루는데, 멀지 않은 해안가의 돌벽은 또 백색이다. 해적들이 계단같이 생긴 돌벽을 타고 올라온다고 '터키인의 계단'이라고 부른다는 그 층층바위의 벽이 하얀색이었는데, 카타니아 북쪽에 있는 키클롭스의 바위는 또 짙은 갈색이다. 카타니아 근처에서는 그런 변덕이 자주 일어나고 있다.

하지만 카타니아는 기본색도 다른 지역보다 밝고 환했다. 흰색과 회색과 적갈색이 주조를 이루고 있기 때문이다. 우르시노 성은 완전히 구멍이 숭숭 난 연회색 돌로 둘러쳐져 있고, 두오모나 관공서 건물도 바탕에 회색이 많다. 몬레알레나 신전의 계곡처럼 흙빛이 아니다. 갈색도 카타니아에서는 붉은 기운을 띠고 있어 화사하다. 이따금 벨리니 극장처럼 바탕이 적갈색인 건물도 있고, 적갈색 장식기둥을 쓰고 있는 건물도 있다. 그런데도 먼저 도시들보다 맑은 느낌을 주는 것은 모든 색깔이 흰색과 매치되어 있기 때문이다.

▲ 보라색 쟈카란다꽃

우리는 시청 앞 두오모 광장에서 버스에서 내렸다. 병아리색 바탕에 흰색 테두리를 두른 3층짜리 시청사들이 동쪽에 있었는데, 건물보다 높게 자란 쟈카란다의 거목들이 눈을 끌었다. 그 큰 나무에 연보라색 꽃이 만발해서 흐드러져 있었다. 7, 8개의 거목들이 일렬로 주욱 서서 꽃대궐을 만들고 있으니 장관이었다. 쟈카란다는 오동나무처럼 5월에 보라색 꽃을 피우는 품위 있는 나무다. 우리 고향 옛 동산에 오동나무 숲이 있었다. 가장 좋은 계절에 보랏빛 꽃들이 피어났다. 그래서 보라색 꽃나무는 5월과 연결되어 있는 내 유년기의 기념품이다.

나는 저 나무를 로스앤젤레스에서 만났다. 정년 퇴임을 하고 자유로워져서 처음으로 5월에 캘리포니아에 갔을 때의 일이다. 방학에만 갔으니까 쟈카란다꽃이 핀 로스앤젤레스를 나는 그때 처음 보았다. 보라색 꽃이 만발해 있는 쟈카란다 나무는 우아하고 품위가 있었다. 딸에게 이름을 물어보았다. 언니에게도 물어보았다. 아무도 이름을 몰랐다. 다음 날 만난 옛 동료 최용선 교수에게서 그 이름을 배웠다. 쟈카란다, 이름이 음악적이어서 금방 외웠다. 쟈카란다는 그 5월에 딸과 같이 가는 모든 곳에 따라 다녔다. 행복했던 5월의 '환幻'이다.

쟈카란다 나무들이 서 있는 근처에 의자가 있기에 앉으려 했더니 저쪽에 있던 일꾼들이 손을 저었다. 저녁에 야외행사가 있어서 식장을 준비하는 중이니 앉으면 안 된단다. 두오모를 곁에서만 대충 보고 광장 서편에 있는 벨리니 극장에 들어갔다. 벨리니 박물관과 붙어 있었다. 박물관에는, 벨리니가 쓴 악보와 그가 연주하던 악기, 생존 시의 포스터와 공연공고판 같은 것들이 진열되어 있었다. 사진, 일상용품 등도 있었고, 데스마스크도 있었다. 하지만 가장 인상적이었던 것은 시원스럽게 파놓은 반원형 벽 안에 진열한 작음작음하고 불규칙한 사진 액자들이었다, 카타니아는 자기 도시에서 태어난 위대한 천재를 제대로 대접하고 있었다. 박물관과, 극장이 있고, 벨리니 공원도 있었다.

벨리니 극장은 고전주의 양식으로 지었다는데, 평지붕 부분에까지 새들과 예술가들의 조각상이 장식되어 있어서 좀 산뜻하지 않았다. 로비에는 무늬가 화려한 나무로 만든 코린트식 기둥들이 서 있

▲ 벨리니 전신상

▲ 벨리니 극장

었다. 아름다웠다. 나무의 부드러운 색감이 마음을 안정시켜 주었다. 나무 기둥 근처에 검은색 벨리니의 전신상이 서 있었다. 날씬한 젊은 날의 모습이어서 눈물겨웠다. 목재도 석재도 풍성하니 건물 내부가 다채로웠다. 내부는 유감없이 화려하고 아름다웠던 것이다. 하지만 로마나 파리의 극장들과 비슷해서 새롭지는 않았다. 안에 들어가 앉아 큐레이터에게서 설명을 들었다. 극장을 지을 때 큰 수조水槽가 건물 밑부분에 있었는데, 그걸 그대로 살리면서 극장을 지었다고 했다. 습기가 있으면 음질이 좋아진다고 한다. 처음 들어보는 말이라 신기했다. 마침 오페라 「살로메」를 상연하고 있었다. 입장료가 100유로

나 되어서 가외로 돈을 내야 하니 원하는 사람들만 밤에 보러 오자고 가이드가 말하니 모두 보겠다고 나섰다. 8시에 시작한다니 이제는 돌아가 좀 쉬어야 한다. 예약을 하고 나서 다시 광장에 나왔다.

나오면서 보니 광장 한복판에 검은 용암으로 만든 코끼리를 높이 세운 분수대가 보였다. 카타니아 시의 로고란다. 그런데 코끼리를 기단으로 하여 그 위에 이집트의 오벨리스크가 서 있어서 기함을 했다. 바로크 건물들이 둘러싸고 있는 광장 한복판에 직선의 외기둥인 오벨리스크가 있으니 이미 궁합이 맞지 않아서 기이한 느낌이 드는데, 오벨리스크 밑에 코끼리를 깐 건 너무했다.

파리 콩코르드 광장의 오벨리스크 생각이 났다. 여유 있게 넓은 잔디밭 한가운데에 오벨리스크를 딱 하나만 세워 놓으니, 오벨리스크의 아름다움이 전방위로 완벽하게 드러났다. 그건 내가 본 것 중에서 가장 적절한 곳에 세운 오벨리스크였다. 이집트 본토에서도 그렇게 잘 맞는 곳에 세운 오벨리스크는 보지 못했다. 이집트에는 아직도 유물이 너무 많다. 더러 분리해 세우면 좋겠다는 생각을 여러 번 했는데, 콩코르드 광장에서 마음껏 넓게 자리를 잡은 오벨리스크를 만난 것이다. 룩소르 신전처럼 어두운 색 돌을 아주 높게 쌓아 올린 무뚝뚝한 탑문 앞에 세우는 것보다는 콩코르드 광장 잔디밭에 하나만 세우는 것이 더 빛이 나는 것 같았다. 그건 프랑스 사람들의 미에 대한 감식안의 높이를 말해주고 있었다. 국적을 초월한, 아름다움에 대한 순수한 오마주였기 때문이다.

하지만 그건 가져와서는 안 되는 물건이었다. 룩소르 신전의 탑문 양쪽에 짝을 맞추어 세웠던 것 중의 하나이기 때문이다. 쌍에서 오는 균형을 무너뜨려 놓으면 이집트 문화 전체가 흔들린다. 이집트인들은 균형을 중시하는 미학을 가지고 있었기 때문이다. 용서받을 수 없는 일이다. 하지만 콩코르드 광장의 오벨리스크는 너무 완벽하게 아름답고 개성적이어서 이방의 땅인 파리 한복판에서도 찬란하게 빛을 발하고 있었다. 그것 하나로 이집트 문명을 대표할 수 있을 것 같이 카리스마가 서려 있었던 것이다.

이왕 남의 나라 것을 약탈해 왔으면, 파리 사람들처럼 그렇게 받들어 모시기라도 하는 것이 온당하다. 남의 나라에서 문화재를 가져왔으면 콩코르드 광장 정도로 대접해주어야 한다. 그런데 카타니아의 두오모 광장의 오벨리스크는 그게 아니었다. 로마 시대에 만들었다는 코끼리 분수는, 둥글둥글한 코끼리의 몸체와 오벨리스크의 결벽스런 직선이 궁합이 맞지 않아서 보는 사람의 기분을 억망으로 만들었다. 너무 높은 곳에서 세워 놓아서 상형문자인 하이에로그리프의 도안들을 감상할 수도 없는 것도 문제였다. 오벨리스크는 지면에 세워야 제 몫의 아름다움을 발휘할 수 있다. 그리고 주변의 모든 것과 어울리게 세워야 격이 산다. 코끼리 위에서 곡예를 하는 것 같은 오벨리스크는 보는 이의 가슴을 아프게 한다.

바지 대신 원피스로 갈아입고 숄을 둘렀다. 오페라 구경을 하러

▲ 살로메 마지막 장면. 붉은 원피스를 입은 배우가 살로메임

가기 위해서다. 파리의 코메디 프랑세즈에 바지를 입은 채 갔다가 관
중들이 모두 이브닝드레스를 입고 오는 통에 민망했던 생각이 났기
때문이다. 살로메는 기본 줄거리를 대충 알고 있고, 영어 자막도 나
온다니까 대사는 그냥 음악으로 생각하고 듣기로 했다. 그런데 벨리
니 극장에는 영어로 된 브로슈어가 없었다. 영어 자막은, 너무 빨리
바뀌어서 그걸 읽다 보면 음악을 감상하기 어려웠다. 줄거리와 출연
자에 대한 정보를 얻을 수 없으니 제대로 감상하기는 틀렸다. 자막
읽기가 힘이 들어서 나중에는 그냥 음악에만 집중하기로 했다.

'살로메'는 발음이 영어와 비슷한데 '세례 요한'은 '죠반니'가 되어
있어 놀랐다. 살로메가 "죠반니! 죠반니!" 하고 부를 때마다 나는 매

번 놀라서 움찔움찔했다. 요한이 이탈리아어로 죠반니라는 사실을 납득하는 데 시간이 걸렸다. 요한이 죠반니가 되니 인물의 이미지도 다르게 느껴진다. 죠반니라니까 살이 오동통하게 찐 바람기 있는 남자가 연상되었다. 돈 죠반니 때문일 것이다. 요한은 우리 성경대로 그냥 요한으로 두는 쪽이 좋을 것 같다. 익숙해져 있기 때문이다. 에베소도 마찬가지다. 에베소스라고 해야 옳은데 영 에베소 같은 생각이 들지 않는다. 초기의 기독교문화는 한국에 와서 많이 토착화된 것 같다.

1막에서는 의상이 아름다웠다. 살로메에게 미쳐서 분별을 잃고 허둥대는 헤롯 왕과, 딸에 대한 그의 집착이 싫어서 안절부절 못하는 왕비의 의상도 괜찮았지만, 나비 날개 같은 얇은 옷감을 여러 겹으로 재단해서 만든 살로메의 의상은 환상적이었다. 그런데 2장에 가니 살로메의 의상이 안 좋았다. 옷을 한겹한겹 벗으면서 춤을 추던 살로메가 타이즈만 입은 맨몸을 드러내자 너무 놀랐다. 살로메 역을 맡은 성악가가 몸이 이쁘지 않았기 때문이다. 나이가 좀 있는 편이었는지 하체가 비둔했다. 배와 엉덩이에 군살이 붙은 여인에게 타이즈를 입히고 살로메의 유혹적인 춤을 추게 하니, 아무리 노래가 좋아도 소녀의 이미지가 나오지 않는다. 살로메의 매력은 헤로디아가 가지고 있지 않는 소녀적인 가냘픔이어야 하지 않았을까?

오페라의 어려움은 배우들과 같은 육체미와, 음악가로서의 역량을 모두 갖춘 사람을 구하기 어렵다는 데 있을 것 같다. 그러니 프리마돈나를 구하는 일이 배우 고르기보다 이중으로 어려운 일일 수밖에 없다. 하지만 몸매와 목소리에서 하나를 골라야 한다면, 아무래도 음악에 역점을 둘 수밖에 없다. 오페라이기 때문이다. 그래서 이따금 허리가 굵은 살로메가 나타나는 것이리라. 하지만 음악이 좋았으니 불평할 이유는 없었다. 연기력도 좋았고, 무대장치도 참신했다. 허리에 디스크가 있어서 극장에 가본 지 오래된 나는, 오래간만에, 그것도 본고장에서 오페라를 보는 일을 즐겼다. 오페라를 보고 다니던 시절의 충족감을 회상하며 가벼운 걸음으로 카타니아의 밤거리에 나섰다.

날마다 강행군을 하고 있는데 이상하게도 컨디션이 좋았다. 날씨 때문인 것 같다. 공기도 한몫을 했을 것이다. 건조하지는 않은데 습기가 적은 시칠리아의 날씨는 몸을 가볍게 해주었다. 전지요법轉地療法을 하는 이유가 이런 데 있는 것 같다. 헤이피버[98]로 고생하던 친구의 아들이 캘리포니아에 유학을 가더니 저절로 낫는 것을 본 생각이 났다. 카메라의 배터리가 나가버리자 나는 핑계 김에 사진 찍는 일을 그만두었다. 난시여서 사진을 찍으려면 힘이 들어서, 나중에 젊은 팀에게 사진을 복사해 받기로 한 것이다. 서정자 씨와 김영미 씨는 모두 프로페셔널하게 사진을 잘 찍는 데다가 오 선생 따님들도 사진을 찍어주니 나는 참 복이 많은 것 같다.

---

98 Hay fever. 건초열, 꽃가루 알레르기와 비슷하다(편집자주).

🏛 아치레알레Acireale와 벨베데레Belvedere

예정대로라면 다음 행선지는 타오르미나여야 한다.

> "어떤 사람이 '시칠리아에 하루만 지내야 한다면, 그리고 여기서 무엇을 구경합니까?'라고 물어본다면, 나는 그에게 주저하지 않고 이렇게 대답할 것이다. '타오르미나요…' 풍경 하나만 빼면 볼 것이 하나도 없다. 그런데 그 풍경이 우리의 눈과 영혼과 상상력을 유혹하기 위해 대지 위에서 만들어진 것을 전부 보여준다."[99]

모파상의 말이다. 그곳의 그리스 극장에서 바다를 향해 앉아 일몰을 보는 것이 최고의 호사라고 그는 덧붙인다. 하지만 우리는 그곳에 갈 수 없게 되었다. 트럼프 대통령이 파리협약에서 이탈한 데 대한 대책회의가 오늘 타오르미나에서 열리기 때문이다. 중요한 일곱 나라의 정상들이 타오르미나에 몰려오니, 작은 도시가 감당을 못해서 일반인의 통행을 아예 차단해버렸다. 우리가 타오르미나에 가기로 한 5월 26일에 말이다. 시칠리아에서 가장 아름답다는 곳이어서 많이 아쉬웠다. 타오르미나 대신에 가이드가 선정한 곳이 아치레알레라는 소도시였다. 처음 들어보는 이름이다.

---

99 『모파상의 시칠리아』, p. 56.

5월 25일 오전에 우리는 어제 미처 보지 못한 카타니아의 벨리니 공원과 우르시노 성을 보기로 했다. 먼저 간 곳이 벨리니 공원이다. 공원은 충계식으로 형성되어 있었는데, 꼭대기에 레이스 같은 섬세한 장식이 있는 자그마한 철제 정자가 서 있었다. 산뜻한 꽃시계도 있고, 파피루스가 심어진 샘물도 있었고 열대식물들도 여기저기 심어져 있었다. 하지만 크지도 않고 특별하지도 않았다. 아침 산책을 나온 가벼운 기분으로 공원에서 몸을 풀고, 해변가에 있는 우르시노 성으로 갔다. 우르시노 성은 바로크의 도시 카타니아에서는 보기 드물게 장식이 없는 오래된 요새형 건물이다.

1250년에 프리드리히 2세의 명으로 세워졌다는 우르시노 성은, 밝은 회색으로 지어진 견고한 방어용 성채였다. 돌로 다져서 만든, 창문이 없는 그 건물에는 안에서 비스듬하게 환기창이 나 있었다. 건물은 거대한 'ㅁ' 자형인데, 안마당에 열대식물들이 풍성했다. 스페인이 통치하게 되자 아라곤가의 왕족들이 거기를 거성으로 삼았다 한다. 그 후에는 감옥으로 쓰이기도 하고, 병영으로 쓰이기도 하였으며, 지금은 박물관이 되어 있었다. 중세의 무기 같은 것들이 많이 있어 소장품이 재미있고, 작기는 하지만 엘리베이터도 있었다. 미술품 컬렉션이 풍부하고, 메인 홀에서는 카타니아 출신 화가들의 작품을 전시하는 중이었다.

우르시노 성을 아슬아슬하게 1669년의 지진에서 살아남은, 카타니아에서는 보기 드문 고적이다. 탑 아래 부분과 낮은 곳은 용암의 피해를 입어서 손상된 것을 1934년에야 복원했다 한다. 용암은 바다까지 흘러내려 가서 해안선을 바꾸어버렸다는데, 용케도 성은 그 정도로 봐 주었다. 우르시노 성은 원래 바닷가에 세운 요새였는데, 해안선이 바뀌어 시내가 된 것이다.

성을 둘러본 후 아치레알레를 향해 떠났다. 아치레알레는 카타니아보다 약간 북쪽에 있는 유명한 온천도시다. 18세기에 리모델링을 했다는 아치레알레 성당은 양쪽에 있는, 고깔 지붕을 단 종루들이 거룩했다. 특이한 것은 그 성당이 직선 부분은 모두 검은 돌로 선을 두르고 있는 점이다. 종루의 고깔 지붕도 검은색이었다. 건물의 층간, 두오모의 내림선 같은 데도 검은색 테두리가 쳐져 있었고 종루의 네 귀퉁이도 검어서 분위기가 특별했다. 카타나아에서 흰색을 쓰던 부분을 모두 검은색으로 바꾸니 그것대로 새로웠다. 근처에 검은 돌이 나오는 산이 있는 모양이다. 하얀 대리석 앨러배스터[100] 기둥으로 치장한 정문이 섬세하고 아름다웠다. 광장에서는 G7회의에 온 세계 정상들의 대형 풍선 인형들이 세워져 흔들거리고 있었다. 이 근처에는 '아치'라는 접두사가 붙은 지명이 세 군데나 있다. 아치카스텔로와 아치트레자, 아치레알레다. 카스텔라 해안가에 폴리페무스가 오디세이에게 던졌다는 바위가 바다 쪽으로 튀어나와 있다, 기괴한 못생긴 바위더미다.

---

100 Alabaster. 설화雪花 석고라도 불린다. 대리석의 한 종류로 흰 알맹이의 치밀한 덩어리로 되어 있다. 유백색 외에, 엷은 누런색, 엷은 붉은색을 띠고 반투명하며, 단단하지 아니하여 가공하기 쉽고 갈면 광택이 난다(편집자 주).

시라쿠사로 오다가 벨베데레(전망대)에서 쉬었다. 어느 심미적인 사람이 정성을 들여서 지은 품위 있는 빌라 같은데, 지금은 마당이 공원이 되어 있었다. 바티칸에도 벨베데레가 있었던 생각이 나서 마르코에게 물었더니, 전망이 좋은 곳을 일컫는 것이어서 큰 건물에는 대체로 벨베데레가 만들어져 있다고 했다. 바닥에 모던한 모자이크 무늬가 그려져 있는 넓은 길에는 오래된 열대성 나무 둘이 양쪽에 버티고 서 있었다. 그 아래에 있는 하얀 넓은, 바닥에 회색 잔돌로 만든 세련된 문양의 모자이크가 박혀 있어 이국적인 분위기를 자아내고 있었다. 돌 하나 나무 한 그루 함부로 놓은 곳이 없는 깔끔한 정원이다.

건물은 동쪽에 있었다. 정교한 아름다운 건물이었다. 그쪽은 출입금지였지만, 바닷가 높은 곳에 정원이 있으니 대지 전체가 전망대였다. 바다 쪽으로 둥글게 나가 있는 긴 전망대에는 정교한 문양의 철책이 둘러쳐져 있었다. 난간 밑 낭떠러지 아래에 이오니아 바다가 있었다. 철책 너머로 바다가 보이는 끝없이 이어지는 거창한 전망대여서 수십 명이 나란히 서서 볼 수 있어 좋았다. 여유 있는 전망대 앞의 바다가 찬란했다. 전망대에 서서 보니 왼쪽 저만치에 절벽 위에 세워진 타오르미나가 떠 있었고, 오른쪽에서는 폴리페무스가 오디세우스를 향해 던졌다는 바위도 보였다. 바다에는 하얀 돛단배들이 떠 있고, 발 아래 낮은 지역에는 아기자기한 작은 집들이 깔끔하고 이쁜 어촌이 있었다. 돌아서면 에트나 산이 앞에 와 있고, 앞을 보면 이오니아 바다가 고여 있는 아름다운 곳이다. 정교하고, 조용하고, 아름다운 벨베데레를 떠난다. 다음 행선지는 시라쿠사다.

4
시라쿠사

🏛 오르티지아Ortygia 섬

버스는 소형인데도 오르티지아Ortygia 섬에는 들어갈 수 없었다. 길이 좁기 때문이다. 주차장에서 차에서 내려 짐을 끌고 움베르토 다리를 건넜다. 해협은 한강의 반 정도밖에 되지 않아서 그냥 운하같이 보였다. 섬에 들어가서 1차선 도로를 10여 분 걸었다. 두오모는 섬의 남서쪽에 있는데, 우리 호텔은 두오모의 바로 뒷집이었다. 우리가 묵은 로마호텔은 크지는 않지만 3백 년쯤 된 건물이었다. 여태껏 묵은 이탈리아 호텔 중에서 내부 시설이 제일 나았다. 서비스도 좋았다. 보이가 짐을 방에 가져다주니 갑자기 귀족이 된 기분이 되었다.

저녁 식사까지 1시간 정도의 자유시간이 주어졌다. 김영미, 서정자 씨 등과 서쪽으로 바다를 보러 갔다. 두오모 광장 오른쪽에 1차선 도로가 바다 쪽으로 나 있다. 잔돌이 깔려 있는 두들두들한 내리막길이다. 구시가지답게 포장이 옛날식이다. 10분쯤 걸으니 7미터 정도의 아래쪽에 엠마뉘엘 2세 광장이 나타났다. 섬의 북쪽에서 남쪽으로 가는 직선 도로로 내려갔다. 아레투사 가로다. 그 앞에 광장이 죽 늘어져 있다. 열대식물 가로수가 심어져 있는 넉넉한 도로와 병행하고 있는 광장에는 시설물이 없다. 그냥 툭 트인 시멘트 바닥인데, 널찍하고, 그 앞이 바다니까 사람들이 여유 있게 산책을 하고 있다. 광장 앞에는 튼튼한 담이 쳐져 있고 그 너머가 항구다.

광장과 도로는 아레투사의 샘 근처까지 직선으로 뻗어 있다. 그 부분은 시내보다 두 층 정도 낮아서 구시가지가 올려다 보인다. 광장 앞이 바로 바다다. 백사장 같은 것은 깨끗이 생략한 채 벽 하나를 사이에 두고 육지와 바다가 맞붙어 있다. 사실은 바다가 아니라 항구다. 항구니까 맞은편도 땅이 바다로 뻗어 있어서, 수평선 대신에 건너편 마을이 보였다. 그 길 끝 부분에 아레투사 샘이 있을 것 같은데 시간이 모자라서, 계단을 내려가 좀 걷다가 바다를 향해 놓인 벤치에 앉아 호수 같은 바다를 바라보았다. 건너편 언덕에 2, 3층짜리 야트막한 집들이 가지런하게 있는 중세풍 마을이 조용했다. 파도도 일지 않는 저녁 바다는 평화로웠고, 노을이 아름다웠다.

그 아름다운 바다가 기원전 415년에 그리스 배 150척이 쳐들어왔던 그란데 항이다. 그리스 함대의 규모가 얼마나 엄청났는지 배가 수

평선까지 하얗게 덮여 있었다 한다. 그 엄청난 함대를 물리친 참주는 히에론 1세였다. 그 전쟁에 져서 그리스는 기우러지기 시작한다. 이미 시작된 펠로폰네소스 전쟁이 오래 끌어서 아테네와 스파르타가 모두 탈진해가는데, 시라쿠사는 승전의 기세를 타고 나날이 커져갔다.

기원전 8세기에 오르티지아 섬에서 시작한 시라쿠사는 처음부터 내륙의 언덕 위로 계속 확장되어 가면서 급속도로 성장한다. 나라를 세우고 70년이 되자 식민지를 세 개나 가지고 있는 큰 도시국가가 된 것이다. 시라쿠사는 그리스와 전쟁할 당시에는 경제적으로나 문화적으로 아테네를 능가하는 번성한 도시였다. 기원전 5세기에 시라쿠사는 유럽에서 제일 큰 도시였다.

오르티지아 섬은 몽땅 요새여서 집들이 다닥다닥 붙어 있다. 중세의 성채도시들은 모두 오르티지아 섬처럼 인구 밀도가 높았다. 넓은 들판을 놓아두고 안전 때문에 성벽이 둘러쳐진 좁은 공간으로 많은 사람들이 몰려드니, 현대도시처럼 인구밀도가 높아질 수밖에 없다. 그런데 위생시설은 아직 발달하지 않았으니 공해가 심했다. 비가 크게 내리면 화장실과 하수도가 넘쳐서 온갖 오물이 거리에 흘러나온다. 다시 해가 나오고 더위가 몰려오면 그것들이 썩으면서 전염되는 나쁜 질병이 발생한다. 흑사병 같은 고약한 병이다. 인구밀도가 높으니 전염병이 발생하면 희생이 엄청나다. 유럽에는 흑사병으로 시민들이 태반이나 희생된 도시들이 많이 있다. 그래도 그 좁은 성안에 들어가 있어야 안전이 보장되니, 해결방안은 없다.

중세의 성들은 보기에는 멋이 있지만 안은 아주 불편한 주거공간이다. 길이 좁고 집이 다닥다닥 붙어 있는 데다가 성벽에는 창문을 못 내니 채광도 좋지 않고, 방한장치도 미비하다. 세고비아 성처럼 밖에서 보면 꿈같이 아름다운 성관도, 안에 들어가 보면 벽은 흙으로 되어 있고, 난방시설과 채광장치가 빈약하여 춥고 어둡다. 방어용 시설이니 탑의 내부가 모두 슬로프로 되어 있고 아주 넓다. 탑은 적을 살피는 감시초소니까 빠른 이동을 위해 말을 타고 오르내려야 하기 때문이다. 건물 내부에 말들이 달리는 길이 있는 셈이다.

중국 대륙처럼 유럽도 한 대륙 안에 나라들이 많아서 전쟁이 끊이지 않으니 나라마다 요새는 필수적이었다. 시라쿠사는 특히 요새가 잘 만들어져 있다. 카르타고 때문이다. 기원전 407년에 참주가 된 디오니시우스Dionysius는 집권 초에 강적인 카르타고와 강화조약을 맺어놓고, 뒤에서 신속하게 국토를 요새화한다. 오르티지아 섬은 온 섬을 완전히 요새로 만들고, 내륙의 산 위에도 요새를 만들었다. 에피폴리Epipoli 고원지대에 에우리알로스Euryalus 성채를 쌓은 것이다. 기원전 397년에 그는 산상의 성채들을 높은 성벽으로 다시 둘러싸는 작업을 마무리했다. 디오니시우스가 기원전 4세기에 완성한 성벽은 27킬로나 되는 방대한 것이었다. 그는 십 년 만에 국방문제를 해결한 것이다. 그 덕에 시라쿠사는 강대국인 카르타고를 네 번이나 물리칠 수 있었다. 기원전 3세기에 로마군이 쳐들어왔을 때도 시라쿠사

▲ 오르티지아 섬

는 2년 동안이나 요새에 들어앉아 로마군에 항전했다. 그 밖에도 온 시민이 오르티지아 요새에 피난을 한 일이 여러 번 있었다 한다.

한때 유럽에서 가장 큰 도시였던 시라쿠사는 로마의 속주가 된 후에도 그 위세를 한동안 유지한다. 로마의 상류층 자제들이 유학을 오던 문화도시였기 때문이다. 그런데 근대화에 뒤져서 지금은 중세적 분위기에 주저앉은, 별 볼 일 없는 지방도시가 되어버렸다. 팔레르모나 카타니아처럼 공업화가 이루어지지 않아서, 시라쿠사에는 활기가 없다. 시라쿠사에는 현대적인 고층건물이 거의 없다. 고층건물뿐 아니다. 시라쿠사에는 지하철도 없고, 공장도 없고, 비행장도 없다. 중세적인 규모로 정착해버린 조용한 옛 도시인 것이다.

하지만 그 중세적 분위기도 해롭지는 않다. 중세와 바로크 시대의 건물들이 뒤섞여 조용히 머물고 있는 그 평화로운 분위기가 지금은 오히려 관광자원이 되고 있기 때문이다. 버스나 택시가 없어도 걸어서 어디든지 다닐 수 있는 오르티지아의 구시가지는, 차분하고 아늑하고 볼거리가 많아서 관광객으로 붐비고 있다. 청소를 외국에 청부를 시킨다더니, 낡은 도시인데도 거리가 깨끗했다.

새벽에 일찍 깨서 혼자 바다로 나갔다. 이번에는 호텔 앞의 로마거리를 직진하여 남쪽으로 코스를 잡았다. 오밀조밀한 가게들이 모여 있는 길을 혼자 걸어가다가 서 교수와 영미 씨를 만나 같이 바다로 갔다. 요새여서 해안선 전체가 높은 성벽으로 둘러쳐져 있었고, 남쪽 끝에는 최근에 만든 것 같은 2층짜리 전망대가 있었다. 5월인데 사람들이 수영을 하려고 바닷가로 내려가는 것이 보였다. 버스는 못 들어온다더니 놀랍게도 전망대 근처까지 소형 버스가 다니고 있었다. 시영 버스만 허용되는 모양이다. 우리가 서 있는 곳이 메추라기같이 생긴 오르티지아 섬의 부리 부분이다. 마이케나스 요새가 새의 머리 부분을 차지하고 있다.

전망대 앞은 지중해일 것이다. 우리는 오르티지아에 온 후 처음으로 수평선을 보았다. 시칠리아에 와서 가장 많이 본 것은 바다다. 티레니아해와 이오니아해를 거쳐서 세 번째 바다에 다다른 것이다. 그렇게 바다는 늘 가까이 있었는데, 우리는 한 번도 해변까지 내려가본 일이 없다. 바닷가에 내려갈 시간은 없어서 지중해를 보며 섬 둘레를 돌기로 했다. 서쪽으로 길을 잡아서 아레투사의 샘을 돌아 두오모로 돌아오려 했다. 그런데 길을 잘못 들어서 샘물보다 바깥쪽에 있는 길에 들어서고 말았다. 되돌아가서 제 갈래를 찾으려면 시간이 많이 걸려서 샘물을 자세히 감상할 기회를 포기했다.

펠로폰네스Peloponnese 산의 님프 아레투사는 강의 신 알페이우스Alpheus가 자꾸 치근대자 그를 피해 바다로 뛰어든다. 아르테미스가 그녀를 도와서 오르티지아 섬의 샘물로 만들어준다. 알페이우스는 지하수로 변해서 그녀를 죽자고 쫓아오지만, 여자가 자기를 다시 발견하자 서둘러 샘물로 변해버리는 것을 보았다. 할 수 없이 자기도 샘물로 변해서 그녀 옆에 머물기로 해서 쌍둥이 샘이 되었다는 이야기를 읽은 일이 있다.

강의 신의 애절한 사랑 이야기는 많은 시인들의 관심을 끌었다. 데오크리투스와 핀다로스 등의 그리스 시인들과 오비디우스, 베르길리우스 같은 로마 시인들이 그 이야기를 시로 썼다. 하지만 지금의 아레투사의 샘은 그런 낭만적인 분위기를 가지고 있지 않았다. 너무 넓어서 샘물이라기보다는 연못 같았고, 쌍둥이 샘물도 아니었다. 육지 쪽이 반원형으로 둥글게 안으로 파인 곳에 고여 있는 그 샘물은, 우리가 있는 해변 길에서 가깝고, 두 길 사이에 건물이 없어서 잘 보였다.

애초에는 절벽에서 물이 콸콸 흘러내리는 멋있는 샘이었다는데, 지금은 별 볼 일 없는 변두리 동네 한복판에 있다. 평지보다 많이 낮은 곳에 물이 있다. 오래된 2층 건물들이 있는 길 옆에 바짝 붙어 있는 샘물은, 철책으로 둘러쳐져 있었는데, 철책 밑으로 2미터가 넘어 보이는 시멘트 벽이 있고, 그 밑에 물이 있는 것이다. 담쟁이 넝쿨이 지저분한 시멘트 벽 군데군데에 달라붙어 있었으며, 둘레에 띄엄띄엄 나무들이 있고, 중앙에는 녹색 물풀이 무더기로 돋아나 있었다. 파피루스란다. 주변과 물이 두루 산문적이어서 설마 그것이 아레투사 샘은 아닐 것이라 생각하고, 되돌아가서 보고 오는 수고를 아낀 것이다. 그런데도 안내서에는 지금도 식수로 쓰이는 샘이라고 씌어져 있었다. 전설과 현실의 거리는 언제나 이렇게 까마득하다.

오르티지아 섬에는 물이 많다고 한다. 아레투사의 샘 외에도 아나포Anapo강과 치아네Cyane강이 가까이 있어서 물 걱정은 없는 것이다. 전쟁 때마다 포위망 속에서 몇 년씩 농성을 할 수 있었던 것은 식수 문제를 걱정하지 않아도 되기 때문이었는지도 모른다. 어제 왔던 임마누엘 2세 광장으로 다시 내려가서 카페테리아에서 카푸치노를 마셨다. 블랙커피를 싫어하는 나는 입맛이 촌스러워서 그 유명한 이탈리아 커피를 즐길 수 없었다. 음식도 마찬가지였다. 치즈와 조개류를 싫어해서 나는 이탈리아 요리를 좋아하지 않는다. 한국의 이탈리아 음식점에는 수프를 주는 곳도 있어서, 이따금 아이들과 같이 갈 때는 빵과 수프로 대충 때우고 나오는데, 시칠리아에서는 수프마저 주지 않는다. 가게마다 요리책이 즐비할 정도로 시라쿠사는 요리가 유명한 고장이라는데, 나는 먹을 것이 없어서 허덕였으니 구제불능의 촌 사람이다. 오르티지아 섬에서는 모든 도로 표지판에 두오모의 방향이 적혀 있어서 혼자 다녀도 길을 잃을 염려가 없었고. 혼자 다녀도 도적을 만날 염려도 없어 보였다. 마피아의 신화는 이제 끝이 난 모양이다.

외국에서 오래 살다 왔다는 영미 씨는 행동이 자유롭고 진취적이다. 같이 가다보면 말도 없이 아무 데서나 사라져버리는 일이 있다. 며칠 같이 지나는 동안에 나는 그녀의 행동 패턴을 파악했다. 사진을 찍기 위해 여기저기 돌아다니는 것을 안 것이다. 이따금 내게 와서 자기가 찍은 사진을 보여줄 때는 신이 나서 표정이 귀여워진다. 실제로 그녀의 휴대폰에는 근사한 사진들이 많이 들어 있다. 그래도 약속 시간이 되면 어김없이 나타나니 신경을 쓸 필요가 없었다. 서 교수는 학자답게 고지식하고 반듯하다. 그녀도 사진을 열심히 찍는데, 같이 가는 사람의 시야에서 벗어나는 짓은 잘 하지 않는다. 그런데 그녀의 카메라에도 근사한 사진이 많이 들어 있다. 희한한 일이다. 그 두 사람은 룸메이트다. 나이가 비슷하니 죽이 잘 맞는 것처럼 보여서 보기에 좋았다.

유감스러운 것은 오르티지아에서 제일 오래되었다는 아폴로 신전(BC 7세기)에 못 가본 것이다. 아폴로 신전은 섬의 초입에 있어서 우리는 택시로 지나가면서 차 속에서 그 유적을 몇 번 보았을 뿐이다. 길이 58미터에 너비가 24미터나 되던 6주식 신전이었다는데, 남은 것이 많지 않았다. 길에 면한 앞부분만 기둥과 벽이 남아 있을 뿐, 바닥면적은 넓은데 대부분이 주춧돌만 남아 있는 폐허였다. 우람해 보이는 기둥의 잔해는 키가 1미터도 못 되는 아래 부분만 가지런하게 남아 있어서, 무언가를 올려놓기 위해 만든 받침대 같은 느낌을 주기도 했다. 그 바로 뒤에 3미터쯤 되는 높은 벽이 하나 달랑 남아 있었다. 벽돌이 노출되어 있기는 하지만 그 부분은 나무랄 데 없이 말짱했다. 그런데 나머지 3면의 벽은 흔적도 없으니 요상했다. 아치가 가운데 하나 있는 그 벽이 기둥들과 너무 가까운 곳에 있는 것도 눈에 거슬렸다. 도리스 신전식 치수가 아니었기 때문이다. 그리스 신전의 심볼인 기둥들은 모두 주저앉아 버렸는데, 바로 뒤에 아치가 있는 큰 벽이 달랑 서 있으니 도무지 그리스 신전의 유적 같은 느낌이 들지 않는다. 훗날에 모스크와 교회로 쓰였다니 그 벽은 다른 종교가 손을 댄 흔적인 것 같았다.

이상한 것은 그것만이 아니다. 웬일인지 이 신전은 남아 있는 유적의 돌들이 모두 다갈색이다. 시라쿠사에는 그런 색 건물이 많지 않다. 특히 고적 공원 쪽이 그랬다. 대부분이 석회암이어서 옥색이 약간 도는 흰색을 자랑하고 있었다. 오르티지아에도 두오모를 위시始하여 흰 건물이 많다. 그런데 벽돌층이 노출된 아폴로 신전만 다갈색을 하고 있었던 것이다.

🏛 제단과 극장

27일에는 일찍부터 고적지구로 갔다. 그날은 이지연 씨가 택시를 불러주어서 버스 주차장까지 쉽게 갔다. 고적 공원은 멀지 않았다. 표를 사들고 들어가니 왼쪽에 제일 먼저 히에론 2세의 제단이 나타났다. 제우스 신에게 공물을 바치는 곳이라는데 규모가 엄청났다. 길이 22.8미터에 너비가 198미터나 된다. 큼직한 바위를 네모로 잘라서 커다란 조리대처럼 평평하게 만든 구조물들이 끝없이 이어져 있다. 허리쯤까지 오는 그 대형 도마 위에서 희생 동물들을 한꺼번에 450마리씩 잡았다니 아무리 생각해도 정상이 아니다.

깊은 산 옹달샘에 가서 정화수 한 그릇 떠 놓고, 한지를 말아 태우면서 기도를 하는 소박한 산신제를 보면서 자란 나는, 짐승을 죽여서 그 피를 신에게 바치는 유목민식 제사방식에는 영 호감을 가질 수 없다. 자신에게 가장 소중한 것을 바친다는 상징적 의미는 이해하겠지만, 저런 돌 위에서 양처럼 순한 짐승을 무더기로 도살하는 것이 어떻게 신을 기쁘게 하는 일인지 납득이 가지 않는 것이다. 그 넓은 제단에서 수백 마리의 짐승이 피를 흘릴 광경을 생각하니 너무 끔찍했다. 짐승만 죽인 것이 아니다. 아가멤논은 아르테미스의 비위를 맞추기 위해 자기 딸 이피게니를 짐승처럼 제단에 올려놓았으며, 아담도 이삭을 태워 번제를 지내려고 장작을 메고 산으로 올라간 일이 있다. 그렇다면 하나님 자신이 유목민적인 취향을 가지고 있었다는 뜻이 되니 더 이해하기 어렵다.

그런데 자연적으로 마모된 그 많은 대형 돌 도마들이 모두 하얀색을 하고 있었다. 시칠리아에서는 처음 보는 백색 돌의 천지다. 너비 2백 미터 가까운 돌 구조물들은 부서진 정도가 각기 달라 높낮이에 차이가 났지만, 색상은 모두 결벽스러운 하얀 색이었다. 히에론의 제단 뒤 언덕을 가지런하게 사이프러스와 소나무들이 심어진 숲이 둘러싸고 있었다. 지면 근처에서부터 잎이 뭉게뭉게 나와 있는 나무들이 하얀 돌 판 뒤에서 녹색의 구름처럼 현란하니 그곳이 유혈이 낭자하던 제단이었다는 사실이 믿기지 않았다.

고적지구에 있는 모든 석조 건물의 재료를 제공한 천국의 채석장은, 돌을 파낸 자리가 엄청난 빈터가 되어 절벽에 둘러 싸여 있었다. 그 빈터에 정원이 만들어진 부분도 있었다. 1693년의 대지진 전에는 거대한 바위가 천장같이 덮여 있어서 그 시절에 살았던 화가 카라바치오가 천국의 채석장이라고 불렀다는 것이다. 그곳에는 카라바치오가 '디오니시우스의 귀'라고 이름 붙인 동굴도 있다. 우리 눈에는 입구의 모양이 거대한 잎사귀를 세워놓은 것같이 보이는데, 카라바치오에게는 귀처럼 보였던 것 같다. 그 동굴은 엄청 크고 높았다. 높이가 36미터나 된단다. 그래서 그 안은 공기가 청량했다. 굴 같은 축축한 느낌이 들지 않았던 것이다.

디오니시우스는 유능한 통치자였다. 그리스와는 달리 시칠리아의

▲ 히에론의 제단

식민지들은 민주주의 국가가 아니었다. 시칠리아의 식민도시에서는 거의 모두 참주들이 다스리고 있었다. 참주들은 대체로 독재적이었지만, 개중에는 유능한 통치자도 있었다. 시라쿠사만 해도 아테네 함대를 물리친 히에론 1세와, 로마 속주가 될 때에 의연하게 대처한 히에론 2세, 그리고 디오니시우스 같은 유능한 통치자가 있었다.

기원전 407년에 시작된 디오니시우스의 통치 기간은 시라쿠사의 황금시대였다. 그때 시라쿠사는 인구 20만이 넘는 대도시였다. 경제적으로 윤택하고 문화적으로 격이 높은 유럽 최고의 도시였던 것이다. 디오니시우스는 카르타고와 강화를 맺어놓고, 그 사이에 시라쿠사를 완전히 요새로 만들어 나라를 지켰다. 카르타고를 완전히 물리치지는 못했지만 완벽한 방위력을 확보한 것이다.

플라톤이 시칠리아에 와서 머문 곳이 그의 궁정이다. 하지만 디오니시우스는 밤낮으로 떠드는 플라톤의 이상국가 타령이 듣기 싫어서, 그를 노예로 팔아버리는 파격적인 행동을 감행했다. 열국을 떠돌아다니면서 가르침을 주려다가 푸대접을 받은 공자 같다. '디오니시우스의 귀'라고 불리는 이 동굴 안에 참주는 정적들을 가두어두기도 했다. 동굴은 음향 전달기능이 완벽해서, 꼭대기에서 들으면 굴 안에서 하는 대화가 전부 들린다고 한다. 디오니시우스는 위에서 정적들의 대화를 도청하는 일을 즐겼다는 것이다. 카라바치오가 동굴 이름을 '디오니시우스의 귀'라고 한 것은 그 때문이다. 그곳은 한때 감옥이기도 했다. 시라쿠사에 참패한 아테네 군의 7천여 명의 포로들이 8개월간 그곳에 갇혀 있으면서, 채석장에서 중노동을 하다가 죽어갔다.

디오니시우스의 뒤를 이어 시라쿠사를 발전시킨 통치자가 엄청난 제단을 만든 히에론 2세다. 그는 카르타고를 완전히 격파한 참주이기도 하다. 히에론 1세가 다스리던 기원전 5세기부터 로마의 속주가 되는(기원전 212년) 히에론 2세 때까지가 시라쿠사의 전성기다. 히에론 2세 때는 사라쿠사의 전성기의 마지막 부분에 해당된다. 얼마 안 가서 시라쿠사는 로마의 속주가 되고 말기 때문이다. 물론 유능한 통치자라는 말이 곧 성군聖君을 의미하지는 않는다. 하지만, 참주가 다스

▲ 디오니시우스의 귀

리는 식민지가 본국보다 더 잘 사는 문명국가를 이룬 예는 그리 많지 않다. 그러고 보면 민주주의만이 그리스 문명을 이룬 모든 요소는 아닌 것 같다.

디오니시우스의 귀 서쪽에 그리스 극장이 있다. 석회암 암산인 테메니트 언덕Temenite Hill을 위에서부터 차례차례 파내려가면서 만든 붙박이 돌좌석이 있는 극장이다. 직경이 138미터에 1만5천 명을 수용한다니 에피다브로스보다 좀 크다. 애초에는 67열이던 좌석이 지금은 46열밖에 남지 않았다지만, 지진과 외침이 거듭된 나라에서 2,500년 전에 만든 돌 구조물을 이 정도로 보존한 것은 기적이라 할 수 있다. 아마도 붙박이로 깎아 만든 공법 덕분일 것이다.

무대 부분도 온전했고, 관중석 아래로 뚫어 놓은 배우들이 드나드는 통로도 그대로 있었으며, 서쪽 좌석의 윗부분은 지면보다 많이 높아서, 공연할 때 성벽으로 활용되는 것을 보았다. 16세기에 오르티지아 요새 안에 새 건물을 지으면서, 이곳의 돌들을 더러 파가서 규모가 많이 축소되었다지만, 이곳은 시칠리아에서 가장 크고, 보존상태가 좋은 극장이다. 아직도 해마다 여름에 그리스 고전극을 공연하는 곳은 시칠리아에서는 시라쿠사와 아그리젠토밖에 없는 것 같다.

석회암 암반을 파내려 가면서 만든 관람석은 음향관리에도 공헌하는 바가 크다고 한다. "석회석은 낮은 주파수의 소리와 울림은 빨아들이고 높은 주파수는 증폭시키거나 반사한다 … 시라쿠사의 테아트론theatron은 관중석에서 나오는 낮은 잡소리들을 흡수하고 무대에서 지르는 큰 소리를 더욱 높여 멀리까지 깨끗하게 들리도록 만든 셈이다."[101] 여덟 블록으로 나누어진 반원형 극장은, 앞에 흙으로 만들어진 무대를 빼면 전부 은회색 돌로 이루어져 있다. 극장뿐 아니다. 천국의 채석장도 하얗고, 디오니시우스의 귀도 바탕은 하얬으며, 옛날의 요새 자리와 로마의 원형극장, 돌벽에 구멍을 뚫어 만든 묘지들, 옛 요새의 유적 등도 모두모두 하얀 돌로 되어 있었다. 서울의 북부 지역이 화강암 암반 위에 서 있는 것처럼 시라쿠사의 고적지구의 지반은 모두 하얀 석회암인 모양이다. 아그리젠토의 콩코르디아 신전을 보면서 빛깔이 흙빛이어서 내내 찜찜했는데, 하얀 돌로 된 구조물들을 보니 기분도 환해진다.

시라쿠사 극장은 아이스킬로스의 「에트나의 여인」을 초연(기원전 476년)한 곳이다. 히에론 1세가 에트나 시를 새로 식민지로 만든 것을 기념하기 위해 아이스킬로스에게 특별히 쓰게 한 작품이라 시라쿠사에서 처음으로 상연되었다. 아이스킬로스는 「페르시아인」도 「테바이 공략의 7인」도 여기서 공연했다. 아테네의 디오니소스 극장에서 이미 발표한 작품의 재연이지만 시라쿠사 극장은 아이스킬로스와 인연이 깊은 곳이다.

그리스인들은 식민지에서도 극장에서 비극 공연을 보는 것을 최고의 즐거움으로 여겼는데, 로마인들은 거기 와서 서커스나 글래디에이터를 보고 싶어 했다. 극장을 물로 채워서 해전 같은 것을 하고

---

101 박제, 『신화의 섬 시칠리아』, p. 216.

싶어 했으니, 그리스 극장과는 적성이 맞지 않아서, 그리스 극장 동남쪽에 로마식 원형극장을 새로 만들었다. 로마의 원형극장은 그리스 극장보다는 보존상태가 나빠서 관중석이 뭉개져 있는 곳이 더 많았다. 시라쿠사의 로마극장은 타원형이었다. 배들이 가로로 움직일 것을 고려한 구도라 한다. 로마제국에서는 극장이 맹수들이 나와 인간과 싸우는 곳이었기 때문에 시라쿠사의 로마극장도 콜로세움처럼 지상에 높은 담이 둘러쳐져 있었다는데, 지상 부분은 완전히 사라지고 없었다. 하지만 물을 끌어오는 시설이 남아 있었다. 해전을 할 때 물로 경기장을 채우기 위한 도수관도 있었고, 경기장 밑 한복판에 저수조도 있었다.

극장문화의 차이는 로마와 그리스 문화의 차이를 극명하게 알려준다. 관람층이 달랐기 때문에 시칠리아의 많은 도시에는 그리스식과 로마식 극장이 따로 세워져 있다. 마그나 그레치아는 그리스 본토처럼 민주화되어 있지 않아서 참주들이 다스리고 있었지만, 마그나 그레치아의 참주들 쪽이 로마인들보다는 예술적 취향이 높았던 것 같다. 그들은 극장을 비극 공연을 보는 장소로만 활용했기 때문이다. 글래디에이터 게임을 즐기는 군인들이 쳐들어 와서, 비극을 즐기는 사람들을 속주민으로 만들었다. 그런데 로마제국이 사라져 없어진 지 천 년이 지나도 그리스 비극은 죽지 않았다. 먼 동양에서 온 우리 같은 사람들까지 백 유로나 내고 그리스극을 보게 만드는, 시공을 초월한 보편성을 그리스 비극은 가지고 있었던 것이다.

▲ 테바이 연극에서 연기하는 배우들

　오후에는 두오모와 오르티지아 섬 안을 구경하기로 했다. 그런데 저녁에 결혼식이 있다면서 식장 준비 관계로 보여줄 수 없다고 두오모의 수위가 딱 잘라서 말한다. 그래서는 안 되는 거지만 주인이 못 보여준다니 방법이 없으니 성당 앞 광장에서 젤라또를 먹으며 자유 시간을 가지기로 했다. 1693년의 지진으로 피해를 입어서 이 지역에는 18세기 이후에 새로 지은 건물들이 많다. 빈터에 기획하여 지은 바로크식 건물들이다. 유럽에서는 보기 어려운 바로크식 건물군을 시라쿠사나 카타니아에서 자주 볼 수 있는 것은 지진이 바로크 시대에 일어났기 때문이다. 새 건물이라지만, 이미 3백 년의 세월이 흘러서 건물들은 좀 낡았지만, 해변에 있는 더 오래된 건물들에 비하면 상대적으로 깔끔해 보인다.

바로크식 건물들에서 우선 눈에 띄는 것은 건물 외벽에 삽입한 필라스타[102]들이다. 건물 외벽에 기둥을 장식하는 이런 건축양식은 시칠리아 바로크의 특징이다. 우리는 코린트식 기둥을 외벽에 잔뜩 세워 놓은 건물들을 이미 카타니아에서 많이 보았다. 카타니아뿐 아니다. 시칠리아의 17세기 이후에 지은 건물에는 정면에 코린트식 기둥이 많이 쓰이고 있다. 출입문 양쪽에 두 개 혹은 네 개씩 붙어 있기도 하고, 층층이 같은 기둥이 뻗어 올라가기도 하며, 회랑에는 그 위에 아치와 다른 장식들이 오밀조밀하게 붙어 있다. 외부뿐 아니다. 성당의 칸막이벽에도 코린트식 기둥은 아주 많이 쓰이고 있다.

그리스 기둥 중에서는 가장 화려한 주두를 가진 코린트식 기둥만이 노르만 이후의 건축에 지속적으로 나타난다. 하지만 코린트식 기둥은 이미 전통 그리스 스타일이 아니다. 그리스의 고전기는 장식이 없는 도리스식 기둥이 주도했다. 코린트식은 마지막에 온 기둥양식이다. 주두에 아칸서스 풀잎이 새겨져 있는 장식적인 기둥인 것이다. 노르만이 좋아한 것은 그 코린트식 기둥이었다. 그들은 곡선이 많은 건물을 선호했기 때문에 코린트식 기둥이 적성에 맞았던 것이다.

바로크 시대에 가면 그런 경향이 증대된다. 1693년의 화산의 폭발로 인해 폐허가 된 시칠리아의 동부지역에는 새로운 바로크 건물

---

102 Pilaster. 그리스 로마 건축에서 벽에서 약간 돌출한 벽기둥, 편개주片蓋柱. 벽주壁柱.

군이 생겨나고 있었다. 오르티지아의 중심지역도 마찬가지다. 장식성이 강한 바로크 건물에는 아름다운 발코니들이 있었고, 빨간 제라니움을 심은 화분들이 쇠로 만든 창틀에서 늘어져 있어서 거리가 환상적이었다. 구석구석에 섬세한 장식이 많이 베풀어져 있는 아름다운 건물들이 시라쿠사의 두오모 광장을 둘러싸고 있다. 그러나 이 지역은 카타니아처럼 전부 파괴되지는 않아서, 그 이전의 건물들도 많이 남아 있었다.

하지만 광장에 서 있는 두오모는 바로크양식이었다. 지진으로 전면이 파괴되어 그 부분만 바로크식으로 새로 지은 것이다. 필라스타들이 예술적으로 완성도가 높은 안드레아 팔마[103]의 두오모는 깔끔하고 아름다웠다. 코린트식 기둥을 적절하게 사용한 엷은 크림빛 대리석 건물이다. 그 건물 앞면에는 1, 2층에 두 단으로 열두 개의 코린트식 기둥이 들어가 있다. 기둥의 배치가 탁월하다. 중앙 출입구의 아치 양쪽에는 쌍둥이 기둥이 서 있다. 기둥들은 그대로 2층까지 이어지며 건물의 상승적인 분위기를 조성하고 있다. 양쪽 끝에도 같은 크기의 기둥이 하나씩 배치되어 있다. 그러니까 6주柱가 된다.

기둥뿐 아니라 인물상의 배치도 균형 있게 처리되고 있었다. 계단 모퉁이에는 베드로와 바울의 전신상이 양쪽에 서 있고, 2층 양쪽 끝에는 기둥 대신 산 마르치아노San Marziano와 산타 루치아Santa Lucia를 배치하고, 중앙의 아치형 벽감 속에는 성모상이 들어 있다. 우아한

---

103 Andrea Palma. 18세기 이탈리아의 유명한 바로크 건축가.

흰 돌로 지어진 두오모는, 석재도 최상급이고, 구도도 최상급이었다. 모든 것이 균형을 맞추며 아름답게 배치되어 조화를 이루고 있었던 것이다.

그 두오모는 기원전 5세기에 아테네(미네르바) 신전이 있던 장소에 세워졌다. 시라쿠사의 아테네 신전은 참주 젤론이 히메라에서 카르타고 군을 물리친 기념으로 480년에 세운 것이다. 그건 그리스 전체에서 최초로 고전적 양식을 완성시킨 기념비적 신전이기도 하다. 그후 반세기가 지나서야 아테네에 파르테논 신전이 완성된다.

그 신전 자리에 두오모를 지으면서 시라쿠사 사람들은 도리스식 신전의 거대한 기둥들을 허물지 않고 그 치수에 적응해가며 성당을 지었다. 기둥 사이만 막아 벽을 만들고 재활용한 것이다. 콩코르디아 신전이나 파르테논 신전은 형태상의 변화를 겪지 않고 그대로 교회로 사용되었는데, 시라쿠사의 두오모는 기둥 사이를 벽돌로 막으면서 양식은 바꾸는 방식을 택했다. 그래서 북쪽 외벽에는 그리스 신전 기둥의 반원형 부분이 아직도 둥글게 튀어나와 있다. 세로로 홈이 파여 있는 도리스식 기둥이다. 그 벽을 보고 있으면 그리스 신들과 기독교의 신이 포옹하고 있는 느낌이 든다.

그런 식으로 개조된 부분은 내부에도 있다. 아테나 신전은 2열식 열주들을 가지고 있었던 모양인데, 내실 안의 기둥도 역시 열주 사이를 벽돌로 막아서 분리 벽으로 사용하고 있었다. 거대한 그리스 기둥 옆에는 높은 받침대를 만들고 그 위에 등신대의 성모상을 세워 놓았

▲ 시라쿠사 성당

는데, 그리스 신전의 기둥이 워낙 우람해서 성모상이 아주 작아 보였다. 남쪽에는 양식이 다른 부속건물이 성당에 붙어 지어져 있다. 그러니 오르티지아의 두오모는 네 벽이 모두 양식이 다른셈이다. 그런 이질적인 부분이 들어 있는데도 성당의 전면은 말짱한 바로크양식을 과시하고 있다. 기적 같다. 오르티지아의 두오모의 전면은 나무랄 데 없이 완벽하고 아름답다. 둥근 코린트식 기둥들이 깔끔한 크림색이고, 그 매끈한 주신柱身이 그 건물의 매력 포인트였다. 지나치게 장식이 많은 부분이 거의 없어서 시칠리아 바로크 예술의 정수를 즐길 수 있었다.

하지만 내부에는 지나친 장식이 부조화를 이루는 부분도 없지 않았다. 북쪽 출입문 안에 있는 꽈배기형 기둥들이 그 예이다. 코린트식 주두를 그대로 가진 기둥의 몸체를 새끼처럼 꼬아놓은 것도 질색할 노릇인데, 거기에 섬세하고 아름다운 식물 도안까지 잔뜩 입혀 놓았다. 꽈배기형 기둥이 뒤틀릴 때의 각도가 정교했고, 당초무늬도 섬세하고 아름다웠다. 따로 떼어서 보면, 모두 탁월한 예술품들이다. 그런데 거기에 코린트식 주두까지 버무려놓은 게 잘못이다. 기둥 하나에 세 가지 양식이 섞여 있어서 모두 제구실을 못하고 잡탕이 되어버린다. 오오카 쇼헤이가 바로크를 추악하다고 말한 것[104]은 그런 잡탕식 과식주의 때문일 것이다. 몬레알레의 성당에도 그런 부분이 있었고, 빌라에는 출입구에 꽈배기 기둥이 네 개나 있는 곳이 있었

---

104 각주 97번 참조.

다. 하지만 꽈배기 기둥은 그다지 많지 않았다. 시칠리아에서도 그런 식의 과식주의는 인기가 별로 없었던 모양이다.

창틀에 붉은 꽃들이 놓여 있는 골목을 걸어서 조금 더 가니 아르테미스의 분수가 나타났다. 이름은 분수인데, 웬일인지 여기 분수도 팔레르모의 프레토리아 분수처럼 물이 나오지 않았다. 애초부터 물을 기대하지 않고 만든 조각은 곱게 늙는데, 분수가 있다가 없어진 조각들은 지상에 올라온 인어처럼 생동감이 죽는다. 하얀 조각들에 묻어 있는 물때가 노출되어 구지레해지기 때문이다. 시라쿠사는 물이 많은 섬이라는데 왜 분수를 죽여놓았는지 이해가 되지 않았다. 하지만 4미터쯤 되는 좌대 위에 높이 서 있는 아르테미스의 입상은 키가 3층짜리 주변 건물과 비슷해서 카리스마가 있었다. 여신의 발아래를 짐승과 물고기와 사람들이 휩싸고 돌아가는 조각은 한쪽에 그로테스크한 부분이 좀 있고 전체적으로 선이 역동적이었다. 아레투사가 바다로 투신하는 것을 아르테미스가 말리는 장면도 있었다, 주변에 어울리지 않게 너무 큰 것만이 문제였다.

19세기 말에 세워졌다는 아르테미스의 분수를 지나 아르키메데스와 레오나르도 다빈치의 2인전을 하는 아르키메데스 박물관을 방문했다. 시칠리아에 하나밖에 없는 과학박물관이란다. 아르키메데스가 처음으로 만들었다는 직소게임이 하나만 남아 있어서 얼른 샀다. 열면 그림이 입체로 나타나는 호화로운 도록도 아르키메데스의 것은 이미 다 팔리고 없어서 레오나르도 다빈치의 책을 샀다. 값이 일

▲ 오르티지아 두오모 안의 꽈배기형 기둥

▲ 아르테미스 분수

금 40유로나 하는 거금이다. 좁은 골목 안에 있는 과학박물관의 그렇게 비싼 도록이 매진되었다는 사실은 고무적이었다.

레오나르도 다빈치가 남긴 자료들을 레프리카로 만들어서 관람객이 작동해보도록 설치해놓았고, 자료가 많은 미켈란젤로를 통하여 그의 선구자인 아르키메데스를 역추적해가게 한 기획이 돋보였다.

저녁 6시에 다시 고적지구로 가서 그리스 고전비극을 관람했다. 도록은 이탈리아어로 된 것밖에 없었고, 5유로를 주고 빌린 이어폰은 불량품이어서 잘 들리지 않았다. 집에 있는 희랍비극 책에 「테바이 공략의 7인」이 없어서 줄거리만 알고 온 나는 좀 당황했다. 그러

▲ 시라쿠사의 원형 극장

다가 이어폰을 포기해버리니 배우들의 연기가 눈에 가득 찼고, 운문의 아름다움이 음악처럼 전해져서 거기 몰입할 수 있었다. 자전거를 빌려 타고 섬 전체를 도는 것이나 즐기게 생긴 나이의 학생들이 많이 와서 열심히 관람하고 있는 것이 보기에 좋았다.

새와 짐승의 가면을 쓴 사람 둘이 한 바퀴 돌고 나가자, 일곱 장수가 쳐들어온다는 소식을 들은 시민들이 우르르 제단 근처로 몰려들면서 「테바이 공략의 7인」은 시작된다. 이윽고 방안형 대형 판이 세워지고, 거기에 성문 밖에서 싸우다 죽은 여섯 장군의 시체가 하나하나 매달려 갔다. 검은 옷에 붉은 가면을 쓴 헝겊 인형들이다. 마지막 문으로 에테오클레스가 출정하고, 이내 형제가 죽었다는 소식이 전해지자 안티고네와 이스메네가 울면서 등장한다. 곧 에테오클레스의 장중한 장례행렬이 지나가고, 자기 나라에 쳐들어온 폴류네이케스의 주검은 매장금지령이 내려졌다는 사실이 알려진다. 안티고네가 거기에 항거하는 대사를 외우면서 연극은 끝난다.

야외극은 장면 전환이 불가능하니까 숙명적으로 한번 시작한 곳에서 끝이 나야 한다. 배우도 적으니 줄거리의 빈 부분은 코러스가 보충해줄 수밖에 없다. 그리스 비극은 장소의 일치, 시간의 제한(하루), 줄거리의 통일을 기본으로 하는 삼일치의 법칙을 가지고 있다. 그러니까 이 비극은 "테바이 성안의 광장에서, 전쟁 마지막 날에 일어나는 일을 다룬, 형제끼리 죽이는 이야기"이다. 배우들의 연기가 너무 좋았다. 얼마나 역동적으로 움직이고 표정이 풍부한지, 대사를 못 알아듣는 사람들도 감동을 받게 된다. 안티고네 역의 배우가 특출했다. 저런 연기는 하루 이틀에 이루어지는 것이 아니다.

5
에피다브로스로 가는 길

1996년에 남편인 이 선생과 에피다브로스Epidauros에 그리스 고전
극을 보러 간 일이 있다. 그때의 그리스 여행은 고전비극을 상연하는
기간에 맞추어져 일정이 짜여졌다. 그것을 보는 것이 주목적이라고
해도 과언이 아니었기 때문이다. 둘이만 하는 여행이니까 내가 자료
를 찾아 일정표를 만들었다. 6월 중순부터 9월 중순까지 석 달 동안
금요일과 토요일에만 공연을 한다고 되어 있었다. 야외극이니까 조
건이 맞는 때가 그 기간뿐인 것 같았다. 마침 여름방학 중이어서 둘
다 지장이 없었다.

아테네에 도착하여 교포들과 만났을 때, 에피다브로스에 간다고
했더니 이 선생 팬인 아테네 한국은행 행장님이, 당신의 개인차를 빌
려주겠다는 놀라운 제안을 하셨다. 영어를 하는 기사까지 딸려주신

▲ 코린트 운하. 폭 24m, 깊이 8m로 규모가 작아 대부분 관광용 여객선이 이용한다

다고 했다. 너무 고마웠다. 여행할 때 가장 고마운 것은 차를 태워주시는 분이다. 그분은 우리에게 차를 빌려드릴 테니 신테그마 광장에 정한 숙소를 피레우스 항 근처로 옮기라고 권하셨다. 아테네 도심지는 공해가 심하다는 것이다. 그 무렵의 아테네는 공해가 너무 심해서 다음 날부터 자동차의 시내 진입이 금지될 정도였다.

떠나기 전날 우리는 그 차의 기사에게, 에피다브로스에 가서 밤 연극을 보아야 하니 오전은 쉬고 12시에 오면 된다고 전화했다. 연극이 밤 9시에 시작해서 11시에 끝나기 때문이다. "저기…. 고전극은 아테네에도 하는 데가 있는데요?" 기사가 이상한 듯이 물었다. 알고 있었다. 하지만 우리는 에피다브로스에 가려고 왔으니 양해해달라고 부탁했다. 덕택에 우리는 사라미스 해협을 세단을 타고 둘이서만 여행하는 호사를 누렸다. 테미스토클레스가 이순신 장군처럼 그 좁은 해협으로 페르시아의 함대를 끌어들여서 모조리 격파한 현장이다. 그 전쟁에 이겨서 아테네는 절정기를 맞이한다.

사라미스 해협은 양쪽에 도시가 있어서 육지 사이를 흐르는 대하大河처럼 느껴졌다. 파도도 없이 얌전한 저 바다가 페르시아의 함대를 몽땅 삼켜버린 그 역사적 바다라니 믿어지지 않았다. 그리스의 찬연히 빛나는 태양 아래에서 보니 사라미스 해협은 그런 참담한 전투와는 인연이 없는 조용하고 평화로운 지역처럼 보였다.

코린트 운하는, 직립하고 있는 절벽의 깊이가 8미터나 되는 깊은 곳에 있는 운하인데, 폭은 겨우 25미터밖에 되지 않는다고 했다. 칼로 벤 것 같은, 까마득한 절벽 아래에 바다가 있어서 내려다 보면 현기증이 났다. 운하를 지나니, 바로 펠로폰네소스 반도였다. 먼저 코린트의 유적지에 갔다. 우리가 학창 시절에 읽은 그리스 신화에는 재미있는 벌을 받는 사람들이 많이 있었다. 물속에 있는데, 물을 마시려면 모든 물이 달아나 버려서 영원한 갈증에 시달리는 탄탈로스도 있고, 예언 능력이 있는데, 그 귀한 말을 아무도 안 듣는 벌을 받은 카산드라도 있다. 지구를 어깨로 메고 있는 벌을 받은 거인 아틀라스의 경우도 특이한 형벌이다. 코린트는 아틀라스의 고장이다. 그의 사위 시시포스가 코린트를 세운 왕이기 때문이다.

시시포스[105]도 특이한 벌을 받은 인물 중의 하나다. 죽었는데 저승에서 거짓말을 하고 지상으로 빠져 나온 시시포스는, 염라대왕과의 약속을 어기고 다시는 저승으로 돌아가지 않았다. 그래서 죽은 후 큰 벌을 받는다. 무거운 바위를 산 위로 끌어올리는 벌이다. 겨우겨우 힘들게 산 위까지 바위를 끌어올리면, 정상에 닿는 순간 바위는 주르르 미끄러져 다시 바닥으로 떨어진다. 내려와서 다시 끌어올려야 한다. 또 굴러 떨어지는 꼴을 보기 위해서다. 그런 일을 영원히 되풀이해야 한다. 그에게 주어진 벌은 무익한 중노동을 끝없이 계속하는 것이다.

부조리의 철학을 내세운 알베르 까뮈가 그 이야기를 가지고 『시시포스의 신화』라는 책을 썼다. 무익한 노동을 힘들게 되풀이하고 있는 시시포스의 형벌은, 사실상 모든 사람이 받고 있는 형벌이기도 하기 때문에 그 책은 공감도가 높았다. 전시여서 모든 것이 뒤죽박죽이었던 우리의 현실이 너무나 부조리하게 느껴졌기 때문에, 까뮈의 부조리의 철학은 일반인에게서도 쉽게 공감을 얻었다. 그래서 한창 실존주의가 유행하던 1950년대의 초에 학생들은 그 얄팍한 책을 구하려고 기를 썼다. 한국어판이 없었기 때문에 일역판 시시포스의 인기는 점점 높아갔다. 『이방인』과 『시시포스의 신화』는 1950년대의 학생들에게 아주 인기 있는 책이었다. 나중에 시시포스가 사실은 교활

---

105 Sisyphos. 코린트의 창건자. 제우스의 비밀을 누설한 죄로 죽임을 당했는데, 저승의 신에게 거짓말을 하고 지상에 올라와놓고, 다시는 저승에 안 돌아간 죄로 사후에 무거운 바위를 산 위에 끌어올리면 다시 떨어지는 일을 되풀이하는 벌을 받는다.

한 인물이었다고 쓴 글을 보고 배신감을 느꼈던 생각이 난다.

주일 학교 때 우리는 교회에서 코린트를 '고린도'라고 배웠다. 사도 바울이 열심히 전도하던 고장이다. 나중에 알게 된 코린트는 기원전 7세기에 이미 3단 노를 가진 큰 배를 120척이나 가지도 있던 강대한 나라였다. 경제적인 여유가 생기자 향락에 빠져서 타락해가는 코린트 사람들을 구하기 위해, 바울은 여러 번 코린트 교회에 긴 편지를 보냈다. 그렇게 번성하던 나라였지만 코린트에도 아테네처럼 남아 있는 그리스 유적은 별로 없었다. 힘을 믿고 로마에 정면으로 도전했다가 완전히 파괴되고 말았기 때문이다. 그리스의 유적으로 기억할 만한 것은 무너져가는 아폴로 신전 정도였다. 6세기에 세워진 오래된 신전인데, 애초에는 38개였던 기둥이 일곱 개만 남아 있었다. 아직 도리스식 신전양식이 완성되기 전의 것이어서 기둥들은 짧고 빈약해서 이쁘지 않았다.

지금 남아 있는 코린트의 유적은 모두 로마의 속국이 된 후에 세워진 것들이다. 그중의 대표적인 것이 아크로코린트의 요새다. 해발 575미터의 산 위에 비잔틴 시대에 세워진 이 요새는 들어오는 길이 하나밖에 없고, 3면이 절벽인 난공불락의 구조를 가지고 있다. 평지에는 유명한 코린트 도자기를 잔뜩 가지고 있는 박물관이 있고, 북쪽 바다로 나가는 돌로 포장한 레카이온Lechaion 대로가 성한 채로 남아 있다. 아고라도 있고, 로마 시대의 수세식 화장실도 남아 있으며, 글라우케의 샘물도 있다. 남자에게 배신당한 메데이아가 연적인 글라우케 공주에게 독이 묻은 신부의상을 선물했더니, 전신에 불이 붙은 공주가 너무 다급해서 이 샘물에 뛰어들어서 이름이 그렇게 지어졌다는 것이다. 근처에 있는 이스트미아에서는 배가 오면 바닥으로 가라앉는 신기한 다리를 본 기억도 남아 있다.

다음에 간 곳은 미케네였다. 거기서 나는 은회색 잎을 매단 올리브 나무들을 많이 보았다. 나무가 어딘지 모르게 피폐해 보여서 자세히 살펴보니 잎사귀가 녹색이 아니고 은회색이었다. 때로는 퇴색한 듯이 보이는 올리브 잎들을 무더기로 본 것은 충격이었다. 우리 머리속에 새겨진 올리브 나무의 이미지에는, 신목神木처럼 거룩한 그 무엇이 서려 있었기 때문이다. 올리브 나무는 그리스인들이 올림픽 경기에서 이기면 받는 월계관의 재료다. 곧 시들 나뭇잎으로 만든 관이 최고의 영광을 의미하는 상징물이라는 것은 그리스다운 아이디어지만, 올리브 나무가 별로 이쁜 나무가 아니라는 것은 충격이었다.

뿌리가 깊어 수분이 적은 땅에서도 잘 자란다는 올리브 나무는, 놀랍게도 천 년까지 사는 장수목이라 한다. 그래서 돌 같이 단단해 보이는 거대한 올리브나무의 둥치들은 표정이 풍부했다. 미케네에는 올리브 나무도 많았지만, 오렌지 나무도 많다고 한다. 그리스처럼 땅이 척박한 나라에서는 보기 드물게 미케네에는 나무들이 많았다. 모여서 숲을 이룰 정도로 밀집해 있는 것은 아니지만, 구릉지대에는 그다지 크지 않은 나무들이 심심찮게 자라고 있어 보기가 좋았다. 아름다운 구릉지대를 지나자 아르고스 평야가 내려다 보이는 산이 나타난다. 그 산 남쪽 비탈에 미케네의 성터가 있다. 아크로폴리스, 저수지, 성채, 궁전, 곡식창고, 묘지 등을 고루 갖춘 본격적인 성채도시의 유적이다. 도시 전체를 견고한 성벽이 삥 둘러싸고 있었는데, 성벽들은 아랫부분이 성해서 옛 도시의 규모를 증언해주고 있었다. 3천 년이 넘는 미케네의 유적인데, 저수지까지 있다고 해서 놀랐다. 아가멤논이나 헬레네가 거닐었을 궁전 터도 있었고, 클리템네스트라의 무덤 자리도 있었다.

크레타 사람들은 성벽을 만들지 않아서 미케네가 쳐들어가자 속절없이 망한다. 하지만, 그 뒤를 이은 미케네 문명 시대가 되면, 성벽이 이렇게 완강順强했다. 성문 근처의 북쪽은 성 안에서 보존상태가 가장 좋은 부분이었다. 성안으로 들어가는 출입구에는 사자 두 마리가 마주보는 조각이 문 위에 있는 유명한 '사자의 문'이 있다. 문틀은 그다지 크지 않았지만. 문기둥과 상인방의 돌들이 모두 하나로 된 통돌이었다. 성문 양쪽의 돌벽도 모두 거대한 돌로 만들어져 있었다. 산 위에 그런 큰 돌들로 성벽이 만들어져 있으니, 사람들은 그것을 '키클롭스의 성벽'이라 불렀다. 거인족들이 지어주었다고 생각한 것이다. 아테네의 아크로폴리스 언덕을 둘러싼 성벽에도 굵은 돌로 쌓여진 부분에는 그런 이름이 붙어 있다. 타이탄족은 그리스인의 악몽인 동시에 경탄의 대상이기도 했던 것 같다.

하지만 성벽 안의 건물들은 모두 키가 작았다. 지상에서 1미터 안

팜의 높이에만 벽들이 남아 있었기 때문이다. 기초 부분은 분명하게 구획되어 있어서, 건물의 테두리와 내부의 구조가 선명하게 보였다. 반원형의 담이 말짱하게 남아 있는 왕가의 무덤 터가 인상적이었다. 큰아버지가 조카를 죽여 요리를 만들어 그 아비에게 먹이고, 아내가 남편을 칼로 찔러 죽이고, 아들이 어머니의 목을 따는 참극(5절 2항 아가 멤논 이야기 참조)이 일어나던 궁성도, 지금은 기초만 남아 있는 폐허였다. 성한 것은 성문과 성벽과 무덤 근처의 일부밖에 없었다.

트로이처럼 미케네도 슐리만이 찾아낸 유적이다. 그 산기슭에서 슐리만이 발굴해낸 것은, 성한 건물이 하나도 없는 폐허였지만, 그 속에서 그는 귀중한 유물들을 많이 건져냈다. 유명한 아가멤논의 황금 가면을 찾아냈고, 뿔이 황금으로 장식된 황소의 두상 같은 것도 나타났고, 금으로 상감한 사자문양이 깔끔하고 세련된 청동 단검도 나왔으며, 손잡이가 달린 순금 잔들도 출토됐다. 3천 년 전의 미케네 문명의 유산이다. 금이 많아서 호메로스가 '황금의 미케네'라고 부르던 고장답게 미케네의 유적에는 순금으로 된 세련된 유물들이 꽤 많이 남아 있었다. 슐리만이 발굴한 금 세공품들은 모두 박물관에 가져갔고, 남아 있는 것은 돌로 만든 건물의 잔해뿐이다. 하지만 빈터가 깨끗이 정돈되어 잡초 하나 없이 말끔했고, 건물의 유적들도 잘 보존되어 있었다.

궁전과 건물들은 그다지 크지 않은 돌로 지어져 있었다. 이집트는 큰 돌로만 건물을 짓느라고 건축 기간이 끝없이 긴데, 아마르나를 만든 이교도의 파라오 아멘호텝 4세는 돌 사이즈를 확 줄여서 벽돌처럼 만들어 쓰니 건축 속도가 빨라졌다. 단시일 내에 새 도시가 만들어져서 당대에 천도하는 일이 가능했던 것이다. 이곳도 돌이 작아서 북쪽 성벽처럼 거인족의 도움을 받지 않아도 쉽게 지어졌을 것 같다.

성벽 앞 5백 미터 거리에 '아트레우스의 보물창고'가 있다. 아가멤논의 무덤이라고도 불리는 그 건축물은 땅속에 있는 반원형 구조물이다. 무덤에 보물도 넣어두니까 보물창고라고 불렸지만 용도는 무덤이었을 텐데, 안이 완벽하게 비어 있었다. 보물도 없었지만, 석관 같은 것고 없고, 해골도 없었다. 장식 하나 없이 돌 구조물만 남아 있는데, 보존상태가 좋아서 애초부터 비게 만든 건물 같은 인상을 주었다. 회백색 큼직한 돌벽돌로 쌓아 만든 반원형 내벽은 위로 갈수록 좁아져서 원추처럼 운두가 높았다. 신기하게도 다친 데 하나 없이 반원형 안이 온전했다. 안도 다타오가 나오시마에 만든 지하 박물관 같이 야트막한 구릉 안을 파서 만든 보물창고는, 입구가 좁으니까, 출입구만 흙으로 덮이면 그냥 언덕 같아서, 눈에 띄지 않으니 내부가 손상을 입지 않은 것 같다.

보물창고 안은 높이 13미터, 직경이 14.7미터가 되는 반원형 형태였다. 그리스에서는 보기 드문 곡선 구조물이다. 네모난 장방형 문 위에 앙증맞은 삼각형 광창光窓이 만들어져 있어서 안은 환했고, 아늑했다. 돌 공사가 정교했다. 둥근 천정도 깔끔하고 모던했다. 조카를 죽여서 시체를 아우에게 먹였다는 엽기적인 아트레우스에게 그런 아름다운 무덤이 있다는 것이 놀라웠다.

둥근 천장은 하늘을 상징하는 것인데, 불완전한 형태로나마 그것을 처음 이룩해놓은 것이 '아트레우스의 보물창고'라고 한다. 고대 그리스에서는 돔이나 아치를 잘 만들지 않았다. "주요 생활무대가 옥외 공간이었던 그리스와 마케도니아 왕국에서는 원형 공간에 대한 관심이 없어서 돔 기술의 발전도 없었"[106]다고 한다. 이집트도 마찬가지다. 아치는 메소포타미아가 원산지인데, 로마가 다량으로 만들어서 수도교에까지 활용했다.[107] 콜로세움을 비롯하여 로마의 건물에는 아치가 풍성하다.

나우플리온에 있는 베네치아인들이 만든 견고한 요새들이 멀리 보인다. 절벽 위에 세운, 탱크같이 견고한 요새. 그곳이 보이는 지점에서 왼쪽으로 꺾여서 한참을 갔더니 산기슭에 숲에 둘러싸인 에피다브로스가 나타났다. 그리스에는 키가 아주 큰 나무가 거의 없다. 숲도 적다. 그런데 에피다브로스에는 산에도 들에도 좀 성기긴 하지만 숲이 있었다. 꽃나무는 없고, 녹색만 있는 소나무 숲 천지였다. 에피다브로스는 마을에서 멀리 떨어진 곳에 있어서 시야에는 폐허와 소나무 숲밖에 없었다. 소나무만 서 있는 고장에 다다르니 성지에 들어온 것 같은 느낌이 들었다.

---

106 임석재, 『서양건축사』, p. 85.
107 같은 책, p. 78.

▲ 아스클레피오스 신전 터

　극장보다 먼저 의술醫術의 신 아스클레피오스의 성역이 나타났다. 극장 둘레에도 소나무 숲이 가득 차 있다더니, 신전의 유적도 소나무 숲 한복판에 자리하여, 성지다운 분위기를 만들어내고 있었다. 에피다브로스의 성역에는 아르테미스와 아프로디테의 신전도 있고, 체육관과 운동경기장 등도 있어서 폐허의 규모가 굉장히 넓었다. 아스클레피오스 신전은 크지 않았지만, 환자들이 묵는 방이 160개가 넘는 엄청난 객사가 부속되어 있고, 둥근 톨로스tholos(지하분묘)도 있어서 전체적으로 성역의 범위가 엄청나게 컸다. 하지만 건물은 모두 사라져 없고, 바닥층만 남아 있었다. 하얀 돌로 된 폐허를 소나무 숲이 둘러싸고 있으니 황량해 보이지는 않지만, 볼 것이 없으니 지루했다.

그때 나는 아직 아스클레피오스라는 신을 잘 알지도 못하고 있었는데, 신전의 기단들이 너무 커서 깜짝 놀랐다. 뱀을 성수聖獸로 지니는 의술의 신 아스클레피오스는 아폴로의 아들로 이 지역에서 특별히 숭앙을 받았다. 치유능력이 아주 탁월했기 때문이다. 병을 고친 사람들이 기부금을 아끼지 않고 내서 도시가 부유했다. 그래서 그런 궁벽한 곳에 1만4천 명을 수용할 수 있는 호화로운 극장까지 지을 수 있었던 것이다. 그리스 극장은 이남박같이 생겨서 단조롭고 아름답지 않은데, 소나무만 밀집해 있는 녹색 속에 폭 파묻혀 있으니 독특한 아름다움이 생겨난다.

넓은 신전 유적 사이를 천천히 돌면서 시간을 보냈는데도 해가 여전히 서쪽에 떠 있었다. 시작 시간이 멀었는데 사람들이 줄지어 극장 쪽으로 가는 것이 보였다. 우리도 그들 뒤를 따랐다. 안내원들이 도록을 들고 있길래 얼른 샀다. 그리스어와 영어로 되어 있는 도록은, 길이 36센티에 너비가 18센티가 되는 특이한 판형이었다. 하드커버로 만든 세련된 도록이 마음에 들었다. 그걸 읽으면 시간도 알맞을 것 같고, 공부도 될 것이니 기분이 좋았다.

🏛 그리스 극장

키노르티온Kinortion 산 서쪽을 파들어 가면서 기원전 4세기 중엽에 지은 에피다브로스 극장은, 55열의 좌석을 가지고 있었다. 크게 두 단으로 나누었는데, 34열이 있는 아래 부분이 알파벳 순서에 따라 12구역으로 나누어졌고, 윗부분은 22구역으로 되어 있으며, 위쪽은 경사도가 더 가팔랐다. 음향전달을 위한 배려라고 한다. 에피다브로스 극장은 고대 그리스 극장 중에서 가장 잘 보존된 극장이다. 모파상이 그리스 극장은 절경 속에만 세우기 때문에 언제나 명당에 있다고 한 말이 생각난다. 그 말이 맞았다. 에피다브로스 극장은 고원지대를 파고 지어서 야트막한 나무숲이 녹색 비로드(벨벳)처럼 깔려 있는 한복판에 들어 앉아, 성역처럼 엄숙했다.

이곳에서는 해마다 6월 중순부터 석 달간 매주 금요일과 토요일에 고전비극을 상연한다고 한다. 밤 11시에야 끝나는 심야극이다. 오는 사람이 많아서 아테네에서는 여름이면 연극 관객들을 위해 특별 버스를 내주고 있다. 우리도 그것을 타고 오려고 숙소를 버스 시발점인 신타그마 광장 옆에 잡았었다.

야외극을 하려면 날씨가 덥지도 춥지도 말아야 하며, 비행기 소리도 들리지 않아야 한다. 비 올 확률도 적어야 하고, 모기가 있어도 안 된다. 조건이 아주 까다롭다. 아테네와 에피다브로스는 모든 조건이 적합하여 야외극이 성행한 것 같은데, 우리나라는 두루 조건이 맞지 않는다. 야외극을 할 수 있는 여름이 장마철과 겹치는 것이 제일 큰 문제였다. 우리 동네에 있는 가나 아트센터에 프랑스 건축가가 야외 무대를 만들어놓았는데. 비 때문에 활용도가 낮다. 한 달 후의 날씨를 예측하기 어려워서 일정을 잡을 수 없는 것이다.

다음 문제는 모기다. 이병복 씨가 양주 박물관에서 「왕자 호동」을 야외극으로 공연한 일이 있다. 그런데 모기가 극성을 부려서 동대문 시장에 있는 쑥을 다 사다가 태웠다고 한다. 아직 전기 살충등이 없던 1980년대의 일이다. 쑥 냄새로 모기를 쫓기는 했는데, 쑥 연기가 배우의 성대를 해쳤다. 3막이 되니까 윤석화 씨의 목소리가 갈라지기 시작했다. 모기와 비는 야외극장과는 상극이다. 한국에서 노천까페나 야외극장이 잘 안 되는 이유가 거기에 있다. 지금은 전기 살충등을 켤 수 있지만, 비용도 많이 들고 모기가 타 죽는 소리로 분위기도 망가진다. 에피다브로스 극장은 나무숲에 둘러싸여 있는데도 이상하게 모기가 없었다. 시라쿠사의 극장도 마찬가지였다.

시간이 한 시간이나 남았는데, 부채 모양의 야외극장에는 이미 꼭대기까지 관람객들이 거의 다 차 있었다. 워낙 궁벽한 곳이어서 사람들이 그렇게 모여 있는 것이 놀라웠다. 1만4천 석의 좌석에 사람이 꼭 차면 더 장관일 것이다. 그리스 사람들도 많았지만, 세계 각지에서 찾아온 외국인들이 더 많았다. 에피다브로스는 아테네에서

▲ 에피다브로스 극장

153킬로나 떨어져 있어서 오는 데만 버스로 세 시간이 걸리고, 돌아
가는 시간은 새벽 두 시가 된다, 아주 나쁜 조건이다. 그런데 다른 볼
거리도 별로 없는 에피다브로스까지 연극을 보러 오는 외국인이 그
렇게 많다는 사실이 경이로웠다. 어떤 친구가 그리스와 터키를 같이
가려면, 그리스에 먼저 들르는 게 좋다고 했다. 그리스에는 볼 것이
너무 없기 때문이었다. 맞는 말이다. 하지만 에피다브로스 극장의 밤
연극 관객들을 보면, 그 친구도 의견이 달라질 것 같다. 저 많은 외국

인들이 밤 아홉 시에 연극을 보겠다고 사백 리 가까운 길을 달려온 것이다. 나는 그게 마치 내 공로라도 되는 것처럼 자랑스러워서 어깨가 으쓱해졌다. 아무도 파괴할 수 없는 정신적 유물이 살아 숨 쉬고 있는 것이 놀라웠던 것이다.

　유럽의 열강들이 작은 나라 그리스를 수도 없이 짓밟았고, 2백 년간 양식을 다듬어가면서 완성시킨 그 아름다운 신전들을 모조리 부셔버렸지만, 문학만은 빼앗아가지 못했다. 아직도 모든 나라의 세계

문학전집 1권은 『일리아드』가 차지하고 있고, 에피다브로스 극장에는 하루에 1만4천 명의 관람객이 가득 차서, 2천5백 년 전에 써진 비극을 보고 있는, 기적 같은 일이 일어나고 있는 것이다. 그건 그리스만이 가지는 정신적 보물이다. 1830년대에 독립한 그리스는 지금도 혼미상태를 벗어나지 못하고 있지만, 왕복 여섯 시간의 거리를 연극 하나 보려고 오는 사람이 이렇게 많다면, 그리스는 한 번도 남의 나라의 정신적 속국이 된 일은 없다고 보아야 한다. 문화의 힘의 위대함이다. 그중에서도 비극은 누구도 빼앗아갈 수 없는 그리스 문화의 정화精華다.

그리스 극장은 좌석의 크기가 같다. 민주주의 나라답게 모든 좌석이 크기가 평등한 것이다. 앞쪽 중앙에 특석이 있기는 하지만, 고작해야 돌 빛깔을 바꾸거나 얄팍한 방석을 까는 것뿐, 같은 크기의 돌 위에 연극을 보는 기본 조건은 다름이 없다. 푸른기가 도는 하얀 돌로 만든 좌석은 너무 많아서, 앞자리에서 꼭대기를 올려다보면 아찔하다. 모양이 반원형이어서, 그리스 극장은 어디에 앉아 있어도 무대가 비슷하게 보인다고 한다. 들리는 것도 마찬가지란다. 파리의 오페라 극장 꼭대기층은 대사가 들리지 않아서, '귀머거리 좌석'이라는 별명이 붙어 있다고 한다. 여기는 야외극장인데도 귀머거리 좌석이 없는 셈이다. 마이크 하나 없이 모든 방향에서 잘 들리는 극장을, 2천5백 년 전에 만들어 놓았으니 기적 같은 일이다. 1만4천 명의 사람이 같은 크기의 자리에 앉아서, 비슷하게 보이고, 비슷하게 들리는 연극을 감상하는 것이다. 그리스의 민주제는 극장에서도 구현되고 있는 것 같다.

관람석 앞에 무대가 있다. 지름 20미터의 원형무대다. 무대 남쪽에는 스테이지 빌딩이 있다. 연극의 무대도 되고, 배경도 되며, 배우들의 탈의실도 있는 다목적 건물이다. 붉은 흙으로 바닥을 다져서 만든 무대를 '오케스트라'라고 한다. 오케스트라 한복판에는 제단이었던 둥근 돌이 있다. 애초에 극장은 제단이었다. 그러다가 디오니소스 축제와 연결되면서 노래와 춤이 첨가되었다. 원래 '오케스트라'라는 말은 춤추는 곳이라는 의미를 지녔다. 공물을 바치고 나서 신들을 즐겁게 하기 위해 가무를 하는 장소였기 때문이다. 관람석을 의미하는 테아트론theatron은 '구경하는 장소'라는 뜻이다.[108] 그러니까 극장은 춤추고 노래하는 사람들을 신과 인간이 함께 구경하던 장소였던 것이다.

1973년에 문학사상사에서 대보름 밤에 답교놀이를 재현하는 행사를 한 일이 있다. 한복을 입고 오라는데 두루마기가 없어서 숄만 쓰고 갔다가 추워서 혼이 났다. 대체 왜 우리 조상들은 이렇게 추운 계절에 야외행사를 했을까 하는 의문이 생겼다. 곰곰히 생각해보니 그건 봄을 재촉하는 청원請願행사였다. "보세요! 안 춥잖아요? 우리는 벌써 들에 나와 놀고 있다구요" 하면서 신들을 일깨우고 싶어서, 추위 속에서 그런 행사를 하는 것이다. 봄이 영영 오지 않으면 어쩌나

---

108 오케스트라는 지금은 관현악단을 의미하고, 테아트론은 극장을 의미한다.

하는 두려움 때문이었을 것이다.

디오니소스 축제도 봄을 재촉하는 행사였다. 땅의 신 데메테르가 딸이 저승신에게 납치당하자[109] 애통해서 땅을 돌보지 않은 일이 있다. 그러자 봄이 와도 식물들이 움트지 않았다. 봄이 되었는데 식물의 싹이 나오지 않으니 농부들이 얼마나 놀랐겠는가? 다시는 그런 일이 일어나지 않도록 신을 즐겁게 하려고 사람들은 봄이면 축제를 벌였다. 비극은 그 축제에서 생겨난 장르다. 해마다 극장에서 디오니소스 축제가 3일씩 열렸고, 코러스와 가무단이 춤을 추고 노래를 불렀다. 거기에 배우가 삽입되어 대화의 예술인 연극이 생겨난다. 배우의 수가 점점 늘어나면서 가무의 자리가 그만큼 좁아지고, 극장은 비극 공연이 주도하는 장소로 변모한다. 기원전 5세기로 접어들면서 비극은 종교적 색채를 벗어나 독립한다. 해마다 디오니소스 축제에 비극 경연대회가 열리게 되는 것이다. 축제가 3일이니까 축제 기간에 이루어지는 연극경연대회도 3일간 계속되어야 해서 3부작 형태가 많다.

장르가 희극이 아니라 비극이어야 하는 이유도 신들과 관계가 있다. 신을 기쁘게 하면서 인간에 대한 연민을 촉발해야 하니까 비극이 효과적이다. 무언가를 부탁하는 사람은 불쌍해야 돕고 싶은 마음이 생기기 때문이다. 그래서 가장 아름다운 운문으로, 가장 아름다운

---

109 페르세포네가 실종되자 어머니 데메테르는 비탄에 잠겨 일을 안 했다. 모든 식물이 시들어 갔다. 제우스는 할 수 없이 그녀를 하데스에 보내서 딸을 데려오게 한다. 그러면서 하데스에게 저승에서 무언가를 먹이면 지상에서 살 수 없다는 걸 알려주어서 여신의 딸이 석류 한 조각을 먹게 만든다. 그래서 페르세포네는 1년의 절반만 지상에서 보내게 된다. 곡식이 나서 자라는 계절이 그녀가 지상에 머무는 시기이다.

인간이, 운명 때문에 억울하게 고통을 당하는 비참한 이야기를 신에게 보여드리는 것이다. 그러니까 비극의 주인공은 보통 사람보다 '나은 사람'이어야 한다. 영웅들이 많은 이유가 거기에 있다. 동정을 받으려면 비극의 주인공은 사악해서는 안 된다. 그렇다고 완벽해서도 안 된다.[110] 사악한 인간을 도우면 신은 비난을 받을 것이고, 완벽한 인간이 수난을 당하면 신은 공정성을 의심받을 것이기 때문이다. 인간 중에서 가장 출중한 아가멤논이나 오이디푸스 같은 인물들, 본받을 만하기는 하지만, 완벽하지는 않은 아름다운 인물들이 주인공이어야 하는 이유가 거기에 있다.

그런 아까운 인물이 죄도 없이 운명의 올가미에 얽매여서, 오레스테스처럼 어머니를 죽이게 되고, 분노의 여신들에게 쫓겨 미쳐가고 있다(5절 2항 아가멤논 이야기 참조). 그 일을 사주한 아폴로가 아니라도 연민을 느끼지 않을 수 없는 정황이다. 그런 절실한 연민이 필요하다. 연민의 정을 촉발시켜야 할 대상은 신만이 아니다. 관람하러 온 시민들도 연민을 느끼게 만들어야 한다. 고귀한 인간이 당하는 형용할 수 없는 수난을 보면서, 사람들은 자신의 수난의 기억들을 카타르시스하기 때문이다. 아리스토텔레스의 말대로 연민과 동정을 통하여 카타르시스를 하는 것이 비극의 목적이다. 그래서 오이디푸스가 필요하고, 그래서 오레스테스가 필요하다. 하지만 너무 슬프기만 하면 축

---

110 비극의 주인공의 여건. 모든 면에서 보통 사람들보다 높아야 하고, 사악해서는 안 되나, 완벽하지는 않은 사람이어야 한다.

제분위기가 훼손되니까 마지막에 사티로스극[111]을 곁들인다. 비극경연대회가 3일간 계속되니 참여하는 작가는 사티로스극까지 네 편을 써야 되는 것이다. 아이스킬로스는 하나이던 배우의 수를 둘로 늘려서, 가무 위주의 축제를 대화의 예술로 업그레이드시킨 최초의 위대한 극작가다.

비극은 삼일치의 법칙을 가지고 있다. 주제가 하나. 배경도 하나, 시간은 24시간으로 한정되어 있는 것이다. 야외에서 하니까 장면 전환이 없고, 배우의 수도 많지 않다. 그 대신 대사가 아주 길다. 대사를 통하여 모든 정보를 알려야 하기 때문이다. 그리스 비극은 운문으로 씌어졌다. 비극공연은 운문으로 써진 긴 시를 두 시간 동안 낭독하는 아름다운 낭독회라고 할 수도 있다. 여러 번 봐도 질리지 않는 이유가 거기에 있다. 대사를 못 알아듣는 외국인들도 몰려오는 이유도 그 대사들이 일종의 음악이기도 한 데 있는 것 같다.

---

111 Satyros극. 사티로스는 디오니소스의 종자從者로 장난이 심하고 주색을 밝히는 요정이다. 코러스가 반인반수半人半獸의 모습을 한 사티로스의 모습을 하고 나와서 그런 극을 사티로스극이라고 부른다. 비극과 형식과 소재는 비슷하지만, 그로테스크한 부분을 많이 다루는 것이 특이하다. 희극, 풍자극, 패러디극적인 요소를 지니고 있는 연극으로 비극 3편을 공연한 후 뒤풀이로 하는 가벼운 연극이다.

🏛 인과응보 사상―아가멤논 집안 이야기

비극의 소재는 신과 영웅들의 이야기가 주가 된다. 시사적인 문제는 거의 다루어지지 않는다. 시사적인 이야기는 희극의 소재가 될뿐이다. 아이스킬로스의 남아 있는 작품 중에서 사사문제를 다룬 작품은 『페르시아인』 하나밖에 없다. 페르시아 전쟁은 그의 시대에는 당대의 사건이었던 것이다.

그리스 비극에는 두 왕가의 이야기가 주축을 이룬다. 미케네 왕가의 '아트레우스 집안' 이야기와 테바이 왕가의 '라이오스 집안' 이야기다. 인간이 오만해져서 죄를 지으면, 신은 어김없이 벌을 내린다. 그것을 그리스인들은 정의라고 생각했다. 죄 지은 사람이 미처 벌을 받지 않고 죽으면, 자손들이라도 그 벌을 받아야 하는 것이다. 그러니까 비극의 내용은 두 집안이 3대에 걸쳐 지은 죄와 벌에 대한 이야기가 된다. 그리스 비극의 3대 작가는 각자 다른 각도에서 이 두 집안 이야기를 소재로 하여 작품을 썼다. 죄와 벌의 문제는 그 사회를 지탱해주는 질서의 근본이었기 때문에 세 작가는 진지하게 그 문제에 접근해간 것이다. 그래서 같은 이야기라도 해석이 조금씩 다르기도 한다.

아가멤논 가문의 이야기는 혈육끼리 죽이는 가족 복수극이다. 카산드라의 말대로 그 잡안은 '인간도살장「아가멤논」'이다. 아가멤논의 아버지인 아트레우스가 비극의 빌미를 만든다. 해서는 안 되는 일을 한 것이다. 그 죄가 아들에게 대물림된다. 거기에 본인이 지은 죄가 추가된다. 아가멤논은 트로이 원정을 하기 위해 딸 이피게니를 희생으로 바쳐서 죽였다. 역시 해서는 안 되는 일이다.

아버지와 본인이 저지른 잘못에 대한 이중의 응보應報가 아가멤논의 죽음이다. 아트레우스의 조카인 아이기스토스는 자기 아버지가 당한 일을 복수하기 위해 아트레우스의 아들 아가멤논을 죽이려 한다. 아버지의 죄를 자식에게 물으려 한 것이다. 아가멤논의 아내 클리템네스트라도 남편을 죽이려 한다. 하지만 조상의 죄 때문은 아니다. 그녀는 딸을 죽인 죗값을 물은 것이다.

클리템네스트라와 아이기스토스는, 동기는 다르지만 복수의 표적이 같으니까 의기투합한다. 그들은 서로 사랑하면서 복수를 하기 위해 아가멤논의 귀가를 기다린다. 적들은 이렇게 칼을 갈며 기다리고 있는데, 아가멤논은 무신경하게도 적국의 공주까지 첩으로 데리고 돌아와서 아내가 자신을 죽일 명분을 배가시킨다. 아가멤논에게는 자신의 죄에 대한 반성이 없다. 그래서 돌아오자마자 아내와 사촌동생에게 살해당하는 것이다. 복수가 복수를 부른다. 아가멤논의 아들 오레스테스는 아버지의 복수를 하기 위해 어머니와 당숙을 죽인다. 같은 장소에서 같은 방법으로 죽이는 동태복수법이다.

원래 그리스 비극은 운명비극이었다. 오이디푸스 이야기는 운명비극에 해당된다. 운명비극에서는 인간에게 책임이 없다. 모든 것을 신들이 결정했기 때문이다. 그런데 아트레우스 집안 이야기에는 인간이 책임질 부분이 꽤 많다. 세 사람이 모두 죽어도 싼 잘못을 저질렀기 때문이다. 그래서 인간의 책임이 문제가 되고, 그래서 인간의 법정에서 죄에 대한 심판을 받게 된다. 아이스킬로스의 『오레스테이아』에서는 조상의 죄로 인해 발생하는 신벌과, 자신이 지은 죄에서 생겨나는 인과응보적 형벌이 공존하고 있다. 아버지의 죄 때문에 아이기스토스는 아가멤논을 죽인다. 혈친의 죽음에 대한 복수는 신들이 인정하는 사회적 정의다. 그러니까 아이기스토스에게는 잘못이 없다. 하지만 그에게는 다른 잘못이 추가되어 있다. 그는 형수와 간통했고, 사촌형의 왕위를 넘본 것이다. 클리템네스트라의 복수는 신과는 상관이 없다. 아가멤논 자신의 잘못에 대한 단죄이기 때문이다. 하지만 그녀에게는 간통죄가 있다. 아이기스토스와 클리테임네스트라는 아가멤논 살해 외에 자신의 죄가 추가되어 있어 오레스테스에게 죽임을 당하는 것이다.

오레스테스의 경우는 좀 다르다. 복수한 것 외에는 다른 죄가 없다. 복수는 신이 사주한 행위이다. 정당성이 인정될 여지가 있다. 아버지를 죽인 자에게 복수하는 것은 아들의 의무이기 때문이다. 가부장적인 윤리로 보면 그의 복수는 정당하다. 하지만 복수의 대상이 어머니였다는 데서 문제가 생긴다. 시민들과 모계의 신들이 그를 용서하지 않는다.

고향의 민회는 오레스테스 남매에게 사형을 선고했다. 돌로 쳐서 죽이는 형벌이다. 그건 어머니의 친권을 인정하는 모계존중사상과 이어진다. 혈육을 죽인 자를 응징하는 모계의 신인 분노의 여신Furies 들도 오레스테스를 용서하지 않는다. 여신들은 그를 괴롭혀서 정신 착란을 일으키게 만든다. 그래서 오레스테스의 복수는 부계신과 모계신의 싸움으로 번진다.

오레스테스의 모친 살해죄는 부계사회의 윤리 자체가 책임져야 할 부분이다. 그의 모친 살해는 부계의 신인 아폴로가 시킨 것이기 때문이다. 부계사회에서는 친권이 아버지에게만 있으니 아들은 아버지의 원수만 갚으면 된다. 대상이 어머니여도 상관이 없다. 그것이 아폴로의 뜻이다. 그러니 오레스테스가 재판정에서 무죄로 판결을 받는 것은 가부장적 윤리의 승리를 의미한다. 당시의 그리스는 그의 복수를 신과 인간이 모두 용납할 정도로 남성우위사상이 팽배해 있었다.

하지만 그것이 전부라고는 볼 수 없다. 오레스테스에게 자신이 지은 죄가 없었다는 점이 무죄석방에 유리하게 작용했을 것이기 때문이다. 다른 사람들은 모두 죽을 만한 죄를 직접 저질러서 죽임을 당한다. 그들의 죽음은 자신의 잘못에 대한 인과응보적인 면이 있다. 그래서 아가멤논 집안 이야기는 운명극이 아니라 인과응보적인 성격을 지닌다. 하지만 오레스테스에게는 그것이 없다. 그는 비극의 주인공답게 '사악하지 않았'다. 그래서 가부장적인 논리로 보면 그는 죄가 없다.

하지만 모계적인 윤리로 보면 그는 여전히 사형죄에 해당된다. 델피의 신전에서 아폴로는 분노의 여신들에게 시달려 미쳐가는 오레스테스를 발견한다. 부계신과 모계신이 거기에서 맞붙은 것이다. 그건 아폴로가 해결 못할 사항이다. 그래서 아폴로는 오레스테스를 지혜와 화해의 신인 아테나 여신에게 보낸다. 아테네에서는 인간이 하는 재판이 가능했기 때문이다.

아테나 여신이 최종 판결권을 행사했다고는 하지만 죄의 심판을 인간이 하는 재판에 맡긴 것은 획기적인 사건이다. 신이 인간에게 벌의 형량을 정하는 결정권을 내준 것이기 때문이다. 그 이전까지는 그리스 사람들의 운명은 완전히 신의 손에 쥐어져 있었다. 이때에 와서 처음으로 인간이 선과 악을 직접 관장하는 평결권評決權을 행사한 것이다. 재판에서 찬반이 같은 수로 나왔기 때문에 아테나 여신이 캐스팅 보트를 행사할 수 있었지, 만약 유죄에 대한 주장이 다수였다면 아테나 여신도 손을 쓸 방법이 없었을 것이다. 아테나 여신이 어머니가 없는 신이어서 부계신의 편을 들어 무죄판결이 내린 것이라고 볼 수 있다.

그런데도 시민들이 아테나 여신의 판결을 받아들인 데는 여러 가지 이유가 있다. 우선 그들도 가부장적인 사고를 가지고 있었다는 사실을 기억할 필요가 있다. 심판관의 절반은 무죄에 찬성했기 때문이다. 하지만 그것이 전부는 아니다. 동태복수법에는 끝없는 살육의 악순환이 요구되는 폐단이 있다. 그건 없어져야 할 악법이다. 그러니까 아테나 여신의 판결에는 이유여하를 막론하고 동태복수법을 종결시켰다는 의미가 있다. 분노의 여신들을 설득하여 자비의 여신으로 바꾸는 것은 여권말살행위이기는 하지만, 분노보다는 화해가 미래지향적이기 때문에 아테나의 행위는 정당성을 인정받을 수 있는 측면이 있었던 것이다. 거기에 오레스테스의 '사악하지 않은' 인성이 가산점으로 작용한다. 그에게는 다른 죄가 없어서 시민들이 그 재판에 승복한 것이기 때문이다. 비록 아테나 여신의 입김이 작용한 것이기는 했지만, 어쨌든 법에 의한 판결이 주도권을 가지게 되는 시대가 열렸다. 저주처럼 내려오던 복수극의 악순환은 종말을 고한 것이다.

어느 사회나 시간이 지나면 사람들은 신과 멀어지기 마련이다. 거리가 멀어지니까 신의 지배력이 약화된다. 비극 시대에 오면 신은 이미 너무 먼 곳에 있다. 트로이 전쟁 때만 해도 영웅들이 적과 싸우면, 그의 수호신이 창을 들고 같이 싸워주었다. 아이스킬로스의 시대에서 보면 영웅 시대는 이미 칠백 년 전의 아득한 옛날이다. 이제는 신들도 4대가 되니, 개인의 눈물을 닦아주려고 올림포스 산에서 내려올 기력이 없다. 그래서 사람의 평결권이 필요해진다. 고대의 그리스에는 사형제도가 없었다고 한다. 벌을 결정하는 것은 사람이 간여할 수 없는 신만의 몫이라고 생각했기 때문이다. 하지만 이제는 인간끼리 판정을 내릴 수밖에 없는 시대가 왔다. 비극의 무대에 재판관이 올라서게 되는 시대는 이미 인간과 신이 얼굴을 마주 대하던 지복至福의 시대가 아니다. 아폴로가 자신이 사면하지 않고 아테네에 가서 재판을 받게 하는 것은 인간에게 권력을 이양해야 할 때가 온 것을 알았기 때문이라고 할 수 있다. 인과응보적인 사고도 역시 불행의 책임을 인간에게 돌리는 데서 생겨난다. 재판과 인과응보적 사고의 등장은 그리스가 새로운 시대로 들어서는 것을 의미한다. 소피스트들이 득세하고 비극시대가 끝나는 시기가 멀지 않은 것이다.

🏛 죄 없는 자의 수난─오이디푸스 이야기

오이디푸스 집안의 비극은 그의 아버지 라이오스에게서 시작된다. 라이오스는 두 가지 죄를 짓는다. 자신에게 피난처를 제공한 피사의 왕의 아들을 강간한 것이 첫 번째 죄다. 손님으로서 해서는 안 되는 일을 함으로써 3대에 걸친 저주의 실마리를 만든 것이다. 아폴로는 그에게 아이를 낳지 말라는 신탁을 알려준다. 만일 아들을 낳으면 아들에게 살해당할 운명임을 귀띔한 것이다. 라이오스 왕은 신탁을 무시하고 아이를 낳지만, 신탁에 대한 두려움 때문에 낳자마자 신하에게 죽이라고 명령한다. 신탁을 어긴 데다가 아버지로서의 도리를 어기는 죄를 다시 범한 것이다. 결국 그는 신들의 각본대로 아들에게 죽임을 당한다. 그건 신벌神罰이다.

라이오스만 보면 오이디푸스 집안 이야기도 인과응보의 형식을 지닌다. 그런 잘못은 3대에서도 저질러진다. 오이디푸스의 아들 에테오클레스는 왕위 양보의 약속을 어겼고, 그의 아우인 폴리네이케스는 외국인과 제휴하여 조국에 쳐들어왔다. 반역죄다. 그들은 아버지에게도 불효한 행동을 해서 "칼로 유업을 받으리라"는 저주를 받은 일이 있다. 그 저주를 완성시키기 위해 에테오클레스는 동생과 같이 죽을 수밖에 없었다. 그러니까 그들의 죽음도 아트레우스 집안의 비극처럼 인과응보의 율법에 맞는다고 볼 수 있다.

하지만 오이디푸스는 아니다. 그의 비극은 죄와 상관이 없는데 받은 벌이라는 데 문제가 생긴다. 오이디푸스는 아트레우스처럼 조카를 죽인 일도 없고, 오레스테스처럼 어머니를 살해한 일도 없으며, 폴리네이케스처럼 조국에 쳐들어온 일도 없다. 그는 현명한 왕이었고 어진 아들이었다. 그의 잘못은 모두 운명의 신이 만들어낸다. 운명의 신이 만든 각본에 잘못이 있었던 것이다.

그는 운명 때문에 자신도 모르는 사이에 아버지를 죽이게 되고, 어머니와 결혼해서 아이를 낳는 흉측한 죄에 휘말린다. 그건 알고 한 일이 아니어서 그에게는 책임이 없다. 죽이라는 아이를 죽이지 않고 버린 것은 라이오스의 신하의 잘못이고, 코린트 왕의 양자가 된 것은 양치기가 아기를 주워 왕에게 바쳤기 때문이다. 오이디푸스는 자신이 코린트의 왕자인줄 알면서 자란다. 신탁을 통해 자기가 아버지를 죽일 운명이라는 사실을 알자마자 오이디푸스는 집을 떠나는 어려운 결심을 한다. 아버지를 죽이지 않기 위해서다. 가진 것을 다 버리고 왕궁을 떠나는 것은 힘든 결정이다. 그런 고난을 감수했는데도 운명에서는 벗어날 수 없었다. 파르나소스 산기슭을 내려오던 오이디푸스는 좁은 길에서 시비를 걸어온 노인과 싸우다가 실수로 그를 죽였는데, 그 노인이 자신의 친아버지였던 것이다. 하지만 그는 그 사실을 몰랐고, 싸움은 상대방이 먼저 걸어왔으니 그 살인은 정당방위였다.

아버지를 죽이지 않으려고 자기 나라를 떠난 오이디푸스는 남의 나라인 테바이로 들어간다. 그때 테바이에서는 스핑크스가 백성들을 괴롭혀서 나라 전체가 황폐해져 있었다. 스핑크스가 행인에게 수수께끼를 내고, 답을 맞히지 못한 사람은 모조리 죽여서 나라를 마비시키고 있었던 것이다. 현명한 오이디푸스는 스핑크스의 수수께끼를 풀어서 테바이를 구제한다. 그 공로로 백성들에게 추대되어 왕이 된다. 왕좌가 비어 있었기 때문이다. 왕이 되면 선왕의 왕비와 결혼하는 것은 그 당시의 관습이다.

그 결혼에서 그는 아들 둘, 딸 둘을 낳아 기르면서 나라를 잘 다스려나간다. 결혼하고 15년이 조용히 지나간다. 그런데 전염병이 자주 돌면서 나라가 피폐해져간다. 부정한 사람이 통치하는 게 원인이라는 신탁이 나온다. 조사가 시작된다. 진실을 추적해가던 오이디푸스는 놀라운 사실을 발견한다. 자신도 모르는 사이에 자기가 아버지를 죽이고 어머니와 결혼하여 아이들을 낳은 패륜아가 되어 있었던 것이다. 오이디푸스는 운명의 올가미에 걸린 억울한 희생양이었다. 그래서 그의 비극은 "죄 없는 자의 수난"이라는 새로운 화두를 낳는다. 그는 억울하게 벌을 받은 무고無辜한 욥이다. 그런데도 오이디푸스는 모르고 저지른 잘못에 책임을 진다. 왕좌에서 물러나며, 제 손으로 눈을 찔러 자신을 장님으로 만든 것이다. 그리고 그 나라를 떠난다. 성경에 나오는 욥처럼 그도 죄가 없는데 수난을 당하는 억울한 피해자다.

하지만, 죄 없는 자의 수난에 대한 욥과 오이디푸스의 반응은 아주 다르다. 하나님은 악마와의 내기를 이기기 위해, 욥에게서 재산을 거두어가고, 자식들을 몰살시키며, 몸에는 진물이 나오는 고약한 부스럼을 선사하는 사탄의 장난을 묵인한다. 무너진 집터에서 기와 부스러기로 부스럼 사이를 긁고 있는 욥에게 친구들이 나타나서 그의 신앙을 비웃는 발언을 한다. 욥은 드디어 신앙이 흔들린다. 그는 화가 치밀어서 하나님을 원망하며 자신의 탄생을 저주하는 말들을 내뱉는 것이다. 「욥기 3장」은 그의 저주하는 말들로 채워져 있다. "나를 잉태하던 날에 저주 있으라"로 시작되는 그의 탄식은 죄 없이 벌을 받는 자의 처절한 절규다.

하지만 마지막은 해피엔딩이다. 그 재난 속에서 욥은 하나님에 대한 믿음을 회복한 것이다. 모든 것을 하나님이 주셨으매, 거두어가는 것도 하나님에게 맡기는 게 옳다는 결론에 도달한 욥은 신을 찬양하는 말을 한다. 그 순간 하나님은 악마에게 이겼고, 욥에게는 전보다 많은 것이 주어진다. 전폭적인 복종에 의해 얻어진 복락이다.

오이디푸스의 경우에는 다른 양상이 나타난다. 신의 섭리 안에서 인간이 선택하는 '자유의지'라는 무거운 화두가 출현하기 때문이다. 자기는 잘못이 없지만, 결과적으로 인간의 도리에서 벗어난 짓을 했으니 벌을 받아야 옳다고 생각한 것은 오이디푸스 자신이다. 그는 스스로 자신에게 형을 선고한 것이다. 모르고 저지른 잘못도 책임을 지겠다는 자세 속에 그의 인간으로서의 긍지가 들어 있다. 그는 자신의 형을 스스로 결정하고 직접 집행한다. 그가 내린 벌은 자기 손으로 자신의 눈을 찔러서 장님이 되고, 왕위를 내놓으며, 국외로 유랑의 길을 떠나는 것이다. 모르고 지은 죄를 책임지려 함으로써 그는 자기 삶의 주인이 된다. 오랜 수난의 과정이 끝난 후 오이디푸스는 아테네 근처에 있는 콜로노스에서 수호신으로 추앙된다. 그가 받은 형벌은 신의 벌이 아니었고, 그가 얻은 영광도 신의 축복이 아니었다. 한 인간이 스스로에게 내린 형벌이며, 스스로 쟁취한 명예였던 것이다. 신의 섭리 안에서의 인간의 책임이라는 명제는 조직사회에서의 인간의 책임이라는 문제와 이어져서 「뉘른베르크 재판」[112] 같은 데서 그 메아리가 들려온다.

인간의 '자유의지'의 문제는 오레스테스에서도 잠깐 나타나지만, 에테오클레스에게서도 나타난다. 「테바이 공략의 7인」은 오이디푸스 집안의 3대의 걸친 비극의 마지막 부분에 해당된다. 왕위를 버리

---

112 「뉘른베르크 재판Judgment at Nuremberg」. 조직 안에서 한 행동에 대한 책임소재를 묻는 전범 영화이다.

고 떠날 때 오이디푸스는 아들 형제에게 교대해가면서 나라를 다스리라고 명한다. 그런데 형이 자기 차례가 끝났는데도 자리를 내놓지 않는다. 동생은 화가 나서 국외로 나가 6인의 외국 장수를 포섭해서 형을 치러 들어온다. 「테바이 공략의 7인」은 그 결전이 일어나는 날의 이야기를 다루고 있는 드라마다.

에테오클레스는 그 전쟁에서 이기고 있었다. 쳐들어온 6명의 외국 장수가 모두 죽었기 때문이다. 그러니 그는 성문 밖으로 싸우러 나가지 않아도 된다. 안 나가면 죽지 않을 수도 있었다. 그런데 그는 나가서 동생을 죽이고 자기도 죽어서 나라를 저주에서 해방시킨다. 자기 손으로 성문을 열고 나간 에테오클레스의 선택은 동시에 "칼로 유업을 나누리라"고 한 아버지의 저주도 받아들이는 결정도 의미한다. 그는 나가서 동생과 서로를 죽임으로써 그 오랜 저주의 사슬을 끊었다. 그것이 「테바이 공략의 7인」의 줄거리다. 오이디푸스 가문의 저주는 거기에서 끝난다. 직계 남자가 절손이 되면서 겨우 끝이 나는 것이다. 가부장적인 나라에서는 저주도 여자는 계승하지 않는 모양이다. 안티고네의 선택은 조상들의 죄와는 아무 관계가 없기 때문에 에테오클레스적 선택과는 연결고리가 없다.

인간의 자유의지를 부각시킨 것은, 죄 없는 사람에게도 벌을 내리는 부조리한 세계에 대한 그리스적 대응법이다. 신의 섭리를 받아들이면서, 그 안에서 인간의 자유의지의 미학을 유산처럼 남겨놓고 라이오스 일가는 문을 닫아버린다. 운명은 거역할 수 없는 것이지만,

인간은 운명 안에서 스스로 결정하는 자유의지를 가질 수 있다는 것을 두 작가가 동시에 부각시킨 것이다.

자유의지의 문제는 안티고네에 가서 절정에 달한다. 새 통치자인 크레온이 반역자인 폴리네이케스의 매장을 금지하자 안티고네는 거절한다. 반역자에게도 땅에 묻힐 권리는 있다는 것이 안티고네의 확고한 신념이다. 그건 안티고네만의 자기류의 율법이 아니라 신들이 정한 보편적인 법도다. 그런데 그것은 크레온의 국법과 충돌한다. 죽은 자는 반역자이기 때문이다. 안티고네는 사자에게 흙을 덮어주는 것은 신이 정한 인간대접이라고 생각해서 그 일에 목숨을 거는 선택을 한다. 라이오스 일가의 비극은 안티고네의 죽음을 통하여 명예롭게 완결된다. 하지만 국법을 어긴 그녀의 선택은 신과는 무관하다. 그건 순전히 인간이 스스로 내린 선택이기 때문이다. 그리스적 자유의지의 미학은 안티고네에게서 완성된다. '인간의 법'과 '나라의 법'과의 갈등은 현대사회에도 그대로 계승되어 우리들 모두의 현실로 정착했다.

🏛 그리스의 신들

 그리스의 신들은 완벽한 인격을 가진 인격신이 아니다. 절대적 권능을 가진 유일신도 아니다. 그리스 신화에는 금기가 없다는 말이 있다. 그들은 하고 싶은 대로 사는 자유로운 신들이다. 도덕에 대한 관심이 적은 신들인 것이다. 그래서 사람들처럼 이따금 잘못을 저지른다. 누군가의 표현대로 그리스 신화의 세계에서는 주간지에 나올 만한 범죄들도 저질러지는 일이 많다.

 그리스 신화는 아버지 거세하기에서 시작된다. 2대인 크로노스가 낫을 들고 아버지 우라노스의 성기를 잘라버리는 엽기적인 사건으로 첫 세대교체가 이루어지는 것이다. 그런 일을 저지른 크로노스는, 자기 아이들도 반란을 일으킬까 봐 두렵다. 그래서 아이를 낳는 대로 삼켜버리는 이상한 짓을 계속한다. 견디다 못한 아내가 시어머니와 공모해 막내인 제우스를 빼돌린다. 아기를 감추어놓고 대신 돌멩이를 먹게 한 것이다. 제우스가 커서 아버지 크로노스에게 토하는 약을 먹여 뱃속에 있던 형제들을 모두 토하게 만든다. 그리고 아버지와 레슬링을 해서 이긴다. 올림픽 경기에서 레슬링이 중요시되는 항목인 이유가 거기에 있다. 그렇게 해서 제우스의 시대가 열린다.

 아버지 죽이기만 하는 것이 아니다. 크로노스의 적자嫡子인 올림포스의 정통신들은, 할아버지와 아버지의 서자들인 괴물 같은 거인족들과 패권을 다투며 격전을 벌인다. 우리노스와 크로노스는 괴상한 아이들을 많이 낳아 놓았다. 외눈박이가 아니면 머리가 백 개나 달린 기괴한 괴물인 친척들은 모두 카오스를 의미한다. 그들을 없애지 않으면 원하는 코스모스[113]에 도달할 수 없다. 괴물 형제들과의 전쟁에서 이긴 올림포스 신들은 거인족 친척들을 모조리 대지의 뱃속에 있는 타르타로스 동굴에 감금해버린다. 대지의 신 가이아의 말을 빌자면 그들이 갇힌 곳은 모루(망치받이)를 던지면 떨어지는 데 9일[114]이 걸리는 깊은 땅 속에 있는 무한지옥이다. 그리고 나서 비로소 그리스에는 올림포스 신들이 관리하는 질서 있는 문명세계가 출현한다. 올림포스 신들이 타이탄족이나 괴물신들과 싸우는 그 긴 과정은, 카오스에서 벗어나 코스모스를 만들어가는 프로세스였던 것이다. 그들이 지상에 이룩한 문화의 절정에 페리클레스 시대의 그리스가 놓여 있다.

하지만 올림포스 신이라고 해서 모두 도덕군자인 것은 아니다. 제우스는 마음에 드는 여자가 있으면 수단과 방법을 가리지 않고 쫓아다니는 바람둥이이며, 아프로디테는 간통현장을 중인환시 속에서 폭로당하는 스캔들의 주인공이다. 헤라는 남편을 유혹하기 위해 아프로디테에게서 남자를 매혹시키는 허리띠를 빌리며, 아폴로는 카산드라가 사랑을 거부하자 예언자인 그녀의 말을 아무도 들어주지 않게 만들어버린다. 직권남용이다. 뿐 아니다. 그리스의 신들은 제물

---

113 Cosmos. 질서 있는 우주. 카오스에서 벗어나 질서와 조화가 있는 세계.
114 이윤기, 『그리스 로마 신화』, 웅진, 2003년, p. 71.

을 기억하는 신들이다. 한 번이라도 제사를 소홀히 하면 당장 동티가
난다. 제물은 신에 대한 공경심을 의미하기 때문에 어기면 가차 없이
벌이 내려진다. 아르테미스가 자기가 사랑하는 동물을 건드렸다고
아가멤논에게 이피게니의 피를 요구하는 것 같은 횡포를 자주 부리
는 것이다. 하지만 그들이 저지르는 죄는 이미 모친 살해, 인육먹이
기, 부친의 성기 자르기 같은 야만적인 행위는 아니다. 그들의 잘못
은 보통 인간들이 저지르는 잘못과 성질이 비슷하다. 그건 지금도 우
리 안에 남아 있는, 꼬리뼈의 자국 같은 것이라고 할 수 있다.

영웅들도 신들과 비슷하다. 영웅들은 용맹하고 아름다운 인간들
이기는 하지만 도덕군자는 아니다. 아킬레스는 아가멤논에게 화가
난다고 전쟁을 포기하여 그리스가 트로이에게 지게 만들며, 오디세
우스는 경우에 따라 얼마든지 말과 행동을 바꾸고, 아가멤논은 아킬
레스가 전리품으로 차지한 여자를 빼앗아가는 추태를 부린다. 그들
도 보통 사람들처럼 네발로 기어다니던 시기에 가지고 있던 꼬리의
자국을 지니고 있는 것이다. 그러니까 영웅은 보통 사람들보다 좀 더
훌륭한 사람들이고, 신들은 영웅들보다 더 거룩한 존재일 뿐, 전지전
능하지는 않다.

그리스인들은 인간 안에 있는 어둠을 외면하지 않은 것처럼, 신
안에 있는 어둠도 너그럽게 받아들였다. 영웅들을 있는 그대로 받아
들인 것처럼 신들도 그대로 받아들인 것이다. 그런 흠결이 있는데도
불구하고 그리스인들은 올림포스 신들을 코스모스의 창시자로 인정

했고, 그 안에서 신성을 발견했으며, 그들을 공경했다. 신들은 정의에 어긋나는 짓은 하지 않는다는 근본적인 믿음이 있었던 것이다. 인간이 아주 오만hybris해져서 신명을 거역하는 나쁜 짓을 하지만 않으면, 신들은 인간을 함부로 벌하지 않는다는 것이 그리스인들이 신에게 가지는 믿음이었다.

언뜻 보면 흐슨해 보이는 믿음인데, 그 신앙 밑바닥에는 뜻밖에도 확고한 신뢰가 있었던 것 같다. 시오노 나나미의 『그리스인 이야기』에는 신전에 있는 보물은 훔쳐가는 사람이 없다는 말이 나온다. 해적들도 신전에는 손을 대지 않는다는 것이다. 처음 델피에 갔을 때, 각국의 보물창고가 아폴로 신의 성역 안에 있어서 이상하게 생각했는데, 그 답이 거기 있었다. 어떤 도적도 신전의 물건은 건드리지 않으니까 신전마다 마을의 보물을 보관해두는 창고가 있었던 것이다. 신전 안의 신상안치소마다 뒤쪽에 보물을 두는 공간이 붙어 있는 것도 같은 이유에서다. 그리스인에게 신전은 그런 신성불가침한 장소였다.

그리스 신들은 보물만 지켜주는 것이 아니라 자신과 타인의 영역을 모두 존중하는 개인존중사상도 가르쳐준다. 그리스에서는 한 신이 모든 것을 관장하지 않는다. 신들은 제 각기 전담 분야가 있다. 주신인 제우스도 마찬가지다. 제우스가 가지고 있는 여러 가지 능력은, 다양한 여신들과의 결합에서 얻어진 것으로 되어 있다. 사랑을 하면서 상대방의 능력을 흡수하는 것이다. 지혜의 여신 메티스와 결혼한 제우스가 그녀를 삼켜버려서, 비로소 제우스 안에 지혜의 샘이 생긴다는 식이다.

그리스의 신들은 자기 영역을 존중하듯이 남의 영역도 귀하게 여겨서 영역 침범을 하지 않는다. 오디세우스의 수호신인 아테나 여신은 능력이 많고 격이 높은 신인데도, 자기가 사랑하는 오디세우스가 포세이돈의 심술에 시달려 바다 위에서 10년을 표랑하는데 육지로 끌어올릴 수가 없다. 속수무책인 것은 제우스도 마찬가지다. 바다는 포세이돈의 영역이기 때문에 다른 신은 손을 댈 수 없는 것이다. 제우스와 아테나가 갖은 애를 다 썼는데도 오디세우스가 이타카에 돌아오는 데는 10년이라는 세월이 소요된다. '신은 다른 신을 꺾지 않는다'는 것, 그것이 그리스의 다신교가 지니는 가장 위대한 미덕이라 할 수 있다.

신들의 개인영역존중은 인간에게도 그대로 반영된다. 누구도 함부로 남의 영역을 건드려서는 안 되는 것이다. 아가멤논이 자신의 전리품을 빼앗아가자 아킬레스는 전쟁을 거부한다. 전리품은 명예를 의미하기 때문에 아킬레스의 전쟁 거부는 자신의 명예를 애국심보다 더 귀하게 여긴다는 뜻이 된다. 남을 돕는 것 역시 영역 침범이다. 자기 문제는 자신이 처리해야 명예가 지켜지기 때문이다. 복수를 당사자의 혈족만 하게 하는 것도 그런 의미이다. 주인이 20년 동안 비워놓은 오디세우스의 집이 구혼자들로 인해 난장판이 되는데 그의 친구들이 돕지 못하는 이유도 같은 곳에 있다. 예전의 그리스군에서는 방어는 공동으로 하되 공격은 단독으로 하게 하며, 1대1로 접전하는 도중에는 제3자가 절대로 개입하지 않았다 한다. 아킬레스와 헥토르가 1대1로 싸우다가 헥토르가 죽자 승자는 헥토르의 시체를 마차 뒤에 매달고 트로이 성문 앞에서 끌고 다닌다. 그런데도 트로이 사람들이 아무도 나서지 못하는 이유가 거기에 있다. 그런 개인존중의 바탕 안에서 민주주의가 생겨났다. 그것이 그리스인들이 이룩한 코스모스의 풍속도인 것이다.

그리스의 종교에는 경전도 없고, 목회자도 없다. 그리스 신화는 헤시오도스와 호메로스 같은 시인들이 정리한 것이다. 시인들이 정리한 신화여서 유희적 요소가 많다. 그 대신 종교의식은 간단하다. 신전에 공물을 바치는 것, 춤을 추고 노래를 불러서 신을 기쁘게 하는 것이 전부다. 그리스 신전에는 예배를 보는 신도들의 자리가 없다. 신전은 언제나 신만의 것이다. 신전은 높은 곳에 그냥 서 있으면 된다. 사람들은 그것을 보면서 살고 있으면 된다. 신전에 그리스 자체가 들어 있어서 보는 것만으로 충족되는 모양이다.

🏛 테바이Thebai와 아테네Athens

우라노스에서 제우스로 가는 길이 괴물 같은 거인 형제들을 땅속에 파묻는 데서 시작되는 것은, 그 길이 카오스에서 코스모스로 가는 행로이기 때문이다. 카오스를 상징하는 괴물들이 태어나던 우라노스의 시대를 지나고, 크로노스의 시대도 지나야 올림포스 신들의 조화로운 세계가 비로소 나타난다. 우라노스에서 제우스에 이르는 코스는, 오레스테스가 테바이에서 아테네로 가는 과정과 유사하다. 고향에서 쫓겨난 오레스테스는 분노의 여신들에게 뜯기면서 아폴로에게 구원을 청하러 간다. 아폴로도 손을 든다. 하지만 그는 아테네에가서 구원을 받는다. 아테네는 낡은 관습을 타파하고 새로운 질서를 창안하는 새로운 코스모스였던 것이다.

테바이는 페니키아의 왕자인 카드모스가 제우스에게 납치당한 여동생 유로파를 찾으러 왔다가 그리스에 세운 나라다. 카드모스는 군신 아레스와 아프로디테의 딸이 결혼하여 낳은 후손이다. 신화시대와 이어져 있는 옛 사람이다. 그가 세운 테바이는 그리스에서 가장 오래된 나라다. 테바이에는 카드모스가 세운 성벽의 유적이 있고, 제우스의 아들 암피온이 세웠다는 일곱 개의 성문이 있었다. 「테바이 공략의 7인」에 나오는 그 성문이다. 카드모스의 손자가 오이디푸스의 아버지다. 「테바이 공략의 7인」은 그런 시대와 이어져 있는 태곳적 이야기다. 일곱 개의 성문이 있는 테바이는 문명이 발달한 나라였는데도 불구하고 그들의 왕가에서는 온갖 야만적인 사건들이 벌어진다. 마지막 자손인 에테오클레스 형제가 서로를 죽여 절손될 때까지 그 일이 계속된다.

아가멤논 집안에서도 비슷한 일들이 발생한다. 미케네는 크레타 문명을 이은 미케네 문명의 본산지이다. 암흑시대 이전의 왕국인 것이다. 그러니까 오레스테스는 아이스킬로스의 시대보다는 7, 8백여 년 전에 살았던 사람이다. 그들의 야만성과 부도덕성은 우선 그들이 살던 태곳적과도 같은 시대적 배경과 관계가 있다. 신과 인간이 결혼하여 아이를 낳던 시절에 일어난 일이기 때문이다.

하지만 아가멤논 집안의 저주는 어머니를 죽인 아들이 인간이 재판하는 아테네에 감으로서 끝이 난다. 오레스테스가 아테네의 재판정에서 무죄선고를 받으면서 아가멤논 집안의 오랜 살육의 드라마가 종말을 고한다. 그리고 새로운 시대가 온다. 복수의 여신이 자비의 여신으로 변하는 시대, 화해와 관용을 가지고 다스리는 시대가 아테네에서 열리는 것이다. 아폴로도 풀 수 없던 오랜 살육의 고리를 아테나 여신이 끊어서, 야만적인 복수극이 마감이 되는 장소가 아테네의 아레오파고스 언덕이다. 아테네는 새로운 코스모스다. 아테네가 코스모스인 것은 오이디푸스의 경우에도 해당된다. 오랫동안 유리걸식하던 늙은 장님 오이디푸스도 아테네 근처의 콜로노스에 가서 비로소 용서받고 정착한다. 그리고 죽은 후에는 그 도시의 수호신으로 승격되는 것이다.

그리스 비극에서 많이 다루고 있는 테바이와 미케네 왕가의 조상들은 모두 이방에서 온 사람들이다. 아트레우스와 라이오스는 모두 먼 곳에서 왔다. 그들은 헬라 사람이 아니다. 민주적인 폴리스의 시민도 역시 아니다. 그래서 그들의 집안에서 벌어지는 야만적인 행위들은 이방적인 요소로 간주될 수도 있다. 그들이 저지르는 가족 살상 행위와 인육 먹이기 같은 야만적인 행위는 그들의 조상이 '바르바로이(이방인)'라는 것과 관계가 있을 가능성도 있기 때문이다.

아리스토텔레스는 인간을 "도시라는 공간에서 활보하는 동물"이라고 정의했다. 그리고 플라톤은 도시 밖의 세계를 '코라chora'라고 불렀다. '코라'는 "도시를 둘러싼 열려진 공간"이다. 플라톤은 "도시에서 멀리멀리 떨어진 사막과 같은 장소를 혼돈(카오스)으로 여기고, 그 중간에 이것도 저것도 아닌 신비한 땅을 '코라'"라고 불렀다. 그는 도시를 '질서'로 보았으며 '코라'는 "비존재가 존재가 되기 위해서 반드시 통과해야 하는 무시무시한 장소"라고 본 것이다. "기원전 5세기에 아테네에서 등장한 비극들은 대부분 '코라'에 대한 은유다 … 그들은 무시무시한 공간인 코라를 통과해 자기 정체성을 찾아가는 인간의 모습을 그렸다"[115]고 배철현 씨는 그의 비극읽기에서 결론을 내린다.

그의 결론에 찬의를 표한다. 오레스테스와 오이디푸스 집안의 3대에 걸친 복수의 비극은 모두 아테네라는 대표적인 폴리스에 다다르면 해결되기 때문이다. 오레스테스는 테바이에서 사형을 선고받고 조국을 떠난다. 그에게는 끔찍한 형상을 한 분노의 여신들이 잔뜩 달라붙어 있다. 그는 미칠 지경이 되어 아폴로에게로 달려간다. 하지만 델피에서도 그의 문제는 해결이 나지 못한다. 아폴로가 할 수

---

115 '배철현의 비극읽기' 8, 「한국일보」, 2017년 4월 29일(이 문단에서 인용한 글은 모두 이 글에서 인용한 것이다).

있는 일은 헤르메스에게 호위시켜 오레스테스를 안전하게 아테네로 보내는 것뿐이다.

이 작품들에서 테바이와 미케네는 모두 코라다. 오레스테스는 코라를 지나 최고의 폴리스인 아테네로 입성한다. 그리고 거기에서 복수극의 올가미에서 해방된다. 아폴로의 예상대로 오레스테스는 아테나에 의해 무죄가 된다. 그것은 복수극의 되풀이에서 오는 살상의 고리를 끊어버리는 아테나의 결단을 의미한다. 아테네는 그리스인들이 이룩해놓은 새로운 코스모스의 상징이다. 아테네는 화해와 관용의 땅이었고, 문명의 고장이었으며, 민주주의의 원산지였다. 인간이 만들어낸 가장 자랑스러운 코스모스였던 것이다.

하지만 비극작가들은 카오스 시대에 인간이 지니고 있던 모든 어두운 요소들을 부정하거나 잊어버리지는 않았다. 그것들은 사라진 것이 아니라 이성의 통제를 받아 내면에 잠재된 것이기 때문이다. 그리스인들은 어쩌면 자기 안의 야만성을 비극을 보면서 치유하기를 원한 것인지도 모른다. 그래서 있는 그대로의 그 모든 것을 무대 위에 노출시킨다. 탐욕과 분노와 폭력 같은 인간의 어두운 속성들을 관중에게 보여주는 것이다. 그것은 어쩌면 그리스인들이 인간의 나체를 사랑한 것과 같은 원리라고 할 수 있다. 인간의 나체를 그리스처럼 당당하게 받아들인 문명은 세상에 다시는 없다. 그들은 나체에 균형과 조화를 부여하여 숭고한 예술로 승화시켜서 시라쿠사의 비너스처럼 숭고한 알몸을 우리에게 보여준다. 비극은 인간의 정신적인 알몸을 보여주는 예술이다. 그리고 수치스러운 곳을 가리는 손도 함께 준비한 예술이라고 할 수 있다.

비극은 20세기에 와서 프로이드를 통해 다시 조명을 받게 된다. 프로이드가 발견한 무의식의 탐색은 우리에게 아메리카 대륙보다 더 크다는 무의식의 영토를 보여준다. 거기에는 엘렉트라나 클리템네스트라의 이름들이 새겨져 있다. 우리는 프로이드를 통하여 많은 그리스 비극의 인물들과 만난다. 엘렉트라 콤플렉스와 오이디푸스 콤플렉스 같은 용어[116]들을 통해서 말이다.

인간에 관한 이해의 폭은 고전시대의 그리스가 가장 넓었다고 할 수 있다. 그들이 미처 알지 못한 쾌락은 근대에 와서 새롭게 출현한 '담배'와 '소설'밖에 없다는 말이 나올 정도다. 쾌락뿐 아니다. 고뇌와 갈등도 마찬가지다. 비극은 그리스인들이 모르는 고뇌와 갈등은 없다는 것을 우리에게 알려준다. 아버지의 원수를 갚는 의무 때문에 어머니의 목에 칼을 대고 있는 젊은 아들의 고뇌를, 모르는 사이에 아버지를 죽이고 어머니에게서 자식을 낳은 어진 왕의 고뇌를, 조국을 배반하면서까지 헌신한 사랑에 배신당하고, 제 손으로 자식까지 죽이는 젊은 어머니의 고뇌를('메데이아'), 병든 자신을 쓰레기처럼 버리고 간 조국을 도와야 하느냐 말아야 하느냐를 결정해야 하는 외로운 장군의 갈등을('필록테데스') 그들은 무대 위에 올려 많은 사람들에게 보여

---

116 프로이드는 인간의 내면에 있는 무의식을 탐색하면서, 아들이 어머니를 지나치게 좋아하는 것을 오이디푸스 콤플렉스라 명명했고, 딸이 아버지를 너무 좋아하는 것을 엘렉트라 콤플렉스라 이름 붙였다.

준다. 인간 안에 잠재해 있는 그런 갈등과 어둠을 직시하면서 그리스 사람들은 신벌을 받은 사람이 치유되는 것과 같은 과정을 더듬어 가고, 그것을 예술화함으로서 카타르시스를 경험하는 것이다.

🏛 그리스 비극 관람기

소포클레스의 「엘렉트라」 (1996년)

1996년에 에피다브로스 극장에서 소포클레스의 「엘렉트라」를 관람한 일이 있다. 레파토리를 미리 알지 못해서 자세히 읽고 오지 못한 것을 후회했지만, 줄거리는 이미 알고 있고, 안내서를 열심히 읽었으니 반쯤은 이해할 수 있으리라고 기대하면서 극장 안으로 들어갔다. 6월 어느 날의 어스름 녘이었다.

같은 구역 안에서는 선착순으로 앉는 것을 알고 있는 그리스인들이 일찍 와서 좋은 자리를 차지한 모양인지, 중앙과 낮은 지역이 아주 시끄러웠다. 나들이옷을 입은 잘 생긴 남자들이, 자리에 우뚝 서서 먼 데 있는 친지들과 큰 소리로 대화를 하고 있었다. 주변에 신경을 쓰지 않고 마음 놓고 떠드는 것 같이 보였다. 중고등학생을 데리고 온 가족도 있었다. "아들과 딸이 엄마를 죽이는 이야긴데, 애들은 왜 데리고 왔지?" 나는 속으로 혀를 찼다. 여기는 '청소년 관람불가' 같은 것이 없는 모양이다.

귀빈들이 입장할 때 시끄러움은 절정에 달했다. 하나하나 나타날 때마다 환호성을 올리고 손뼉을 치며 열광했다. 문화부 장관이 입장하자 박수 소리가 더 요란했다. 관중들이 그를 진심으로 환영하고 있는 것 같아서 보기 좋았다. 소포클레스는 인기 있는 작가였으니, 그도 여기에서 저런 열렬한 환영을 받지 않았을까? 2천5백 년의 세월이 흘렀는데, 아직도 연극제는 여전히 축제구나 하는 생각이 들었다.

요란스러운 축제의 마당에 어둠이 깔리기 시작했다. 연극이 시작될 무렵에는 무대 쪽이 아주 깜깜했다. 갑자기 실내가 물을 뿌린 듯이 조용해졌다. 무대의 불들이 모두 꺼져서 칠흑 같은 어둠이 깔려 있는데, 저승처럼 아득한 곳에서 가느다란, 아주 가느다란 피리 소리가 들려오기 시작했다. 그 작은 소리가 1만4천 명의 말소리를 삽시간에 삼켜버렸다. 작은 소리가 오히려 압도적인 카리스마를 가진다는 것을 그때 처음 알았다. 이윽고 무대 둘레의 횃불이 켜지니, 하얗고 긴, 내리닫이 헐렁한 원피스를 입은 소녀 합창단들이 맞은편에 주욱 서 있는 것이 보였다. 열댓 명쯤 되는 것 같았다. 발에는 덧버선 같은 신을 신고, 옛날의 한국 처녀들처럼 머리를 하나로 모아 뒤로 땋아 내린 소녀들은, 키가 나처럼 자그마했다. 그날의 코러스는 가냘프고 소박한 마을 소녀들이었다.

코러스는 그리스 비극에서 하는 일이 역할이 많다. 배우가 개인의 내면을 드러내는 사적인 대사를 외우면, 코러스는 객관적, 보편적 의견을 이야기한다. 때로는 배우의 의견을 부정하거나 비판하기도 하고, 때로는 보충설명 같은 것도 하며, 때로는, 효과음도 내고, 때로는 제스처로 말을 대신하는 연기를 하기도 한다. 막도 없고, 배경도 없고, 배우도 많지 않은 단조로운 무대를 코러스가 활성화시키는 것이다.

그런데 동작은 아주 절제되어 있다. 극 중 인물이 적절하지 못한 행동을 하자 합창단들은 우회전을 한 자세로 일제히 고개를 아주 살짝 우측으로 돌리고 한참 가만히 있었다. 어떤 대사보다 웅변적인 의사표시였다. 클리템네스트라가 죽는 장면은, 궁 안에서 이루어져서 무대에서는 보이지 않았다. 아들의 칼에 찔려 죽는 여인의 애통한 비명 소리만 어둠 속에서 길게 울려 나왔을 뿐이다. 그 순간 코러스는 일제히 고개를 숙이더니 아주 낮은 음조로 '우우우우' 하는 소리를 냈다. 최고의 효과음이었다.

배우들의 연기도 탁월했지만, 관중들의 관극태도도 경이적이었다. 왕복 여섯 시간의 거리를 연극 하나 보려고 오는 사람들답게 숨소리 하나 내지 않았다. 아이들도 아주 조용히 연극을 보고 있었다. 어린데도 저런 복잡한 인간비극을 조용히 소화시키고 있다니 놀라웠다. 우리는 빌린 차 기사에게 미안해서 절반만 보고 나올 예정이었는데, 그러지 못했다. 그리스 연극에는 막이 없다. 시작하면 두 시간 내리 계속되는데, 연극이 너무 감동적으로 진행되고 있어 관람객의

발이 얼어붙는다. 아무도 자리에서 움직이는 사람이 없어서 분위기에 휩쓸렸다. 몰입해서 보고 있는 동안에 두 시간이 후딱 지나가버려서 기회를 놓진 것이다.

대사를 알아들을 수 없는 연극을 그렇게 감동적으로 본 건 생전처음이었다. 말도 못 알아듣는 관객을 그렇게 몰입시킨다는 것은 놀라운 흡인력吸引力이다. 동양 사람들이 문학 장르 중에서 서양보다 가장 뒤떨어지는 것이 연극인 것 같다. 대등한 인간끼리 진솔한 대화를 나누는 인간평등사상의 전통이 없기 때문인지도 모른다. 가족끼리도 의례적인 말이나 나누고, 친구끼리도 속마음을 털어놓지 않는 것을 미덕으로 여기는 풍토에서는 연극이 자랄 수 없다. 로마인들이 경마를 보거나 검투사 놀이를 보며 생동하는 스릴을 즐기는 시간에, 그리스인들은 극장의 차가운 돌 위에 앉아, 저런 깊고 어두운 인간의 내면을 응시하고 있었던 것이다.

「엘렉트라」는 '엘렉트라 콤플렉스'라는 용어가 있기 때문에, 딸이 어머니를 죽이는 이야기 같은 인상을 준다. 그런데 사실은 아들이 어머니를 죽이는 이야기다. 아버지의 복수는 아들이하는 것이기 때문이다. 아직 소년인 아들이 어머니를 죽이다니, 오이디푸스 콤플렉스라는 말이 무색해진다. '엘렉트라 콤플렉스'라는 말도 김이 새는 것은 마찬가지다. 아가멤논은 전쟁을 하러 가기 위해 딸을 희생시킨 좋지 않은 아버지기 때문이다. 그런데 작은 딸이 언니를 희생시킨 아버지의 원수를 갚으려고 일구월심 어머니 죽이기에 전념하고 있다. 20세기에 와서 프로이드가 인간 안의 무의식의 세계에서 발굴해낸 그 신통한 용어들은, 오레스테스 이야기를 보면 의미가 아리송해진다. 그만큼 아가멤논 집안 이야기는 예외적인 것인지도 모른다.

소포클레스의 작품에 나오는 엘렉트라는 어머니를 죽이지 않는다. 문고리를 잡고 망만 보고 있을 뿐이다. 그녀는 안티고네나 크리템네스트라처럼 의지가 강한 여성형이 아닌 것 같다. 복수를 하려고 이를 갈면서도 엘렉트라는 남동생 오기만 기다리고 있다. 그녀는 남동생을 "아버지로, 오라비로, 왕으로 맞이한다."[117] 남성의존형이다. 그런데 에우리피데스의 「엘렉트라」에서는 엘렉트라가 어머니 살해에 간여한 것으로 되어 있다. 같은 소재를 가지고 세 작가가 각기 조금씩 다른 각도에서 희곡을 썼다. 모친 살해는 너무나 중요한 문제였기 때문에 작가마다 관점이 조금씩 달랐던 것이다.

「엘렉트라」는 페미니스트들에게서 비난을 받을 소지를 많이 가지고 있는 작품이다. 오레스테스가 어머니를 죽이는 것을 신이 부추기고 있기 때문이다. 설사 아버지의 원수를 죽이는 것이니 정당하다고 아폴로가 말한다 하더라도, 자식이 어머니를 죽인 것이 무죄가 되어서는 안 된다는 것이 복수의 여신들의 신념이다. 오레스테스는 엘렉트라처럼 어머니에게 학대를 받은 일도 없다. 그러니 아무리 아들로

---

117 『아이스퀼로스 비극 전집』, 천병희 역, 숲, 2008, p. 459.

서의 의무를 다하는 것이 정의라 하더라도 양심의 가책이나 갈등을 느껴야 옳다. 그런데 이 작품에는 그것도 없다.

오레스테스는 처음부터 아폴로의 사주를 받고 어머니를 죽이려고 돌아온 아들이다. 살인을 하는 순간에는 "모친살해의 끔찍한 행동을 스스로 자신의 의지 속에 받아들여 자신의 책임 아래 행할 것"을 결심했다는 말까지 나온다.[118] 관습이나 신의 명령 때문에 마지못해 하는 것이 아니라 자유의지를 가지고 자신이 결정하여 어머니를 죽였다고 작가는 보고 있는 것이다. 그 작가는 어머니의 친권을 전혀 인정하지 않는 사고방식을 가지고 있었다고 할 수 있다.

오레스테스에게는 어머니가, 누나 이피게니를 죽인 것을 복수하기 위해 아버지를 죽였다는 사실을 참작할 성의조차 없다. 어머니에 대한 사랑과 의무가 완전히 몰각沒却되고 있는 것이다. 딸도 마찬가지다. 그들에게는 아버지에 대한 의무만 있지 어머니에 대한 의무는 없다. 그 남매에게 부모는 아버지 하나뿐이다. 그러니까 어머니를 죽이면서 자신이 정의롭다고 생각하는 것이다. 오레스테스는 자신이 무죄라고 믿고 있다. 신이 하라는 대로 했기 때문이다. 그리고 실지로 아테나 여신이 주관하는 재판정에서 그는 무죄선고를 받는다. 어머니를 죽인 아들이 무죄가 될 정도로 그 무렵의 그리스의 세계에서는 남존여비사상이 팽배해 있었던 것이다.

오레스테스의 수호신인 아폴로와 제우스는 북방에서 온 남성신이

---

118 아이스퀼로스, 같은 책, p. 459.

다. 원래 그리스계의 신들은 남성이 많다. 가부장적인 부계父系 신화이기 때문이다. 오레스테스의 칼끝이 어머니 가슴 앞에서 흔들리자 빨리 찌르라고 재촉할 정도로 아폴로는 이 살인의 정당성을 확신한다. 모권을 인정하지 않으면서 아폴로는 그것이 제우스의 뜻이기도 하다고 주장한다. 아이스킬로스나 소포클레스 같은 작가들도 아폴로와 의견이 같다. 신이 시키는 일은 옳은 일이라면서 그들은 아폴로가 젊은이에게 어머니를 죽이라고 부추기는 것을 묵인하고 있는 것이다.

오레스테스의 어머니 죽이기는 이런 부계사회의 윤리를 대표한다. 아버지의 원수를 갚는 것은 아들의 의무이니 상대가 누구든 상관이 없다는 것이 그들의 주장이다. 거기에서는 아가멤논의 잘못은 완전히 잊혀지고 있다. 아가멤논은 전쟁을 하러 가기 위해 자기 딸을 희생양으로 바친 냉혹한 아버지다. 물론 처음 그런 신탁이 내려졌을 때 "아틀레우스의 아들 형제 / 손에 든 왕홀로 땅을 치며 / 흐르는 눈물을 억제하지 못했다[119]"는 대목이 나오기는 한다. 하지만 일단 결정하자 "딸의 기도에도, 아버지라고 부르짖는 / 그녀의 절규에도, 그녀의 청순한 청춘에도 / 호전적인 지휘관들 아랑곳하지 않았[120]다. 그는 아킬레스와 결혼시킨다고 거짓말을 해서 딸을 전쟁터로 불러다가 죽인 아버지다.

클리템네스트라는 그 일을 용서 할 수 없다. 아르테미스는 이피게

---

119 아이스퀼로스, 『아가멤논』, 같은 책, p. 37.
120 같은 책, p. 38.

니의 피를 지정해서 요구한 것은 아니다. 그러니 자기 딸을 바칠 필연성은 없었다. 제 어미가 간통죄를 지어 전쟁을 유발했으니, 차라리 헬렌의 딸을 죽이는 것이 이치에 맞는다고 클리템네스트라는 주장한다. 그런데 아가멤논은 그리 하지 않았다.

> "그는 제 자식의 죽음을 대수롭지 않게 여겼소 / 부정한 짓을 한 대가로 이 나라에서 추방했어야 할 사람은 / 바로 이 사람이 아니겠소? … 두고 두고 눈물을 흘리게 했던 이피게니아를 / 그는 남들이 보는 앞에서 공공연히 죽였으니까"[121]

클리템네스트라는 그렇게 울부짖는다. 자기가 딸 이피게니의 복수를 하는 것이 정당하다는 것이 그녀의 주장이다. 게다가 아가멤논은 트로이에서 아킬레스의 여자를 빼앗아 소동을 일으킨 일이 있는 남편이며, 10년 만에 돌아오면서 적국의 공주를 첩으로 데리고 온 무신경한 배우자다. 영생을 준다는 칼립소의 제안에도 불구하고 아내에게로 돌아오는 오디세우스와 비교하면, 그는 아내에게 할 말이 없는 남편이다. 그런데도 클리템네스트라의 권리를 인정해주는 사람이 이 연극에는 아무도 없다. 코러스까지도 '위대한 왕' 편일 정도다. 여자가 정부를 둔 것은 힐난하면서 남자가 첩을 데리고 아내의 집으로 들어오는 것은 자녀들도 문제 삼지 않고 있는 것이 「엘렉트

---

121 같은 책, p. 86.

라」의 세계다.

　오랜 세월이 지난 후 여류 학자 조안 로크웰Joan Rockwell이 어머니를 죽인 아들이 무죄가 되는 판결에 항의를 하고 나섰다. 오레스테스의 무죄를 주장하는 것은 부계사회적 윤리만 강조하는 편파적인 판결이라는 것[122]이 그녀의 의견이다. 고대 사회에서 자연신은 여성인 것이 상례였다. 아이를 낳는 여자들의 성이 신앙의 대상[123]이어서 모성 숭배가 선행했다. 농경사회에서는 더했다. 그리스는 본래 농경사회여서 헤라와 데메테르 등 지모신들이 주관하는 땅이었다. 지모신 숭배가 깊게 자리 잡은 고장인 것이다. 그런데 북쪽에서 내려온 그리스 민족은 유목민이어서 부계사회였다.[124] 부계의 신들이 쳐들어와서 토착신인 지모신들을 몰아내거나 왜곡했다. 대지의 어머니였던 거룩한 헤라는 제우스와 결혼하는 것으로 처리되어, 강짜나 부리는 아내로 격하되고, 아프로디테는 창녀 취급을 당했으며, 다산의 신인 아르테미스는 불모의 처녀신으로 변모된다. 부계신들이 패권을 쥐게 되자 모성경시사상이 노출된다. 남자에게만 친권을 인정하는 이런 변천과정이 부계사회로 이행한 그리스를 보여준다는 것이 그 학자의 의견이었다.

　모계사회의 윤리로 보면 자신의 씨족을 해친 자에게 복수를 하는

122　조안 로크웰Joan Rockwell, 「오레스테이아에 나타난 고대 그리스의 모계사회에 대한 고찰」. 『Fact in Fiction』에 수록되어 있음.

123　다치바나 다케시, 『에게해 — 영원회귀의 바다』, 이규원 역, 청어람미디어, p.199.

124　같은 책, p.206.

것은 여자 수장首長의 정당한 의무다. 클리템네스트라는 모계의 수장으로서 자신의 혈육을 죽인 남자를 죽일 의무가 있다. 그건 오레스테스의 의무와 동질의 것이다. 그러니까 그녀의 남편 죽이기는 죄가 아니라고 로크웰은 주장했다. 뿐 아니다. 배우자 선택권도 여자 수장에게 있었기 때문에, 그녀가 트로이에서 자신을 배신한 남편 대신에 아이기스토스를 왕좌에 앉힌 것도, 아가멤논은 이미 그녀의 남편도 아니라고 생각했기 때문이라는 것이다. 그녀의 의견은 분노의 여신들과 상통한다. 남성 중심의 윤리로 보면 오레스테스가 무죄가 되는 것과 마찬가지로, 클리템네스트라의 딸 살해자(아가멤논) 죽이기는 지모신들이 인정한 모계사회의 정의였다.

문제는 그리스가 부계적 신화체계로 완전히 바뀐 데 있다. 예전에는 그렇지 않았다. 기원전 12, 3세기경의 미케네 시대를 다룬 호메로스의 서사시에는, 오레스테스의 모친 살해가 나오지 않는다. 아이기스토스가 복수하기 위해 아가멤논을 죽이고, 오레스테스도 복수하기 위해 아이기스토스를 죽인 것으로 끝난다. 피차 아버지의 원수를 갚았으니 비긴 셈이다. 7백 년의 세월이 그리스의 가부장제를 강화시켜서 기원전 5세기에는 오레스테스가 재판을 통해 무죄를 확보받는 세상이 왔다. 혈족 살해범을 응징하던 분노의 여신들은 모두 자비의 여신으로 바뀌고 만 것이다.[125]

---

125 분노의 여신Furies들은 오레스테스를 정죄하려고 아테네까지 떼 지어 몰려왔는데, 아테나 여신이 거처도 마련해주고 권한도 늘려주면서, 이제부터는 복수 대신에 화합을 관장하는 신이 되어 달라고 부탁하자, 그 판결에 동의하고 자비의 신인 유메니데스Eumenides가 된다.

하지만 분노의 여신들의 주장대로 남편 살해와 모친 살해는 절대로 동격이 될 수가 없다. 부부는 이혼이 가능한 인간관계다. 성인이 된 후에 결합했다가 다시 타인으로 돌아갈 수 있는 관계인 것이다. 피가 섞이지 않았기 때문이다. 자식은 다르다. 그건 천륜이다. 어머니와 자식은 분되는 것이 불가능한 관계다. 탯줄로 이어져 한몸으로 살았던 일이 있는 사이이기 때문이다. 여자들은 태반까지 합치면 7킬로도 넘는 무거운 생명을 체내에 넣고 다니면서 혼자 길러서 세상에 내보낸다. 자식을 낳고 나면 이가 흔들리고 머리가 빠진다. 자신의 뼈와 살을 나누어 준 것이다. 그러니 부자 관계와는 비교가 되지 않는다. 분노의 여신들이 모친 살해자를 용서하지 못하는 이유가 거기에 있다. 그런데도 클리템네스트라를 나쁜 엄마로 만들면 아들의 범죄가 정당화된다고 소포클레스는 생각했던 것 같다.

오레스테스가 무죄가 되는 것은 아이스킬로스의 「오레스테이아」에서다. 하지만 소포클레스도 「엘렉트라」에서 오레스테스 편을 든다. 그리스 극작가 중에서 오레스테스의 정당성에 대하여 회의를 표시한 작가는 막내인 에우리피데스뿐이다. 에우리피데스는 그의 「오레스테스」에서 어머니를 죽인 아들 편을 들지 않았다. 모친 살해는 나쁘다고 분명히 말하고 있는 것이다. 오레스테스의 모친 살해는 아폴로 신의 판단 미스라고 에우리피데스는 생각했다. "신도 옳지 못하시고 신탁도 옳지 못했어요"[126]라고 엘렉트라 자신이 부르짖고 있다

126 「오레스테스」, 『에우리피데스 비극 전집』 2, p.309.

고, 그의 「엘렉트라」에서는 디오스쿠리들이 같은 말을 하고 있다.

이미 신에게 맹종하던 시대는 지나가고, 소피스트들이 전면에 나서는 철학의 시대가 오고 있었다. 새 시대에 속하는 에우리피데스는 신화보다는 인간의 비극에 관심을 가졌다. 남편을 죽인 자도 어머니를 죽인 자도 양심은 평온할 수 없다는 것을 그는 지적한다. 그렇다면 왜 아들이 꼭 어머니까지 죽여야 하는가 하고 그는 반문한다. 에우리피데스는 영웅들보다는 전쟁의 피해자인 여자들에게 관심을 쏟은, 근대적 성격의 작가였다. 그리스 고전극에서는 미케네 시대의 영웅들의 이야기가 주류를 이루지만, 에우리피데스 시대에 오면 대세가 기울기 시작한다. 이미 영웅을 이상시하던 시대는 끝났기 때문이다. 영웅에 대한 흥미가 고갈하자 그리스 비극의 전성기도 끝난다.

아이스킬로스의 「테바이 공략의 7인」 (2017년)

2017년 5월 26일 밤, 시라쿠사의 그리스 극장에서 다시 그리스의 비극을 볼 기회를 가졌다. 아이스킬로스의 「테바이 공략의 7인」이다. 아이스킬로스는 참주 히에론의 초대를 받아, 그날 우리가 앉아있던 시라쿠사의 이 극장에서 「에트나의 여인」을 초연했다. 「페르시아인들」과 「테바이 공략의 7인」도 이 극장에서 공연했다. 시라쿠사의 극장은 아이스킬로스와 인연이 많은 곳이다.

시라쿠사의 그리스 극장은 직경이 130미터나 되는 규모에, 보존 상태도 좋은 살아 있는 유적이다. 직경이 10미터인 둥근 무대는 바닥은 붉은 흙으로 다져서 있었다. 에피다브로스에는 무대 남쪽 끝에 배우들의 탈의실 같은 것으로 쓰이는 스테이지 빌딩이 있었는데, 시라쿠사에는 그것이 허물어져서 남아 있지 않았다. 그 대신 울창한 숲이 뒤에 있어 좋은 배경이 되어 주었다.

무대 한복판에 커다란 나무가 하나 서 있었다. 신목神木이다. 숲이 뒤를 막고 있어 그 나무와 숲이 코디가 되었다. 원작에서는 그곳이 그냥 '테바이 시'라고만 되어 있는데, 나무 주변은 제단 같은 느낌이 들었다. 관람석 서쪽 끝이 3미터쯤 되는 절벽으로 처리되어 있는데, 그곳이 성벽 역할을 하고 있었다. 파수병이 이따금 그 위에 나타나 전황戰況을 알려주었다.

무대 장치로는 대나무 막대 비슷한 것을 방안형方眼型으로 엮어 만든 사방 2미터 정도의 큰 판이 하나 있었다. 코메디 프랑세스에서는 고전극을 할 때 천장에서 발 같은 것이 내려와서 이동하면서 벽 구실도 하고 출입문 구실도 하는 것을 보았다. 시라쿠사 극장에서는 그 판이 그런 역할을 감당하고 있었다. 때로는 칸막이로도 쓰이지만, 성문이 하나씩 함락할 때마다 그 판에 적장의 형상을 한 인형이 하나씩 매달렸다. 붉은색 가면을 쓴 검은 옷을 입은 인물상이다. 필요 없을 때는 바닥에 눕혀 놓는데, 적장이 여섯 명이나 죽으니 그것은 줄창 누웠다 일어났다 분주했다. 병사들이 들고 있는 하얀 창과 정찰병 손에 든 수건밖에는 아무 것도 없는 맹숭한 흙바닥에서 배우들은 폭풍처럼 박력 있고 역동적인 드라마를 창출해 내고 있었다. 귀기 어린 그 역동성은 2,500년이나 된 전통의 산물이라고 할 수 있다.

시라쿠사 극장은 여러 면에서 에피다브로스와 달랐다. 공연이 저녁 6시에 시작되는 것부터 차이가 났다. 20년의 시간이 흘렀으니 에피다브로스도 달라졌을지도 모른다. 내가 본 것은 1996년의 에피다브로스였기 때문이다. 깜깜해지기를 세 시간이나 기다렸던 그곳의 들판이 생각난다. 밤 9시에 연극이 시작됐기 때문이다. 조명도 관솔불이었는데, 여기서는 전기를 사용했다. 무대 중앙에도 조명대가 놓여 있었으며 무대 주변에도 전등이 설치되어 있었다.

음향 효과도 기계가 더러 도왔다. 전쟁신에서는 폭발음 같은 것도 들리고, 연막탄도 터지곤 했다. 코러스 대원들이 배우들과 같은 갈색 계통의 헐렁한 옷을 입은 소녀들이어서, 갈색의 펄럭이는 옷자락들이 전시의 경황없는 분위기 연출에 많은 도움을 주었다. 코러스는 에피다브로스 때처럼 나란히 한곳에 서 있는 것이 아니라, 배우들과 뒤섞여서 액션도 했다. 잠시도 가만히 있는 사람이 없는 활극이었다. 전쟁 마지막 날의 하루였기 때문이다.

1996년의 에피다브로스의 좌석은 특석만 빼면 모두 그냥 돌바닥이었다. 2017년 시라쿠사의 극장에는 모든 좌석에 방석이 놓여 있었다. 한 줄에 여러 개가 연결되어 있는, 스펀지가 든 방석이다. 그것을 주욱 펴놓았다가 연극이 끝나니 둘둘 말아서 가져갔다. 허리가 아픈 상태였던 나는 차가운 바닥에 앉을 일이 걱정이어서 깔고 앉을 모직 마후라를 한국에서부터 들고 갔는데, 방석이 있어서 고마웠다. 그런 차이점은 20년의 세월 탓인지, 에피다브로스와 시라쿠사의 차이인지 가늠할 수 없었다. 5유로나 주고 빌린 영어 리시버가 불량품에 가까웠다. 발음도 좋지 않고 소리도 흔들려서 나중에는 빼버렸다. 유감스러운 일이다. 하지만 음향전달은 완벽했다. 대사가 잘 들리고, 배우들의 연기도 나무랄 데가 없이 박력이 있었다. 그건 천부의 소질이라고 할 수 있다. 저런 끼는 하루이틀에 형성되는 것이 아니다. 야외극이 가지는 청량한 현장감도 감동을 주는 데 한몫을 했다. 안티고네 역의 여배우가 출중했다. 외모도 개성적이었고, 연기력도 탁월했다. 실지로 그 마당에서는 아무 일도 일어나지 않았는데, 전쟁은 실감 있고, 오감으로 느껴지게 연출이 되어 있었고, 오빠들의 사망 소식을 듣고 달려온 안티고네의 귀기어린 비탄이 관객을 압도했다.

「테바이 공략의 7인」은 아이스킬로스가 사망하기 1년 전인 기원전 467년에 발표한 작품이다. 이 작품은 오이디푸스 집안의 3대에 걸친 비극의 마지막 부분에 해당된다. 왕위를 버리면서 오이디푸스는 아들 에테오클레스와 폴리네이케스에게 교대로 나라를 통치하라고 명한다. 그런데 에테오클레스가 임기가 끝나도 자리를 내놓지 않으면서 동생을 국외로 추방해버린다. 폴리네이케스는 너무 화가 나서 외국으로 가서 6인의 장수들을 포섭한다. 자기 나라에 쳐들어가

▲ 연막탄이 사용되고 있다

기 위해서다. 「테바이 공략의 7인」은 그 결전의 마지막 날의 이야기를 다루고 있다. 전쟁에 대한 공포에 떠는 시민들이 광장으로 모여드는 데서 연극이 시작되어, 안티고네가 죽은 폴리네이케스를 묻어주겠다고 선언하는 데서 끝난다.

이 두 편의 연극에 나오는 인물들은 '우리보다 나은' 사람들이지만, 모두 '완벽하지 않다'. 클리템네스트라는 이유 여하를 막론하고 남편을 죽이면 안 되는 것이었으며, 오레스테스도 어머니를 죽이는 짓은 하지 않는 것이 옳다. '테바이'의 경우도 마찬가지다. 에테오클레스는 아버지와의 약속을 어기면 안 되었으며, 폴리네이케스는 적들과 제휴해서 조국에 쳐들어오면 안 되는 것이다. 그들은 모두 인간적인 약점을 지닌 인물들이다.

아가멤논 집안의 복수극에 종말을 긋게 만든 것은 아테나의 현명한 결단이었던 것처럼 테바이 왕가의 비극에 종지부를 찍은 것은 에테오클레스의 선택이다. 아레오파고스 언덕[127]에서의 재판이 아가멤논 집안의 미래를 연 것처럼 일곱 번째 대문을 열고 나간 에테오클레스의 결정이 테바이 왕가의 보다 나은 미래를 예고하는 것이다.

---

127 오레스테스의 재판이 열렸던 아크로폴리스에 있는 언덕.

IV

본토 나들이

1
나폴리 고고학 박물관

오전에 시라쿠사의 두오모를 보고 나서 카타니아 공항으로 향했다. 12시 30분발 나폴리행 비행기를 타기 위해서다. 나폴리가 속해 있는 캄파니아 주는 50퍼센트가 고지대라 한다. 하지만 나폴리의 중심지는 평지에 자리 잡고 있었고, 언덕으로 기어 올라가면서 지어진 집들도 아찔한 느낌을 주는 가파른 절벽에 붙어 있지는 않았다. 시칠리아에도 전체가 절벽 위에 있는 도시가 있지만, 아그리젠토나 시라쿠사의 구시가지는 평지였다.

나폴리는 시칠리아와 풍경이 별로 다르지 않았다. 바다와 이어져 있는 산기슭의 도시였기 때문이다. 산천도 초목도 유사하고, 날씨도 주민들도 비슷했다. 건축양식도 닮은 점이 많았다. 메인 스트리트에는 그리스 신전의 전면 열주양식으로 지은 건물이 있는가 하면, 우르시노 성과 비슷한 성채도 있고, 주랑柱廊도 있으며, 바로크식 건물과 르네상스식 건물도 섞여 있다. 노르만이 지배하던 시기에는 시칠리아와 같은 나라인 적도 있고, 같은 마그나 그레치아 지역이었는 데다가 거쳐간 나라들도 비슷했고, 기후와 자연도 비슷해서 낯이 설지 않았다.

하지만 나폴리에는 그 이름이 뜻하는 그리스인들이 세운 새 폴리스 같은 분위기는 별로 남아 있지 않았다. 시라쿠사 같은 침체된 분위기도 역시 없었다. 속주가 아니라 로마제국의 본토였기 때문이다. 본토답게 시칠리아보다 덜 그리스적이었고, 세련되고 모던했다. 시칠리아에는 그 모던함이 없었다. 로마의 속국이 되어 시칠리아가 계속 침체되어가던 시기에 나폴리는 번성했으니 시라쿠사에는 없는 현대가 거기에는 있는 것이다. 도심지에는 한때는 이탈리아에서 제일 큰 나라였던 나폴리 공국의 수도답게 규모가 큰 왕궁이 있었다. 거창한 오페라 하우스도 있었다. 당연하게도 시칠리아보다는 규모가 많이 크고 건물들이 화려했다. 하지만 그런 건물들도 키는 별로 크지 않았다. 구시가지의 건물의 보통 높이는 3층이었다.

붉은 지붕의 하얀 건물이 많았다. 주택들이었다. 나폴리 만에서 서북쪽으로 카포디몬테 언덕이 솟아 있어서 산기슭에 주택가가 펼쳐져 있었지만, 경사가 급하지 않아서 평화로워 보였다. 하지만 로마나 파리처럼 특별히 이목을 끄는 모뉴멘털한 건물은 보이지 않았다.

나폴리는 처음 왔는데도 이상하게 너무 잘 아는 곳 같은 기시감旣視感이 있다. 이탈리아 영화를 많이 본 탓일 것이다. 게다가 우리는 이탈리아 노래를 너무 자주 부르며 자랐다. 「돌아오라 솔렌토로」라든가 「산타루치아」 같은 노래를 부르면서 우리는 어른이 되어갔던 것이다. 그날도 공항에 내리면서부터 계속 라디오에서는 루치아노 파바로티나 플라시도 도밍고가 부르는 이탈리아 가요들이 들려왔다. 이탈리아 가요는 대부분이 나폴리 주변을 맴도니, 마치 잘 아는 고장에 온 것 같은 착각이 생기는 것이다. '나폴리를 보고서 죽으라'는 말도 들은 지는 또 얼마나 오래되었는가? 그러면서 또 그곳에 다녀온 사람들에게서는 언제나 경치는 통영이나 강릉보다 나을 것이 별로 없다는 소리를 들어서, 이미 나폴리에 포식한 것 같은 기분이 되어 있었던 것이다.

그런 데다가 우리에게는 시간이 없었다. 나폴리 도심에 들어온 것이 두 시경인데, 그 후에 박물관을 보는 일정이 남아 있었다. 그래서 어느 건물도 내부를 관찰할 시간이 없었다. 시라쿠사에서 카타니아 비행장에 가느라고 버스를 한 시간 반 동안 탔고, 비행기까지 탔더니 피곤해서 사실은 걸어 다닐 기운이 없기도 했지만, 관광 스케줄이 아예 버스 관광으로 짜여 있었다. 그래서 차에서 내리지 않고 드라이브만 하면서 나폴리를 수박 겉핥는 식으로 관광을 했다. 차에 앉아서 베수비우스 화산을 보았고, 차에 앉아서 산타루치아 항구와 달걀성이 보이는 맞은편의 언덕길을 두루 누비면서 티레니아 바다의 청남淸藍의 색감을 즐겼다. 차에 앉아서 고급 주택가를 돌아보았고, 도심지도 차를 타고 가면서 보았다. 왕궁과 극장과 움베르토 1세의 아케이드 앞도 지나갔다. 고고학 박물관은 그 길 끝에 있었다. 버스를 타고 드라이브를 하면 디테일은 볼 수 없지만, 그 대신 짧은 시간에 그 도시의 파노라마를 보는 이점이 있다고 가이드가 말했다. 거리에 내린 일이 없으니 소매치기를 당할 기회도 없어서 여러모로 맥이 빠지는 관광이었으니 나폴리를 보고 왔다는 말은 안 하는 게 좋을 것 같다.

우리가 나폴리에서 땅에 내려 본 곳은 중심가에 가까운 국립 고고학 박물관 하나뿐이었다. 시간이 없으니 박물관을 통하여 그 지역의 문화를 살펴보자는 의도였을 것이다. 박물관 1층은 조각의 방이었다. 기다란 주랑까지 전시장이 되어 있어서 전시공간이 아주 넉넉했다. 그 넓은 공간에 아프로디테가 있었다. 아르테미스가 있었다. 헤라클레스가 있었다. 그리고 로마 황제들이 있었다. 그리스와 로마 시대의 신과 영웅들과 황제들의 입상이 풍성하게 진열되어 있었던 것이다. 검은색이 도는 흉상만 모아 놓은 곳도 있었지만, 메인 홀에는 하얀 입상이 많았다.

그 많은 조각의 대부분이 인간의 상이라는 사실을 발견하고 좀 놀랐다. 물론 사자의 상도 있고, 말머리 조각도 있기는 했지만, 주체는 동물이나 식물이 아니고 인간이었다. 그리스인들은 신을 인간의 모습으로 상정했으니 신까지 합치면 인간의 형상이 많은 것은 당연하다. 그 많은 입상들은 모두 키가 커서 늠름하고, 로마인들답게 근엄했다. 신이 인간과 같은 형상을 하고 알몸으로 서 있는 조각을 만든 문화는 고대에는 그리스밖에 없었던 것 같다. 그 조각들을 보니 인간의 형상을 특별히 사랑한 그리스, 로마의 인본주의적 문화가 엿보였

▲ 나폴리 박물관

다. 그곳은 인간 중에서도 출중하고 아름다운 인간들을 신과 한자리에 모셔놓은 휴머니즘의 전당이었던 것이다.

조각실에는 남자의 상이 많았다. 신과 황제들의 상까지 있으니 남자가 많은 것도 당연한 일이었다. 하지만 여인상도 꽤 있었다. 아프로디테와 비너스가 있었고, 가슴에 황소의 고환을 잔뜩 매단 풍요의 여신 아르테미스도 있었다. 웬일인지 아르테미스는 검은 얼굴을 하고 있었다.

남성상에는 누드가 더러 있지만 그리스보다는 수가 적었다. 고대 그리스 남자들은 벗는 것을 좋아했건 것 같다. 올림픽 게임을 벗고 했다 한다. 호남식으로 말하자면 '깨벗고' 뛴 것이다. 사람들이 잔뜩 모여 있는 데서 말이다. 로마는 문화적으로는 그리스와 비슷하니까 여기에도 '깨벗은' 신상은 더러 있었지만, 로마의 것은 토가(로마 남자의 의상)를 입고 있는 쪽이 많았다. 여성의 벗은 모습은 거의 보이지 않았다. 아프로디테 같은 경우에는 육체미를 부각시키려고 노력하고 있었지만. 깨벗고 있지는 않았다. 흉상만 모아 놓은 방도 있고, '채색 대리석의 방'도 있었다. 하지만, 입상들은 대부분이 하얀 대리석으로 되어 있었다. 넓은 공간에 하얀 대리석 인물들이 가득 서 있으니 장엄했다.

그리스인들은 그림보다 조각으로 신과 인간을 표현하는 것을 좋아했다. 로마인들도 마찬가지다. 하지만 기독교에서는 조각이 허락되지 않았다. 그림으로 성화를 그리는 것이 간신히 허용된 것도 로마가 둘로 갈라진 후의 일이니, 기원전 5세기에 페리클레스가 다스리던 그리스와는 천 년 가까운 시차가 있다. 성화도 그리스의 영향을

많이 받은 동로마 교회 쪽에서 시작되었으니, 기독교가 신의 형상을 그림으로 그리는 일에 얼마나 소극적이었는지 짐작할 수 있다.

그리스 로마 사람들은 조각에 천부적인 소질이 있었던 것 같다. 화강암보다는 대리석이 다루기 쉬운 것도 조각이 많은 이유 중의 하나였을 것이기는 하지만, 넓은 홀에 가득 찬 대리석상을 보니 기가 질린다. 거기에는 그리스 조각의 진품과 모조품들도 더러 섞여 있었다. 그중에서 로마의 조각을 가려내는 것은 어려운 일이 아니었다. 사이즈가 큰 것은 대체로 로마 조각이기 때문이다. 로마인들은 휴먼 스케일을 좋아하는 사람들이 아니었던 것이다. 로마의 조상彫像들은 또 그리스 조각보다 점잖았다. 청년보다는 장년의 성인 남자가 많았으며, 움직이는 역동적인 자세보다는 근엄한 표정을 하고 당당하게 서 있는 경우가 더 많았다.

그 박물관에는 고대 이탈리아 남부 지방의 유물들이 많이 있다. 2층은 폼페이와 에르콜라노의 유적지에서 나온 그림과 공예품들이 차지하고 있는 것이다. 주택가와 상가에서 발굴한 유품들이어서 일상용품이 많았다. 악기와 무기. 동전, 수술도구 같은 것들과 주방기구, 농기구 같은 것까지 있어서 구경거리가 풍부했다. 하지만 하이라이트는 폼페이의 유적지에서 출토된 모자이크 그림들이었다. 동, 식물을 그린 소품들이 액자에 들어가 있는 코너에 오래 머물렀다. 벽 하나에 인물의 작은 초상화 액자를 모아서 장식한 곳이 있고, 작은 액자에 동물과 식물을 그려 넣은 것들도 있었다. 작은 것을 선호하는 나는 그 부분이 마음에 들어서 오래 서서 감상했다. 하지만 큰 그림들도 좋았다. 모자이크 그림들은 작은 액자에서 시작해서 벽화로 확대되어, 크기가 다양했고 소재도 다채로웠다.

그중에는 앞발을 든 말에 올라앉아 전쟁을 지휘하고 있는 알렉산더 대왕의 유명한 대형 그림도 들어 있었다. 잘 다듬어진 얼굴을 가진 미소년 알렉산더나, 신이 되고 싶었던 거룩한 알렉산더의 상이 아니라, 광기 어린 큰 눈을 부릅뜨고 살육의 현장에 서 있는 불패의 장군 알렉산더의 모습이었다. 폼페이의 '목신牧神의 집' 바닥을 장식했던 것이라 한다. 그 밖에도 폼페이의 폐허에서 나온 대형 그림들이

▲ 모자이크

많이 있었다. 바닷속 풍경을 그린 벽화도 아름다웠다. 그런 그림들은 바닥에 깔면 디디고 다닐 때 얼마나 송구스러웠을까 싶기도 하고, 어떻게 그런 큰 그림을 상하지 않게 뜯어낼 수 있었는지 궁금하기도 했다. 비본질적인 것에 대한 호기심이다.

하지만 나는 모자이크화를 별로 좋아하지 않는다. 모자이크화는 금처럼 얇은 것으로 만들거나 몬레알레 성당처럼 멀고 높은 곳에 있는 것을 보는 게 좋다. 거리가 있으면 두들두들한 작은 돌의 경계선이 잘 보이지 않고 그림만 눈에 들어오기 때문이다. 그런데 박물관에 있는 벽화들은 방이 아무리 커도 가까이 가서 보게 되어 있으니까 보는 사람들과의 거리가 가깝다. 그래서 확대경으로 보는 인물화처럼 결함이 눈에 띄기 쉽다. 돌들의 이음매가 자꾸 눈에 띄면, 무언가 누덕누덕 이어 붙인 것을 보는 것 같은 기분이 들어서 그림에 몰입하기가 쉽지 않다.

폼페이는 현실적인 로마인들이 만든 전성기의 상업도시여서, 세속적인 쾌락을 추구하는 열정도 높았던 것 같다. 그곳 유적에서 나온 벽화 중에는 에로틱한 그림들이 많다는 말을 오래 전에 들은 일이 있다. 너무 망측해서 차마 공개를 하지 못하고 따로 모아 놓았다는 것이다. 그런데 최근에 그것들을 박물관에 옮겨 놓고 공개하기 시작했다는 것이다. 그래서 일반 관람객들도 대로마제국의 본격적인 에로티카[128]를 관람할 수 있게 되었다고 가이드가 생색을 낸다.

구석 쪽에 있는 방에 망측하다는 그 그림들이 모여져 있었다. 그런데 생각보다는 별로 대단하지 않았다. 그 무렵에 우리 동네에 본격적인 〈에로티카〉 전을 연 박물관이 있었기 때문에 면역이 되었는지도 모른다. 이웃이어서 오픈할 때 가보았더니 컬렉션이 풍부하고 전문적이었다. 전시실이 많아서 세계 각국의 에로틱한 그림들을 나라별, 시대별로 정연하게 정리해서 진열해 놓고 있었다. 어떤 방에는 여자의 성기를 그린 그림만 가득 차 있기도 했다. 모자이크 그림처럼 두들거리지 않는 매끈하고 현란한 국제적 〈에로티카〉 전이었다. 유교의 엄숙주의가 5백 년 동안이나 성문화를 금기시하던 한국에서, 인간의 성을 그렇게 과감하게 추구해간 컬렉터의 용기에 감탄했다.

---

128 성애性愛예술.

폼페이의 그림들보다는 우리 동네의 전시품 쪽이 양적으로 훨씬 풍성했고, 그림의 질도 수준이 높았으며, 에로티시즘의 농도도 짙었던 것 같다. 근·현대의 것이 포함되어 있었기 때문일 것이다.

성性은 생명을 탄생시키는 창조의 원동력이어서, 원시 시대의 풍요신화에서는 성기숭배 현상이 자주 나타난다. 인간 생명의 핵심적인 에너지로 성을 숭상하는 경향은 어느 나라에나 있었던 것 같지만, 인도나 네팔 같은 나라는 성기숭배 경향이 아주 심각했다. 네팔에는 성기를 모시는 탑이 즐비한 신전들이 따로 있고, 목조 건물의 처마나 탑에 에로틱한 조각이 잔뜩 베풀어져 있는 곳이 많다. 인도도 마찬가지여서 카주라호의 사원이나 카트만두의 사원에는 폼페이 것보다 훨씬 더 농밀하고 요란스러운 에로티카들이 많이 있다. 우리나라에도 바다 근처에 있는 옛날 부군신당129에는 풍어를 빌기 위해 열두 방망이를 매달아 놓았다는 이야기를 민속학자의 글에서 본 일이 있다.

일본에도 그런 지방이 있었다. 1980년대에 이즈伊豆의 기차역에서 친구와 볼펜을 고르고 있는데, 저만치에서 담소하고 있던 남편들이 질겁을 하면서 우리를 끌고 나왔다. 눈이 나빠서 미처 보지 못했는데, 그곳은 성기만으로 만든 제품을 파는 전문점이었던 것이다. 국가에서 경영하는 기차 정류장에 그런 가게가 있다니 믿어지지 않았다. 아무 무늬가 없는 말짱한 볼펜도 세우면 여자의 나체 그림이 쑤욱 나오는 식이니까 더 말할 필요가 없다. 나중에 들으니 이즈에는

---

129 府君神堂. 관청에서 설치한 마을의 신당.

성기 박물관도 있다고 하며, 봄의 축제 때는 청년들이 거대한 성기를 메고 거리에서 행진하는 축제를 벌인다고도 했다. 가와바타 야스나리의 수채화 같은 『이즈의 무희』 때문에 유명해진 곳의 또 하나의 얼굴이다. 다른 나라의 풍요제의에서 성기가 어떻게 다루어지건 우리가 관여할 바가 아니지만, 어떤 경우에도 에로티시즘은 환한 곳에 내놓으면 김이 새는 속성이 있다. 성은 환한데 내놓으면 촛불처럼 기세가 사위는 에너지이기 때문이다.

성은 원래 카오스이며 광기이다. 누구에게나 내재되어 있는 원시적인 혼돈이다. 그 혼돈이 생명을 낳는 모체니까 성에는 생산성의 측면에서 보면 숭상해야 할 에너지가 있는 것은 부정하기 어렵다. 에밀 졸라[130]는 『나나』나 『목로주점』 같은 소설에서 평생 성의 파괴력을 그린 페시미스틱pessimistic한 작가였는데, 늘그막에 하녀와 에로틱한 사랑을 하게 되면서 낙관주의자로 변신한다. 성에는 그런 폭발적인 에너지가 들어 있다. 육체를 가진 인간은 어차피 성에서 자유로울 수 없다. 하지만 그건 햇빛 아래 내걸고 종일 들여다볼 성질의 것은 정말 아니다. 어쩌자고 그런 벽화들을 만들었을까? 어쩌면 그것들은 주술적인 용도로 제작된 것이 아니었을까?

다리가 당기기 시작해서 3층에 올라가는 것을 단념했다. 탈이 나

130　Emile Zola(1840~1902). 프랑스의 소설가. 자연주의의 창시자. 그의 자연주의는 비관주의적인 인간관으로 일관되어 있었는데, 20세기가 가까워 오면서 차츰 밝아진다. 한 여인 때문이다. 『루공-마카르총서』 20권이 있다.

면 남들을 괴롭히니 자제한 것이다. 하나라도 더 보고 싶은 지적 호기심을 애써 자제해야 하는 것이 노년에 받는 벌인 것 같다. 덕분에 2층의 다른 진열품들을 천천히 감상할 수 있었다. 거기에는 투탕카멘의 전시회에서 본 것 같은 아주 경이로운 예술품은 많지 않았지만, 고대인의 일상이 그대로 재현되어 있어 볼거리가 많았다.

다 보고 나서 아래층으로 내려와 책을 샀다. 글을 쓰고 싶으니까 자료가 많이 있는 두꺼운 걸 사야 하는데, 들고 갈 힘이 없어서 또 브레이크가 걸렸다. 마당의 층계에 혼자 앉아서 버스가 오기를 기다리면서, 다시는 오지 못할 낯선 도시를 본다. 건축 연대와 양식이 서로 다른 다양한 건물들 위로 나폴리의 어스름이 고르게 내려앉고 있었다. 내게 다가서는 삶의 땅거미를 생각했다. 끝날 시간이 되어서 사람이 적어진 박물관의 마당이 석양 속에서 평화로웠다.

유행가처럼 자주 듣던 나폴리라는 이름의 유명한 도시를 제대로 보지도 못하고 스쳐 지나가는데 이상하게도 아쉬움이 없었다. 타오르미나의 경우도 마찬가지였다. 무엇에도 집착을 가지지 않는 것은 내가 사랑하는 사람들을 잃은 후에 생겨난 증상이다. 사랑하는 사람을 잃은 일이 있는 사람은 어떤 죽음 앞에서도 통곡을 하지 않는다. 캄캄한 밤에 낯선 곳에서 길을 잃어도 당황하지 않는다. 몸을 다쳐 피가 흘러도 비명을 지르지 않는다. 죽음이 두렵지 않기 때문이다. 사람은 어차피 원하는 일을 다 하고 갈 수는 없다는 것을 그 죽음들이 가르쳐준 것이다.

2

아말피의 두오모

·

나폴리에서 묵은 호텔 이름이 '롤링 스톤'이다. 이름이 좀 이상하다. 이탈리아 사람들은 세계를 제패制覇한 대로마제국의 후예답게 호텔 이름 같은 것에 외국어를 잘 쓰지 않는다. 그런데 영어인 것도 이상하고, 뜻으로 보아도 호텔에 적합하지 않다. 숙박할 곳이 롤링 스톤인건 좀 안 좋다. 안정감이 없기 때문이다. 어쩌면 미국 잡지 이름이나 영국 보컬 그룹의 이름에서 따온 것인지도 모른다.[131] 다음 날 시내를 거치지 않고 곧바로 고속도로로 진입하는 걸 보니 아말피Amalfi에 가기 좋은 길목에 있는 어느 교외의 호텔인 것 같았다. 미심쩍어서 주소를 살펴보니 아나나 다를까 그곳은 나폴리가 아니고 카소리아Casoria였다. 서쪽 하늘에 베수비우스 화산이 떠 있었다.

---

131 Rolling Stone. '구르는 돌'이라는 뜻. 미국 주간지 이름이고, 영국 보컬 그룹의 이름이기도 하다.

외국에서 단체 관광을 할 때, 종일 버스를 타고 끌려 다니다가 밤에 호텔에 들어가면, 어딘지 방위를 알 수 없어서 공중에 떠 있는 기분이 된다. 단체 관광객이 드는 호텔은 대체로 교외에 있기 때문이다. 가뜩이나 객지인데, 어딘지 모를 곳에 누우면, 존재 자체가 붕 떠 있는 것 같은 기분이 된다. 호텔 건너편에 피자를 잘 하는 음식점이 있었다. 거기에서 저녁을 먹는다. 이왕이면 제고장 것을 먹어 보려고 '피자 나폴리타나'를 시킨다. 우리는 셋이 한 판을 먹는데, 이탈리아인 가족은 하나하나가 한 판씩 해치운다. 아이들도 마찬가지다.

아말피로 가는 길은 시작부터 끝까지 높은 산 중턱에 나 있는 절벽길이다. 언제나 왼쪽은 우산 소나무나 사이프러스 같은 나무들이 우거진 벼랑 같은 가파른 산비탈이고, 오른쪽은 아득한 저 아래 깊고 깊은 곳에 바다가 있다. 절벽 끝에 나 있는 해안도로니까 전망 하나는 끝내 준다. 바다도 보통 바다가 아니라 귀신이 나오게 아름다운 티레니아 바다다. 수심이 깊어서 지중해는 바닷빛이 곱다고 했다. 바닷빛이 짙으면서도 너무나 맑고 선명한 남색이어서 영혼이 빨려 들어갈 것 같다. 그런 곳을 반나절이나 드라이브 하니 바다에 대한 갈증은 당분간 생길 것 같지 않다.

이상하게 그 바다에는 배가 많지 않았다. 하얀 고래 같은 작은 배들이 몇 개씩 떠 있을 뿐이다. 어쩌다 바다에 배가 지나가면 파도도 없는 해면에 하얗고 이쁜 물줄기가 남는다. 돛을 단 배와 모터를 단

▲ 이탈리아 본토 해안선

배들이 섞여 있다. 빠른 배는 요란한 물보라를 남기면서 지나가는데, 돛단배는 조는 듯이 잠잠하다. 그런데 한참 있다 보면 그 배도 위치가 어지간히 바뀌어 있다. 느리게 가는 배는 자취를 남기지 않는데, 빠른 배는 자취를 남긴다. 속도는 바다를 흔드는 힘에서 나오나 보다. 하지만 어느 배도 영원히 자취를 남기지는 못한다. 결국은 물거품이기 때문이다. 신기하게도 검은 선체를 가진 화물선 같은 미운 배는 눈에 띄지 않는다. 크루즈선 같은 거창한 배도 없다. 그래서 관상용으로 그려진 바다 그림 같다.

소렌토로 가는 해안도로에는 왼쪽에 우산 소나무가 유난히 많아서 경치가 더 좋았다. 소나무 잎사귀들이 혜원이 그린 그림의 기생들의 그림의 요란스런 가발더미처럼 이마 위에 붕 떠 있다. 뭉게구름처럼 부글부글한 잎새들이 우산처럼 펼쳐져 있는 소나무 위에, 구름 한 점 없는 하늘이 떠 있고, 낭떠러지 아래에는 남벽藍碧의 바다가 있다. 두 개의 무한이다. 굽이치는 산모퉁이가 숨이 막히게 아름다운 곳이 나타나자 고맙게도 전망대가 설치되어 있었다. 손수레에 과일을 놓고 파는 사람들이 있어서 목을 축이면서 제가끔 그 기막힌 풍경을 즐겼다.

오른쪽 산 아래에 소렌토 시내가 내려다 보였다. 암벽 위에 층층이 지은 집들이 낮은 곳을 향하여 흘러 내려가고 있었다. 그 바다 너머에 티베리우스 황제가 정치를 아예 사보타주하고 만년에 십여 년간 와서 살았다는 카프리 섬이 떠 있다. 로마를 그렇게 비워놓고, 그렇게 오래 외지에서 산 황제도 고종명考終命을 하는데, 네로는 어쩌다가 젊은 나이에 그런 참담한 최후를 맞이했을까?

소렌토 도심지를 향해 계속 내려가고 있는데, 라디오에서 「돌아오라 소렌토로」가 들려온다. 베냐미노 질리Beniamino Gigli의 노래란다. 그 노래를 들으니 우리도 고향으로 돌아가고 있는 것 같은 착각이 생긴다. 소녀 시절에 부르던 노래이기 때문이다. 저런 바다를 보면서 살던 사람들이 이방의 내륙에 가서 고달픈 이민생활을 하고 있으면, 남은 사람들이 얼마나 간절하게 돌아오라고 호소하고 싶었을까? 캘

▲ 타소 입상

리포니아의 이탈리아식 지명들이 생각난다. 거기에는 소렌토도 있고, 피렌체도 있고, 나폴리도 있다. 낯선 도시에 애써 정을 붙이려고 고향 이름을 붙여 놓고 살았을 고달픈 대로마제국의 후예들….

나폴리가 속해 있는 캄파니아 주는 35퍼센트가 해발 5백 미터를 넘는 산지山地여서 평야는 15퍼센트밖에 없다고 한다. 나폴리 동쪽은 온통 산이다. 고개를 치켜들어야 꼭대기가 보이는 높은 산마루들….

소렌토도 카프리도 모두 산 중턱에 있다. 이탈리아 반도를 백두대간처럼 세로로 뻗어 내려오는 아페니노 산맥의 끝자락이 화가 잔뜩 나서 바다로 육박해 들어갈 기세를 취하다가 겨우 참고 있는 것 같은 지형이 많다.

소렌토 시내로 한참 내려가서 한 바퀴 드라이브를 하고 나왔다. 도심지의 낮은 곳에 있는 광장에 타소[132]의 입상이 서 있는 것이 보였다. 짧은 웃옷에 블루머[133]처럼 부풀었다가 꽉 오무려 붙는 짧은 반바지를 입고 각선미를 노출시킨 남자의 입상이다. 「해방된 예루살렘」이라는 서사시를 쓴 이탈리아 르네상스의 마지막 시인 타소가 소렌토 출신인가 보다. 산 끝자락이 그냥 뭉턱 짤려서 바다 속으로 사라져버린 해안이라 명사십리 같은 느긋한 백사장은 있을 수 없지만, 소렌토에는 어디엔가 작은 해수욕장이 있다고 한다.

소렌토에서 동쪽으로 50킬로 더 가면 아말피가 나온다. 산허리에 난 길이어서 터널이 적었는데 어느 곳엔가 터널이 있었다. 터널 출구를 통해 바다와 다시 만나는 장면이 아주 환상적이었다. '절경絶景'이라는 말에 딱 맞는 풍경이 계속된다. 조금씩 취향을 달리하면서 산과 바다는 계속 맞닿아 새로운 절경을 만들어낸다. 종일 보아도 물릴 것

---

132 Torquato Tasso(1544~1595). 르네상스 최후의 이탈리아의 시인. 「해방된 예루살렘」이라는 서사시를 썼다.
133 Bloomer. 통이 넓은데 끝을 바짝 오무려 만든 반바지. 여성, 아동용. 골프용으로도 쓰인다. 일제 시대의 여학생 반바지가 블루머 스타일이었다.

▲ 아말피로 가는 해안도로 터널

같지 않다. 바다를 물릴 때까지 볼 수 있는 신나는 여정이다. 바다를 너무 좋아해서 광해군狂海君이라는 별명을 가진 나는 "티레니아 바다를 실컷 보았으니 여한이 없을 것 같겠네" 하고 자신에게 말을 건다.

하지만 아무리 광해군이어도 바다를 보러 이탈리아까지 오지는 않았을 것 같다. 자주 나갈 처지가 아니니까 내 여행 패턴은 문명의 발상지 찾아보기로 한정되어 있다. 만약 다시 여행하는 일이 가능하다면, 마지막으로 가보고 싶은 곳은 바그다드와 우르 같은 곳이다. 4대 문명의 발상지 중에서 메소포타미아 쪽만 한 번도 가보지 못했기 때문이다. 이번에도 만약 나 혼자 왔다면, 오늘 일정은 아말피가 아니라 그 길 동쪽 너머에 있는 파에스툼Paestum이 되었을 것이다. 거기 세계에서 가장 아름다운 그리스 신전이 있다고 한다. 시리쿠사에서 기차를 타고 메시나를 거쳐 본토로 올라오다가 파에스툼에서 신전을 보고서 1박하고, 다음 날 폼페이를 보고 나서 나폴리 공항에 가는 것이 내가 원하는 일정이었다. 그러려면 기차역에 여러 번 큰 짐을 끌고 가서 계단까지 오르내리는 일을 되풀이해야 하니까 할 수 없이 비행기를 택했다고 이지연 씨가 설명해주었다. 덕택에 베드로의 동생 안드레를 수호성인으로 삼는 이쁜 도시 아말피를 볼 수 있었으니 됐다고 생각한다. 안드레는 예수님과 같은 모양의 십자가에 매달리는 것이 신성모독 같아서 자신은 십자가에 거꾸로 매달려 죽기를 청했다는, 베드로에 가려진 또다른 예수님의 직제자다. 초대 교회 제자들의 그 진국스러운 신앙이 아름다워 보인다.

아슬아슬한 절벽 위를 종일 달리니 줄창 위기감을 느껴서 발바닥이 간질간질했지만, 바다를 보는 기쁨이 커서 후회는 없었다. 길은 2차선인데 대관령처럼 줄창 꼬불꼬불 도니까 큰 버스는 다니지 않는다. 우리가 탄 것 같은 20인승 소형의 은빛버스들이 주로 다니는데. 재미있는 것은 그 좁은 자동차 전용도로에 신호등이 있는 것이다. 차들이 몰려 오거나 사고가 나면, 이따금 상행선과 하행선을 교대로 정지시켜 교통정리를 하려고 순경들이 나타나기도 한다.

그곳 산들은 또 이상한 형상을 하고 있다. 흙으로 된 산은 높으면 봉우리 부분만 고립되고 아래 부분은 서로 붙어버리기 마련인데, 여기 산들은 돌산이어서 그런지 개성이 강해서 그런지 이따금 산뿌리가 저 아래까지 서로 떨어진 채 나란히 내려가는 곳이 있다. 산허리에 있는 길에서도 아득하게 올려다 보이게 산들은 높은데, 사이에 있는 좁은 계곡이 저 아래 끝이 보이지 않는 바닥까지 따로 내려가 있는 걸 보면 현기증이 난다.

한탄강 근처에 갔더니 강변에 용암 분출로 인해 생긴 기둥 모양의 절벽이 있는데, 그것을 '주상절리柱狀節理'라고 한다는 말을 들었다. 생전 처음 들어보는 낱말이어서 사전에서 '절리'를 찾아보니 1)'갈라진 틈', 2)'화성암에서 볼 수 있는 좀 규칙적으로 갈라진 틈새'로 되어 있다. 그렇다면 이건 아니다. 규칙적이 아니기 때문이다. 그렇다면 등산가들이 말하는 크레바스crevasse[134] 같은 것일까? 산이 그렇게 깎아내린 것 같은 가파른 형상이 될 수 있는 것도 돌산이니 가능하다는 생각이 들었다. 흙산들은 그렇게 직립해 서 있을 수가 없다. 이곳의 산들이 우리가 생각하는 산과 형상이 다른 것은 아마 돌산이고, 높이가 엄청난 때문일 것이다.

집들은 가파른 산비탈에 오글오글 붙어 있다. 자칫하면 아래로 굴러 떨어질 것처럼 위태롭게 비탈에 찰싹 달라붙어 있는 것이다. 2, 3층짜리 높은 건물들이 30도도 안되어 보이는 가파른 산비탈에 바짝바짝 붙어 있고, 길 아래 비탈에도 같은 형상으로 계속 집들이 지어져 있다. 집들이 무사히 서 있는 것 자체가 기적 같아 보인다. 집

---

134 Crevasse. 빙하나 설계雪溪의 갈라진 틈.

위에 집이 층층으로 붙어서 산꼭대기를 향해 올라가고 있는 곳도 있으니, 그런 곳은 밤바다에서 올려다보면 엄청나게 아름다울 것이다. 피난민들이 몰려들어서 시내 전체가 도떼기시장 같았던 부산 피난 시절에, 어느 외항선이 밤에 입항하다가 산꼭대기까지 켜져 있는 판잣집 불들을 고층건물의 불로 착각하고는 고층건물이 많다고 탄성을 올렸다던 일이 생각난다.

하지만 그 위태위태한 비탈에도 골짜기는 있어서 오렌지와 포도 등이 심어져 있는 뙈기밭[135]이 여기저기 보인다. 아말피 근처에는 그런 밭이 많다. 그 가파른 산비탈에 턱을 쌓아 조금씩 평지를 만들어 농작물을 심어놓은 것을 보면, 인간이 얼마나 부지런한 동물인지 알 것 같다. 비탈에 돌을 모아 단을 만든 다랑이 밭에서 밀이 잘 자란 걸 보면 가슴이 벅차오른다.

중간에 있는 휴게소에서 음료수를 마시고 기념품 가게를 들여다보니 선뜻 눈을 끄는 핸드백이 있었다. 흰 바탕에 굵은 남색 선으로 문양을 그린 것인데, 디자인도 좋았지만 색상이 내가 좋아하는 남색이어서 탐이 났다. 예상 외로 값이 쌌다. 100유로란다. 이탈리아 핸드백치고는 너무 싸다 싶어, 자세히 보니 플라스틱 신소재를 가위로 잘라서 가장자리를 가공하지 않은 채 이어붙인 싸구려다. 끝부분의 올이 풀리지 않는 소재가 있다니 참 희한한 세상이다. 그런데도 색상이 마음에 들어서 사다가 방에 놓고 가구처럼 보면서 즐기고 있다.

---

135 집 주변의 소규모 밭(편집자 주).

이번 여행이 품위 있는 것이 될 수 있었던 것은 일행 중에 이탈리아 물건에 미쳐 있는 쇼핑광이 없었기 때문이다. 젊은 사람들도 모두 세련되어서 여행지 이름이 나오는 티셔츠나 열쇠고리 같은 것을 사고 만다. 그러니 핸드백은 큰 쇼핑에 속했다. 몇 사람이 하나씩 사서 드니 색상이 다양해서 차 안이 환해졌다. 이따금 이쁜 물건을 사는 건 기분 전환에 도움이 되는 일이다. 소비가 없으면 사는 게 아니라는 것을, 물건사기를 그만둔 노년에 와서 가끔 느낀다.

거기까지는 모든 일이 순조로웠다. 허리를 앓으면서 떠난 여행인데 고맙게도 한 번도 탈이 나지 않았기 때문이다. 그런데 점심을 예약해놓은 포시타노Positano에서 드디어 일이 터졌다. 내리려고 하는데 왼쪽 다리가 마비되어 꼼짝을 하지 않는 것이다. 부위가 허리가 아니어서 다행이긴 하지만 당장 이동해야 하는데 낭패다. 남에게 폐를 덜 끼치려고 마지막까지 조용히 앉아 있다가, 기사에게 다리가 안 움직여 내릴 수 없으니 일행에게 "위가 좀 불편해서 점심을 안 먹고 차에 있겠다"고 전해달라고 부탁했다. 그가 고개를 가로젓는다. 우리를 내려놓고 다른 데 가서 볼 일이 있어 나를 차에 남게 할 수 없다는 것이다.

할 수 없어서 사람들에게 끌려 내렸다. 이지연 씨가 얼른 쑥찜팩을 흔들어 붙여 주었고, 여럿이 한참 주물렀더니 다행히도 조금 풀렸다. 영란 씨 자매의 부축을 받으며 엘리베이터를 타고 3층으로 올라갔다. 그런데 그 위에 별천지가 펼쳐져 있었다. 식당은 바다 쪽으로 돌출된 건물의 꼭대기층이어서 전방위로 아름다운 경치가 펼쳐졌다. 서쪽에 둥그스름하게 뻗어 올라간 높은 산이 있었다. 경사가 급한 비탈산이다. 수백 미터 높이의 그 산비탈에는 거의 정상 근처까지 2, 3층짜리 집들이 층층이 지어져 있어 장엄했다. 대부분이 하얀 집이지만. 노란 집과 분홍 집도 군데군데 섞여 있고, 빨간 지붕이 있는 데다가 지상에는 빨간색 꽃들이 피어 있어 산비탈이 아주 컬러풀했다. 그 뒤로 다른 산이 겹쳐져 있었다. 집이 하나도 없는, 푸르기만 한 작은 산이다. 선명한 은빛 석회석 바위틈에서 나무들이 돋아나 녹색 천지를 만들고 있었다. 그 빛나는 녹색이 앞산에 있는 주거지역의 색채를 돋보이게 해주었다. 도록에서 본 바로 그 경치다.

음식도 수준이 높았지만 와인도 좋았다. 천국 같은 경치 속에서 천천히 식사를 즐기는 동안에 이지연의 쑥찜팩이 작동해서 다행스럽게도 다리의 마비는 거의 다 풀렸다. 하지만 또 도질까 봐 겁이 나서 창문 쪽을 향해 다리를 뻗고 앉는 불량한 자세로 아말피까지 갔다. 옆자리가 비어 있어서 다행이었다.

아말피 공화국의 고도였던 아말피는 이탈리아에 있는 4대 군항의 하나라 한다. 나폴리는 거기 끼지 못한다니 아말피가 해운상으로 얼마나 중요한 요지인지 알 것 같다. 하지만 아말피는 별로 크지 않았다. 산이 해안에서 좀 멀었으며, 언덕에는 나무가 있는 부분이 많고 밭도 많았다. 포스타노처럼 집들이 산 위에 밀집되어 있지 않아서 넉넉해 보였다. 아말피에는 모래가 거무스름한 아주 작은 해수욕장이 있었다. 일주일 동안 줄창 세 개의 바다를 보면서 여행했는데, 막상 바다 앞에 바짝 다가가서 본 것은 그때가 처음이다.

파도도 없고, 비린내도 안 나는 바다를 보면서 사람들이 일광욕을 즐기고 있었다. 해수면이 상승해서 바다와 마을이 가까워졌다더니, 해수욕장 바로 옆에 메인 스트리트가 있고, 주차장이 있었다. 해수욕장이 도심지 한복판에 있으니, 평상복을 입은 사람들 옆에서 수영복을 입고 해바라기를 하는 셈인데, 벗은 사람이나 입은 사람이나 아무도 거기에 신경을 쓰는 것 같지 않았다. 밝은 북청색과 노랑색을 섞바꾸며 둥글게 그린 비치파라솔들이 물가에 여남은 개 쳐져 있어서 평화로워 보였다. 하지만 아직 쌀쌀해서 물에 들어가는 사람은 많지 않았다.

모래펄 옆에 선착장이 있었다. 바다를 향해 다리처럼 길게길게 뻗어나간 좀 높은 콘크리트 도로가 선착장을 따라 만들어져 있었다. 바닷속에 뻗어 있는 도로의 철제 난간에 많은 사람들이 의지하여 바다를 즐기고 있었다. 그 길은 바다에서 육지의 경치도 건너다볼 수 있는 이중의 전망대였다.

메인 스트리트를 건너 북쪽으로 조금만 가면 바로 두오모 광장이 나온다. 광장의 동쪽 높은 곳에 성당이 있다. 남산 신궁 올라가는 계단처럼 넓은 계단이 3층 높이로 한없이 뻗어 있는 그 꼭대기에 성당이 있어서 실지보다 커 보였다. 가는 길가에 검은 돌로 된 절벽이 더러 보이더니, 성당은 흰 바탕에 검은색과 진회색 테두리가 쳐져 있었다. 삼색의 돌이 쓰이고 있는 것이다. 바탕은 희끄무레한 색인데, 바깥 테두리가 검은색이어서 색상의 대비가 신선했다.

성당의 앞면 전체에 기하학적 문양들이 잔뜩 그려져 있었다. 지붕의 검은색 테두리 안에 짙은 회색으로 테를 두른 프레임들이 들어 있고, 그 안에 세모나 네모의 기하학적 문양들이 회색으로 그려져 있는데, 그 작은 테두리 안에는 간단한 문양이 또 들어 있다. 외벽이 전체적으로 기하학적 문양으로 치장되어 있는 건물은 시칠리아에서는 처음 보았다. 피렌체의 두오모 생각이 났다. 그 건물도 여기 두오모와 비슷한 문양이 건물의 외벽을 채우고 있었다. 그곳의 색상은 앵두빛과 흰색이었다. 그 부드러운 색상으로 인해 장엄한 두오모가 고딕 성당보다 훨씬 친근하게 느껴지던 생각이 난다. 아말피의 성당은 색상이 점잖아서 그런 화사함은 없었으나, 품위가 있고, 구조도 아기자기했다. 전체가 흑백으로 되어 있는 성당은 카타니아에도 있었던 것 같지만, 벽 전체에 문양이 깔려있는 성당은 이번 여행에서는 처음 보았다.

전면은 10개의 아치로 되어 있는데, 아치도 3색 시스템이다. 성당은 계단 꼭대기에 바짝 붙어 있는데, 앞면 전체가 아치로 되어 있고, 그 안쪽에 여유 있는 빈 공간이 있어서, 아래에서 보면 아치들이 검은 동굴 입구처럼 신비해 보였다. 두오모의 전면은 팔레르모의 두오모의 출입구 건물과 흡사한 카탈로니아 바로크양식이다. 하지만 아말피의 출입구는 건물 전체의 양식과 색상이 통일이 되어 있어서 팔레르모의 것보다 훨씬 돋보였다.

아치는 또 아치대로 개성이 있다. 아치의 둘레를 두 가지 색 돌을 섞바꾸어 가며 색동무늬처럼 선을 돌렸다. 짙은 회색과 흰 돌을 같은 두께로 잘라서 하나 건너씩 배치한 그 방식은 코르도바의 메스키타의 아치군을 연상시켰다. 그쪽은 빨강과 흰색 돌을 교대로 썼으니 색상이 훨씬 화려했다. 흰색과 회색, 그리고 검정색이니까 아말피의 색동식 아치 장식은 훨씬 가라앉은 색상이지만, 성당이니까 이쪽 것이 더 깊이가 있고 보기 좋았다. 겸허한 사도 안드레에게 어울리는 검소한 색인데, 선이 섬세해서 건물 전체가 여성적이고 아담했다.

가운데 아치가 키가 높아 페디먼트의 지붕선 가까이까지 올라가 있는데, 세 층의 지붕 선이 같은 양식이어서 조화가 되었다. 2층의 지붕 선 가운데 부분에 절반쯤 되는 너비로 좁고 얕게 솟은 3층은 전체적으로 색상이 밝았다. 위로 올라갈수록 색깔이 하얘졌다. 그러면서 검은색과 회색이 사라졌다. 지붕 테두리는 황금빛이었으며, 꼭대기에 하얀 십자가가 세워져 있었다. 벽의 바탕은 흰색이고 장식은 부드러운 베이지색이라 아래 부분과는 색상이 달랐으며, 문양도 달랐다. 바탕색이 조금씩 엷어지다가 흰색에 가까운 베이지색으로 승화된 것이다. 꼭대기 층 장식은 기하학적 무늬가 아니라 곡선이 많았고, 레이스처럼 섬세하고 우아했다. 그런데도 두 부분이 어긋나지 않고 조화가 잘 되었다. 앞면 전체가 구도와 색상, 문양 등이 서로 조응하면서 베리에이션을 보여주고 있었다.

놀라운 것은 그 다음 부분이다. 그 밝은 꼭대기 층의 페디먼트 한복판에 몬레알레 성당의 것과 비슷한 예수님의 성상이 그려져 있었던 것이다. 깜짝 놀랐다. 기독교의 본질과 어긋나는 일이었기 때문이다. 기독교는 내면 중시의 종교여서 외부에 성상을 내걸지 않는다. 예수님의 이콘화聖畵도 성당 안 가장 깊고 높은 곳에 안치된다. 그런 기독교의 원칙이 여기에서 뒤집혀지고 있었다. 예수님이 외면까지 나오는 시대가 노르만이 다스리던 마그나 그레치아였던 것이다.

그런데 뜻밖에도 성상이 밖에 나와 있는 것이 좋았다. 밝고 높은 성당의 꼭대기에 예수님이, 그곳까지 올라가지 못하는 아픈 사람들을 위해 몸소 현현顯現하신 것 같이 생각되었던 것이다. 오전에 마비되었던 다리가 도질까 봐 나는 그 높은 계단으로 올라가는 일을 차마 시도할 수 없었다. 성당 내부를 보아야 하는데 건강 때문에 체념하니 속이 상했다. 나는 제일 앞에 서서 가이드의 설명을 열심히 경청하는 타입의 투어리스트인데, 늙음에 져서 주저앉았으니 즐겁지 않았던 것이다.

계단 왼쪽에 있는 오픈 까페에 들어갔다. 그 전날 위염을 앓은 오박사와 다리가 부실한 이지연 씨가 내 옆으로 다가왔다. 같이 젤라또를 먹으면서 앉아 있었는데, 우리는 뜻밖에도 행복했다. 거기에서 성상이 보였기 때문이다. 일행이 오기를 기다리면서 성상만 쳐다볼 수 있는 것을 하나님께 감사했다. 몸이 아파서 계단을 오르지 못하는 사람들을 위해 예수님이 일부러 밖으로 나와주신 것 같았기 때문이다. 고개가 삐뚤어질 정도로 성상만 보면서 나는 성상의 바깥나들이를 축복으로 받아들였다. 천년 동안 아말피의 다리가 아픈 사람들이, 천년 동안 아말피의 외로운 사람들이, 천년 동안 아말피의 배고픈 사람들이, 오면서 가면서 예수님을 뵙고 위로를 받았을 것을 생각하니 그 도시가 갑자기 사랑스러워졌다.

나는 크리스천이 아니지만, 나는 죽어서 천국에 가는 것보다는 재가 되어 없어지는 쪽을 선호하는 사람이지만, 나는 하나님이 전능하다고 생각할 수 없어서 기독교를 믿지 못하는 사람이지만, 나는 자기를 믿지 않는다는 이유로 사람들을 지옥에 가라고 한다는 신은 사랑할 수 없는 사람이지만, 밥상 앞에서 감사 기도를 드리는 것과 예수님의 성상을 보는 것은 아주 좋아한다. 우리에게 일용할 양식이 주어지고, 그것을 먹을 건강이 허락되는 것은 너무나 큰 축복이기 때문에 가족을 위해 아침이면 식기도를 올리고 싶고, 타인의 복락을 위해 몸을 버리고 피를 흘리는 예수님을 사랑하지 않을 수 없기 때문에 성상은 언제나 위로가 된다. 사람의 몸을 가지고 태어나서 육체의 고통을 감각으로 체험하신 예수님을, 사마리아 사람에게까지 사랑을 베풀어서 유태인의 하나님을 세계의 하나님으로 격상시킨 예수님을, 손에 못이 박히는 고통 속에서도 인간에 대한 사랑을 버리지 않은 예수님을 사랑하고 있었기 때문에, 성당 안을 보지 못하고 가는 손실보다 성상 아래에 앉아 있는 시간에 감사하는 마음이 된 것이다.

▲ 아말피 성당 앞에 선 필자

성당에는 노르만식 우람한 네모난 종탑이 붙어 있었다. 삼 층까지는 노르만식이지만 꼭대기는 무어양식이었다. 꼭대기에서는 크고 작은 녹색 타일의 둥근 지붕이 복잡한 문양이 있는 둥근 벽과 공존했다. 아마도 후세 사람들이 덧붙인 부분일 거라고 믿고 싶었다. 화사하고 섬세한 본당 건물과 어울리지 않는 완강한 분위기 때문이다. 두오모에 여러 부속 건물이 있었다. 장식이 화려한 아랍식 '천국의 회랑'이 있고, 안드레의 유해를 모신 곳도 있으며, 소장품을 전시하는 곳도 있다는 것이다. 하지만 그 모든 걸 본 사람들을 부러워하지 않기로 했다. 시간이 모자라니 돌아올 때는 산중턱을 질러오는 지름길을 선택했다. 그래서 다양한 양식의 이탈리아 주택들을 두루 볼 수 있었다. 다시 롤링 스톤에서 잤다. 길고 좋은 하루였다.

3

폼페이

🏛 신의 차일 속에서 나온 폐허

세상에는 몇천 년 동안 신이 쳐준 차일 밑에 숨어 있다가, 말짱한 모습으로 세상에 다시 나오는 고대 도시들이 더러 있다. 이집트의 룩소와 에드푸, 소아시아의 에베소 등이 그런 도시들이다. 투탕카멘의 전시회에 가보니, 무덤 속에서 나온 삼천 년 전의 린넨 침대 커버가 새로 만든 것처럼 말끔해서 경악했다. 하얀 바탕에 남색으로 수를 놓은 침대 커버는, 혼수함에서 막 나온 신부의 물건처럼 신품으로 보였던 것이다. 우리나라에서는 6.25 때 사람들이 땅에 독을 묻고 넣어놓은 옷감들이 석 달 후에 돌아와 보니 모두 상해서 못 쓰게 되어 있던 생각이 났다. 종이나 헝겊은 장마철을 겪으면 금방 상한다. 습기 때문이다. 흔히 '비단은 5백 년, 종이는 1천 년'이라고 말들을 한다. 비단의 수명은 최상의 조건 속에서도 길어야 5백 년 간다는 뜻이다. 그런데 3천 년 전 옷감이 그대로 보존되어 있으니 놀라지 않을 수 없다. 헝겊뿐 아니다. 금으로 만든 전차戰車도 샹젤리제의 쇼룸에 새로 들여놓은 신상품처럼 산뜻하고 모던했다.

투탕카멘의 유물들이 그렇게 말짱할 수 있었던 비결은 사막에 습기가 없었던 데 기인한다. 모래의 은폐작업이 최상의 여건을 만들어주어서, 무덤 속이 습기와 냉기 조절이 현대식 수장고와 흡사했던 것이다. 에베소도 비슷했다. 셀시우스 도서관의 전면이 말짱하게 그대로 남아 있는 것도 신기한데, 그 앞 길바닥에 창녀들의 브로마이드와 화살표까지 그려 넣은 모자이크 그림이 그대로 보존되어 있었다. 신이 화산재로 만든 차일로 덮고, 해마다 보수까지 해준 셈이다. 길이나 방바닥의 모자이크 무늬가 그대로 남아 있는 것은 폼페이도 마찬가지였다. 폼페이도 신이 재로 덮어 이천 년 가까이 완벽하게 보존해준 건조한 도시다.

애초부터 이 도시들은 모래나 재에 묻혀 있었을 뿐, 완전히 파괴된 것은 아니었다. 에베소나 폼페이는 화산의 진원지와 거리가 있어서, 용암이 아니라 재만 날아왔다. 엄청난 양의 재와 먼지가 날아와서 건물의 지붕을 망가뜨리고 벽을 부수다가 제풀에 지쳐서 그만둔 것이다. 그래서 폼페이의 시가지는 베수비우스 화산이 폭발하던 79년 8월 25일의 모습 그대로 2천 년 동안 재와 먼지 속에서 간직하고 있었다. 발굴자들이 재와 먼지를 털어내니, 거기 완벽한 한 도시의 뼈대가 그대로 남아 있었다.

한 도시가 수천 년 동안 손끝 하나 다치지 않고 그대로 남아 있는다는 것은, 그 고장에 비가 적게 온다는 것을 의미한다. 유물을 해치는 가장 큰 적은 습기이기 때문이다. 습기는 인간의 육체를 부패시키고, 쇠붙이를 녹슬게 하며, 종이와 비단에 곰팡이가 피게 만든다. 습기가 심하면 돌도 썩는다. 다행히도 이 도시들은 습기가 적었다. 이집트는 사막이니 더 말할 필요가 없다. 거기는 습도가 아주 낮아서 무덤 속의 종이나 옷감도 무사히 삼천 년을 견뎌냈다. 폼페이나 에베소는 사막이 아니어서 습기에 민감한 종이나 철기 같은 것들은 남아 있지 않았다. 하지만 벽이나 바닥에 그린 그림들은 원형대로 남아 있었다.

폼페이는 그중에서도 가장 보존이 잘된 도시라고 할 수 있다. 사람들이 사는 지역과 폐허가 가까이 있으면, 손을 타서 유적이 훼손되는 경우가 많다. 그런데 폼페이는 온 도시가 고립된 채 폐허로 보존되어서, 도시 전체의 구도를 그대로 확보할 수 있었던 것이다. 아우구스투스 시대에 번영하던 대로마제국의 2천 년 전 도시를, 있던 그대로 보는 일이 가능하다는 것은 기적이다. 거기에는 제정 시대 초창기에 무역으로 흥성하던 로마도시의 모든 것이 남아 있다. 신전이 있고 극장이 있고, 학교가 있고, 관청과, 시장과, 환전소와 술집과 목욕탕 같은 것들이 고루 갖추어져 있는 것이다.

처음 폼페이에 다다랐을 때, 압도당한 것은 폐허의 규모였다. 출입구에 다다르기 전에 왼쪽에 나타난 거대한 폐허가 이미 압도적이었다. 2층의 건물들이 창문만 없는 채로 늘어서 있었다. 그 너머로 성벽이 보였다. 무너진 부분이 많지만 줄기차게 엄청난 높이를 보여주면서 산허리를 감고 올라간, 형체가 망가진 성벽의 폐허더미가 괴기했다. 출입문 안으로 들어가니 무너지다만 건물들을 통하여 한 도시가 고스란히 모습을 드러냈다. 전성기의 로마제국의 도시다. 건물들은 2, 3층 높이였던 모양이어서 어떤 곳에는 2층 높이의 돌기둥이 하나 생급스럽게 우뚝 서 있기도 하고, 벽 하나만 성한 건물도 있다. 기둥들이 정연하게 늘어서 있는 긴 주랑이 길 양옆에 남아 있기도 하고, 2층 건물이 부분적으로 말짱하게 서 있기도 해서 들쭉날쭉이다. 질서정연하게 남아 있는 2천 년 전의 도시의 유적들은 깨끗하게 관리가 되어 있어서, 복구하느라고 가림막이 쳐져 있는 부분은 무너진 자리가 아니라 건설 현장처럼 보이기도 했다. 외장이 벗겨져서 벽돌벽만 남아 있는 건물이 많았기 때문이다.

시내 중앙에 베수비우스 화산을 등지고 광장이 있다. 복판에 주피터 신전이 있고, 신전 옆 동쪽에 아치가 말짱한 게르마니쿠스의 개선문이 있으며, 그 앞에 아주 넓은 광장이 펼쳐져 있다. 하얀 돌로 포장한 광장의 양쪽에는 주랑이 빙 둘러쳐졌던 자리가 남아 있다. 길가에 하얀 기둥들만 한 줄로 남아 있는 곳이 단속적斷續的으로 이어져서 풍경이 몽환적이다. 주랑 동쪽에는 아폴로, 비너스 등의 신전 터가 있고, 로마 황제들을 위한 유적들도 있다. 상가와, 무기고와, 환전소가 있는가 하면 원형극장과 도자기 가마와 주택가가 있다. 부분적으로 벽이나 출입구가 말짱하게 서 있는 건물도 있다. 계획도시답게 돌로 다져진 도로들은 모두 직선으로 교차하고 있다. 1층은 대체로 형체가 남아 있어서 건설 당시의 구도를 가늠하기가 쉬웠다.

로마의 도시답게 대형 목욕탕들도 있었다. 세계에서 시설이 가장 거창했던 로마식 호화 목욕탕들이다. 그중의 하나에 들어가 본다. 남탕과 여탕이 분리되어 있고, 여기저기에 아직도 모자이크로 된 벽화들이 선명하게 남아 있는 부분이 있다. 이 폐허의 도시에서 벽화들이 고스란히 보존된 구역이 그렇게 많아서 나폴리 박물관을 그 유물들이 메우고 있으니 기적 같다. 무너진 도시지만 목욕탕 안에는 기둥 장식이 온전한 곳이 많았다.

우리가 가본 목욕탕에는 작은 수영장 같은 큰 욕조가 있었다. 벽에는 장식이 있었고, 욕탕의 천장은 반원형이었다. 그 둥근 천장에는 가로로 홈이 쭉쭉 파져 있었다. 수증기가 아래로 떨어지지 않고 벽을 타고 흐르라고 만든 홈이란다. 우리 동네 목욕탕에서는 아직도 천장에 맺혀 있던 차가운 수증기가 손님들의 어깨나 머리에 뚝뚝 떨어지고 있다. 어느 쪽이 현대 것인지 아리송해질 지경이다. 고대의 이집트와 로마에는 현대의 최고급 호텔 같은 시설이 있는 유적이 많다. '하늘 아래 새로운 것이 없다'는 말이 맞는 것 같다.

하늘에서 무거운 잿더미가 쏟아져 내려온 데다가 지붕은 대체로

▲ 폼페이 목욕탕. 천장의 홈은 수증기에서 생긴 물을 벽으로 흐르게 하는 장치임

가벼운 자료로 만드니 건물들은 모두 천장이 없어 뚜껑이 열린 상태다. 2층도 거의 전부 날아갔고, 1층의 벽들도 성하지 않은 곳이 많았다. 하지만 집의 외벽들은 비교적 성했다. 길에 면한 쪽은 더 말짱했다. 지붕을 받치는 벽이나 출입구는 더 견고하게 지었던 모양이다. 테두리를 그대로 가지고 있는 건물의 유적들이 높낮이가 들쑥날쑥한 대로 이어지고 있으니, 멀리에서 보면 건축 중인 도시 같기도 하다. 건물 중에서 가장 말짱한 부분은 화장실이나 벽장 같은 소규모 공간이다. 벽들이 다닥다닥 붙어 있어서 압력이 분산된 모양이다.

하지만 그보다 더 완벽하게 남아 있는 부분이 있다. 직선으로 교차되는 도로들이다. 낮은 부위니까 위의 부분들이 재와 먼지의 압력을 걸러주었기 때문이기도 하겠지만, 돌로 되어 있는 것도 이유 중의 하나일 것 같고, 도로 공법도 한몫을 단단히 했을 것이다. 로마는 노면 다지는 기술이 탁월한 나라이다. 넓은 영토를 가진 진시황이 외적을 막기 위해 산등성이에 만리장성을 쌓은 것과 비슷한 시기에, 작은 영토를 가진 로마는 해외로 나가려고 모든 방향으로 고속도로를 만들었다. 지반을 1미터 가까이 파서 층층이 돌과 진흙으로 다져 가면서 2천 년을 견디는 길을 정성껏 만든 것이다. 그들은 모든 길이 로마로 통하도록 만들었고, 얼마나 자신이 있었으면 성벽도 쌓지 않았다 한다. 로마에 대규모 성벽이 생긴 것은 켈트족의 침입을 받은 후의 일이라는 것을 읽은 기억이 있다. 건축공학이 발달한 로마제국이 만든 길들은 2천 년이 지나도 망가지지 않는다. 로마 시내에는 지금도 두들두들한 옛길들이 그대로 활용되고 있는 곳이 많다.

로마 전성 시대에 만들어진 폼페이의 도로들은 거의 완벽하게 남아 있다. 자잘한 주먹돌이 아니라 빨랫돌이나 징검다리 만드는 돌 같은 크고 시원스러운 하얀 돌로 바닥을 포장한 도로들은 폐허 속에서 독야청청이다. 화산재가 시멘트 같은 역할을 해서 2천 년이 지나도 돌 사이의 이음매가 흐슨해지지 않는 것이다. 도시를 다시 복구한다고 해도 그냥 쓸 수 있을 것 같이 믿음직스럽고 아름다운 도로다. 러시아처럼 겨울마다 길이 동파되는 혹한이 없는 것도 도로의 장수에 큰 부조가 되었을 것이다.

메인 스트리트는 인도와 차도가 구분되어 있다. 건물들은 부서져 키가 낮은데, 도로들은 하얀 석회암으로 만들어져서, 밟을수록 선이 부드러워지고 깨끗해진다. 끝이 보이지 않는 그 하얀 길을 가면 성스러운 곳이 나타날 것 같은 느낌이 든다. 길에는 건널목도 만들어져 있다. 길과 길 사이에 돌로 만든 징검다리가 있는 곳이 건널목이다. 돌 사이를 비우는 간격이 당시의 폼페이에서 쓰던 마차바퀴 폭에 맞추어져 있어서 건널목은 마차의 통행에 지장을 주지 않았다고 한다. 다른 도시의 마차는 다닐 수 없는 구조였다니까 폼페이에 들어온 모든 상품의 수송은 그곳 마차밖에 담당할 수 없었을 것이고, 외적이 쳐들어와도 전차戰車가 시내로 함부로 진입할 수 없었을 것이니 일석이조의 묘안이다. 바다와 도심지가 이어져 있어 화물들은 배에서 부려지는 대로 짧은 시간에 도심지에 다다랐을 터이니 유통구조는 아주 원활했을 것이다.

길옆에는 일정한 거리를 두고 공동수도 시설이 있다. 로마제국은 도로를 중시했고, 군인들이 이동할 때의 편의를 세심하게 배려했다. 그래서 로마의 간선도로에는 우산 소나무 가로수가 그늘을 제공하고, 곳곳에 수도 시설이 되어 있다. 쾌적한 분위기 속에서 신속한 이동이 가능한 최상의 도로를 만든 것이다.

지진이 났을 때 주택가에는 집속에서 죽은 사람들이 많았다 한다. 그런데 사람의 뼈가 남아 있지 않아서 이상하게 생각한 학자들이 최근에 와서 우묵한 곳에 석고를 부어 죽은 사람들의 형상이 되살아나

▲ 폼페이 도로의 건널목. 마차가 지나가게 설계되어 있다.

게 하는 실험에 성공했다고 한다. 현대 기술을 이용하여 2천 년 전에 죽은, 재난 속의 인물상을 재현해낸 것이다. 거기 나타난 사람들의 형상은 현대인과 다르지 않은 포즈를 취하고 있다. 다급하면 얼굴을 가리고 웅크린 채 죽는 법은 언제 누가 가르쳐 준 것일까?

마리나 문 옆에 출토품을 모아 놓은 수장고가 있다. 농기구 주방 용품, 항아리 같은 생활도구들이 같은 종류끼리 많이 모여져 있고, 그 옆에 아궁이와 화덕 같은 것도 재현되어 있다. 산언덕에는 껍질이 까져 벽돌만 남은 길고 두꺼운 성벽의 유적들이 무더기무더기로 퇴적되어 있다. 높은 곳이어서 훼손된 부분이 많아 벽돌이나 돌들이 성

▲ 폼페이 수도

한 것이 없다. 황갈색 성벽들은 흙과 돌과 벽돌과 잡초들이 뒤엉켜서 유령의 도시에 있는 성벽같이 신산했다. 도시를 에워쌌던 성벽의 유적인 것 같은데, 그 부분은 관리자의 손길이 닿지 않은 듯 어수선하고 무질서했다.

　서쪽 언덕에 나 있는 길을 따라 내려오려니까 겁나게 큰 그 폐허의 파노라마가 눈앞에 끝없이 전개되고 있었다. 로마제국에서 가장 오래되었다는 원형극장도 보였고, 운동장도 있었으며, 열주들이 한 줄로 나란히 늘어선 신전 터도 눈에 들어왔다. 이상하게도 도로변에 성한 유적이 많았다. 문틀이나 외벽은 특별히 신경을 써서 짓는 부분이라 피해가 적었던 모양이다. 출입문들은 대체로 직선으로 된 긴 네모꼴 형상을 하고 있는데, 문틀들만 남아 당당하게 제 자리를 지키고 있는 곳도 있다. 장방형 문틀과 대문의 기둥 같은 것들이 때로는 너무 반듯하게 서 있어서 이화감을 주기도 했다. 아치는 아주 드물어서 직선이 주도하는 도시의 폐허가 남성적으로 보였다. 아직 아치가 유행하기 이전이었는지 둥근 문틀은 많지 않았다. 그 근엄한 죽음의 도시 변두리에서 나무들이 열심히 자라고 있었다. AD 79년 8월 25일에 죽음의 재에 덮여서 사람도 동물도 신도 모두 사라진 이 도시는, 2천 년 동안 신이 덮어준 차일 밑에서 편한 잠을 자다가 19세기에 와서야 발굴이 시작되었다. 그 발굴을 통하여 폼페이는 유적이라는 이름으로 다시 태어난 것이다.

폼페이 근처에서 점심을 먹고 식당 앞에서 헤어졌다. 서울로 돌아오는 김영미, 서정자 그리고 나는 마르코의 차를 타고 로마 비행장으로 직행하고, 나머지 분들은 로마를 보기 위해 시내로 가기로 했기 때문에 거기에서 이별하기로 한 것이다. 그런데 30분쯤 지나니 저쪽 차에서 전화가 걸려왔다. 내 여권을 이지연 씨가 가지고 있다는 것이다. 오늘도 다리가 아파서 차에 머물러 있던 이지연 씨가, 거리가 위험하다고 여권을 모두 맡아 놓고는 돌려주는 걸 잊은 것이다. 할 수 없이 우리는 다음 휴게소에서 재회했다. 박계순 씨가 여권 챙기기를 하지 않았더라면 이지연 일행은 별 수 없이 로마 공항에 와서 우리를 찾아다니느라고 오후 일정을 망쳐버렸을 것이다. 시간이 많이 남아서 우리는 공항 근처에 있는 아피아 가도에서 느긋하게 쉬다 갔으니, 만약 우리가 길에서 한눈을 파는 줄 모르고 그들이 먼저 공항에 도착했더라면 많이 고생했을 것이다.

다행히도 일찍 알게 되어 다음 휴게소에서 만났다. 한 시간도 못 되어 다시 만났는데 엄청 반가웠다. 중간에서 쉰 것은 허리병이 있는 사람들에게는 좋은 일이기도 해서, 여권소동은 해로울 것이 없이 마무리되었다. 덕분에 우리는 젤라또를 먹으며 남의 나라 고속도로 휴게소에서 즐겁게 웃으며 시간을 보낼 수 있었다. 비행기가 밤 아홉 시 반에야 뜨니 여유가 있었던 것이다.

나폴리에서 로마 공항으로 가는 고속도로는 아늑하고 아름다웠다. 들꽃이 지천으로 피어 있는 2미터 정도의 인공의 언덕이 길 양쪽에 있어서 분위기가 좋았다. 언덕 너머로 고대에서부터 현대까지 여러 양식으로 지은 건물들이 모여 있는 마을이 보이다가 사라지곤 했다. 높은 건물이 많지 않아서 풍경이 평화로웠다. 고속도로 주변에는 높아봐야 10층을 넘지 않는 건물들이 듬성듬성 있는 정도여서 먼 곳까지 탁 트여 있었고, 때는 5월이어서 축복과도 같은 맑은 하늘이 모든 것을 빛나게 해주고 있었다. 그런 길을 박식한 가이드의 설명을 들어가면서, 이탈리아산 세단에 앉아 갈 수 있었으니 운이 좋았다. 길을 좋아하는 나는 그날도 라치오 주의 평화로운 도시들을 마음껏 구경하면서 길이 주는 기쁨을 누렸다. 그 기쁨을 완성시켜 준 것이 마지막의 아피아 가도 관광이었다.

거기에서 공항까지 가는 코스는 꼬불거렸다. 우리에게서 빨리 해방되고 싶은 마르코가 한적한 도로만 찾아다녔기 때문이다. 이름도 모르는 로마 교외의 조용한 주택가 사이를 누비면서 2, 3층짜리 주택들이 있는 평화로운 지역을 즐겼다. 드디어 푸미치오공항(다빈치 공항의 지방명)의 표지판이 나타났을 때, 해는 아직도 서편에 떠 있었다. 출발 시간까지 네 시간이나 남은 것이다.

수속을 마치고 마르코가 주선해주어서 전원이 공항 라운지에 들어갔다. 거기에서 간단한 식사를 했는데도 시간이 많이 남았다. 옆자리에 있던 한국 분들이 김밥을 나누어주어서 맛있게 먹었다. 돌아갈 때 읽을 가벼운 소설이나 하나 사려고 아래층에 내려갔다. 서점을 찾아 한참 헤맸다. 묻고 또 물어서 겨우 서점에 갔더니 이탈리아어로 된 책만 있었다.

맥이 빠져서 돌아 나오려는데, 한쪽에 바티칸 소장 그림으로 만든 기념품을 파는 기특한 가게가 있었다. 역시 로마는 다르다고 감탄하며, 열쇠고리 코너로 갔다. 보티첼리의 그림 「봄」을 넣은 것을 찾아냈다. 너무 이뻤다. 작은 여행백만 들고 왔으니 여행 선물은 모두 열쇠고리로 사서 더 살 필요가 없었지만 하나 더 산 것이다. 마지막에 이런 아름다운 가게가 있는 줄 알았으면 가는 곳마다 기웃거리며 싸지도 않은 열쇠고리를 뒤적이느라고 시간을 빼앗길 이유가 없었는데 아쉬웠다. 하지만 마지막이 좋았으니 모두 좋았다.

비행기에 오르면서 돌아올 때는 되도록 자면서 가야겠다고 작정했다. 읽을 책이 없었기 때문이다. 다시 구름 위로 올라갔다. 지구를 떠난다는 것은 사실 얼마나 획기적인 사건인가? 돌아갈 집이 있고 가다려 주는 남편과 아이들이 있는 것이 새삼스럽게 감사했다. 떠날 때는 떠나서 좋고, 돌아올 때는 돌아와서 좋은 것이 여행의 묘미다.

Arrivederci Italia e Sicilia.

마그나 그레치아에서 만난 그리스

1

그리스와 시칠리아

　시칠리아는 그리스의 식민지가 아니라 그리스인들이 이사 가서 만든 새 천지였다. 그리스 사람들은 폴리스를 이상적인 국가 형태로 생각했기 때문에, 영토를 넓히고 싶은 마음은 없지만, 국토가 좁으니까 인구가 늘면 그때마다 새 폴리스를 만들어 사람들을 분산시켰다.

　그리스는 무역국가니까 전쟁을 원하지 않았고, 무역 루트가 바다니까 바다 근처에 있는 땅을 선호했다. 쉽게 들어가서 살 수 있는 곳에 바다가 있으면 되었다. 처음에는 이오니아 지방이 대상이었다. 그러다가 마그나 그레치아 지역이 새로 부상했다. 기원전 8세기 전후에는 이탈리아 반도의 남서쪽 해변과 시칠리아 섬의 동남해역이 식민후보 지역이었다. 그중에서도 시칠리아는 그들의 모든 조건을 충족시켜주는 이상적인 곳이었다. 바다가 있고, 원주민이 많지 않은 데다가, 경치까지 아름다운데, 거기에 밀밭까지 덧붙여져 있었기 때문이다. 식량 자족이 어려운 그리스인에게 시칠리아의 밀밭은 너무나 요긴했다. 그래서 이탈리아 본토에 만들던 식민도시를 시칠리아 쪽에 옮겼다. 메시나, 카타니아, 셀리눈테, 세게스타, 시라쿠사, 아그리젠토… 시칠리아의 4분지 3이 그리스의 식민도시가 되었다. 그리스인들은 이탈리아 본토와 시칠리아에 있는 식민도시를 통틀어서 마그나 그레치아라고 불렀다. 거대한 그리스라는 뜻이다.

기원전 8세기부터 3세기까지 5백 년 동안 마그나 그레치아는 번성했다. 그리스는 마그나 그레치아에서 세금을 받지 않았다. 총독을 보내지도 않았다. 그래서 그 도시들은 그곳 출신의 그리스인 참주들이 다스렸다. 그 대신 문화적으로는 그리스식을 고집했다. 마그나 그레치아에서 그리스인들이 하고 싶은 것은 그리스식으로 사는 것이었기 때문이다. 그리스어를 쓰고 있었던 그들은 그리스식으로 신전을 지었고, 그 옆에 그리스식 극장을 조성했다. 그리스인들은 완벽주의자들이어서 신전양식을 완성하는 데 200년이 걸렸다. 마그나 그레치아도 그 일에 동참했다. 마그나 그레치아는 그리스의 고전기의 양식으로 지어진 첫 건물이 오르티지아 섬에 있는 아테나(미네르바) 신전이고, 마지막 건물이 콩코르디아 신전이다. 그 무렵에 그리스의 대표적 신전의 절반이 마그나 그리치아에 있었던 것이다.

그리스 신전은 누구나 아는 것처럼 세 가지 양식이 있는데 고전기의 그리스를 대표하는 양식은 도리스식이다. 그리스 신전의 기본양식인 1)열주列柱, 2)신상 안치소, 3)낮은 삼각형 지붕 등은 세 양식이 모두 공유한다. 하지만 기둥의 모양과 크기가 다르다. 도리스식은 기둥이 굵고 짧다. 육중한 기둥들을 바닥에 직접 세운다. 이오니아식과 코린트식 기둥은 날씬하고 밑에 받침돌이 있다. 그 돌 받침돌의 높이에 따라 기둥의 키를 키울 수 있는 융통성이 생긴다. 두 번째 변별특징은 주두柱頭다. 도리아식은 기둥머리가 심플한 네모판 얇은 돌로 되어 간결하다. 이오니아식은 소용돌이 모양의 둥근 부분이 양쪽에 있고, 코린트식은 주두 부분이 길어지면서 그 안에 아칸시스 잎사귀 도안이 있다.

세 번째 차이점은 기둥과 기둥 사이의 거리다. 도리스식 기둥들은 주간거리가 5미터 내외다. 이오니아식은 거의 그 두 배 가까이 된다. 도리스식은 기둥 사이의 거리가 좁고, 기둥이 굵으며, 내부 공간이 작고, 열주식 개방형이어서 비실용적이다. 신전 이외에는 쓸 수 없는 양식인 것이다. 실용성의 배제가 도리스식을 그리스 신전의 대표로 만든다.

도리스식 신전은 기원전 5세기에 완성된다. 도리스식을 대표하는 파르테논 신전은 페리클레스 시대에 완성되는 것이다. 이오니아식은 그보다 10여 년 늦게 시작되는데, 그때 그리스는 이미 펠로폰네소스 전쟁에 휘말려서 기울어가던 시기여서 이오니아식 신전은 새로 지어질 여건이 형성되지 못했다. 다음에 온 코린트식은 그보다 더하다. 그리스의 전통양식이 도리스식이 되는 것은 그 양식만이 그리스 전성기에 지어졌기 때문이다. 그리스와 시칠리아는 모두 기원전

5세기에 전성기를 맞이했고, 2백 년 후에는 로마의 속국이 되고 마는 나라들이다. 그래서 도리스식 신전의 전성기와 그리스의 전성기가 맞물린 시칠리아에는 도리스식 신전이 많다. 이오니아양식이 아직 자리를 잡기 전에 아테네가 흔들렸기 때문이다. 그래서 시칠리아의 도리스 신전이 중요시된다.

그 대신 이오니아식과 코린트식은 그리스보다는 다른 지역에서 번성한다. 알렉산더 대왕이 이오니아양식을 애용해서, 그가 가는 곳마다 이오니아식 신전을 지었기 때문이다. 알렉산더는 이오니아양식의 신축성을 이용하여 신전의 높이를 키웠고, 기둥 사이의 거리를 넓혀서 신전을 대형화하면서 내부 공간을 늘려서 실용화했다. 로마가 그 뒤를 따랐다. 후세의 유럽에서 인기가 있었던 것은 날씬하고 융통성이 있는 이오니아양식과, 장식적인 코린트식이다. 이오니아식과 코린트식 기둥들은 중세에는 성당의 내부와 주랑용 작은 기둥 등으로 애용되다가, 17세기의 바로크양식의 건물들에서 특별히 사랑을 받으면서 현대까지 이어져 오고 있다. 앞면에만 여섯 개의 기둥이 있는 간이簡易 신전양식(프로스타일)이 일반 건물에도 보급되고 있는 것이다. 비정통적 양식이 해외에서 인기를 끌었던 것은 대형화와 실용화에 유리했기 때문이다.

그리스와 시칠리아는 그 후 로마에서 시작해 수도 없이 바뀌는 열강의 속국을 지배를 받게 된다. 그 과정에서 반도인 그리스 쪽이 섬인 시칠리아보다 전쟁의 피해가 더 커서 그리스에는 고전 시대의 신전과 극장이 남은 것이 시칠리아보다 적다. 사람들이 시칠리아에 그리스 신전을 보러 가는 이유가 거기에 있다.

시칠리아의 문화는 기원전 8세기부터 1,300년간 그리스의 영향하에 놓여 있었다. 기원전 8세기에 시칠리아에 세운 마그나 그레치아는 기원전 3세기에 로마의 속국이 되지만, 로마가 그리스 문화를 계승했기 때문에 문화적으로는 로마 시대까지 그리스의 것이 지배하고 있었고, 거기에는 동로마까지 포함되니 기간이 길어진다. 그래서 그리스 문화는 시칠리아의 중요한 한 축을 이룬다.

시칠리아의 문화적 특징을 이루는 또 하나의 축은 노르만 문화이다. 서로마가 망한 5세기부터 시칠리아는 비잔틴과 아랍과 기독교 문화의 지배를 받으면서 노르만 시대에 다다른다. 11세기부터 200년간이 노르만의 지배 시기다. 그때가 시칠리아의 황금기였다. 그 무렵 노르만 왕들이 만들어낸 양식을 시칠리아 사람들은 노르만 양식이라 부른다. 그리스와 기독교와 비잔틴과 아랍 양식을 합쳐놓은 것이 소위 말하는 노르만 양식인 것이다.

시칠리아는 섬이어서 외래문화를 받아들이는 방법이 섬나라적이다. 밖에서 들어온 문화를 모두 모아둔다. 그것들이 모여서 공존하면서 하나의 종합적인 새 양식을 창출한다. 그것이 노르만 양식이다. 시칠리아 문화를 이해하기 위해 필자는 이 책에서 그리스 신전과 노르만 신전을 대비하는 작업을 펼쳐왔다.

2
그리스 신전과 노르만 신전

🏛 외면성 존중과 내면성 존중

그리스 신전의 특징은 내부 공간의 부재에 있다. 내부 공간이 없다는 것은 그리스 신전이 외관용 건물임을 의미한다. 그리스 문화는 형식을 존중하는 문화다. 그래서 그리스 신전에는 외부에 모든 것이 담겨 있다. 그 대신 그 신전은 신만이 거하는 곳으로 되어 있다.

신만을 위한 신전을 짓는 것과 같은 원리가 학문과 예술의 자율성에 연결된다. 그리스에서 예술을 위한 예술이 나오는 이유가 거기에 있다. 예술과 학문에서 실용성을 배제한 곳에 그리스 문화의 수월성秀越性이 있다. 노르만적 예술에는 그런 외면존중경향이 약하다. 노르만이 시칠리아를 지배한 시기는 기독교의 전성기인 11, 12세기다. 전 유럽이 기독교로 물들었던 중세인 것이다. 기독교에서 중시하는 것은 내면이지 외면이 아니다. 그리스와 노르만의 문화는 외면성 중시와 내면성 중시 경향을 나타내어 서로 반대되는 지향점을 드러내고 있다. 거기에 실용성의 문제가 첨가된다. 노르만의 신전은 신만을 위한 공간이 아니다. 예술도 마찬가지다. 성전에 신도들의 자리가 생기면서 예술에서도 자율성이 약화된다.

🏛 휴먼 스케일과 거대취미

고전시대의 그리스 사람들은 휴먼 스케일을 좋아해서 거대한 제국도 원하지 않았고, 거대한 건축물도 원하지 않았다. 노르만은 그보다 큰 것을 선호했다. 몬레알레 성당은 파르테논 신전보다 많이 크다. 로마도 마케도니아도 이집트도 모두 그런 초인간적 스케일을 선호했다. 바티칸의 페트로 사원도 마찬가지다. 그 사원 한복판에 미켈란젤로의 자그마한 '피에타' 상이 들어가 있다. 그 건물에서는 그리스적인 스케일을 택한 유일한 조각이다. 그런 절제의 미학은 고대 그리스에만 있었던 것이고, 미켈란젤로는 그것에 경의를 표한 것이다.

🏛 짝수의 미학과 홀수의 미학

그리스 신전의 세 번째 특징은 균형과 조화의 존중에 있다. 그리스 신전은 유기적이고 종합적인 양식의 율법을 가지고 있다. 그것을 '오더'라고 부른다. 기둥을 높이려면 나머지 부분도 거기에 조응하여 치수를 조정하여야 하는 유기적 상호관계를 중시하고 있는 것이다. 균형을 중시하는 그리스 신전에서는 모든 것이 짝수로 되어 있다. 그리스 신전은 좌우대칭 구도를 선호해서 양쪽에 같은 것을 설치하는 짝수의 미학을 선택한 것이다. 노르만이 선택한 것은 홀수의 미학이다. 그들은 균형의 미학 대신에 불균형의 미학을 선택했다. 몬레알레의 성당에는 종탑이 두 개가 있는데, 높이도 크기도 서로 다르고, 창문도 층고도 다르다. 그것은 유일성에 대한 애착을 의미한다. "두 번 다시 볼 수 없는 것을 사랑하라"는 낭만적 미학에서는 짝수의 미학이 생겨날 수 없다.

🏛 직선 선호와 곡선 선호

그리스 신전의 네 번째 특징은 직선 선호 경향에 있다. 그리스 신전에는 아치가 없다. 도리스식 신전은 직선으로 되어 있어 간결하고 장식이 없다. 그러니까 그리스 신전과 노르만 신전을 가르는 변별특징 중의 하나는 아치형 주랑이라고 할 수 있다.

고대 문명 중에서 아치를 처음 만들어 활용한 것은 메소포타미아 사람들이다. 로마가 그것을 보급한다. 신전은 그리스처럼 직선형이지만, 로마에서는 아치가 풍성하게 도입된다. 기독교가 그것을 계승한다. 그래서 노르만식 교회들은 아치를 많이 쓰고 있다. 그리스와 노르만은 직선 선호와 곡선 선호가 변별 특징이 되고 있다.

🏛 두오모와 파르테논 신전

그리스 사람들은 완벽성을 추구한 사람들이어서 문체끼리 섞이는 것을 혐오했다. 그들이 도달한 정점에 파르테논 신전이 서 있다. 파르테논 신전은 그 완벽성 때문에 전범典範이 된다. 그리스 신전은 이집트의 신전들처럼 양식이 확정되는 것이다. 몬레알레 두오모에서 그리스식 일사불란한 균형의 미학은 노르만 양식에서는 찾아보기 어렵다.

시칠리아는 들어온 외래문화를 하나도 버리지 않고 다 가지려 했다. 그것이 노르만풍이다. 노르만 양식은 1)건물의 외부보다는 내부를 중요시했고, 2)큰 건물을 선호했으며, 3)언밸런스 스타일을 좋아했고, 4)직선보다는 곡선을 선호했으며, 5)완벽한 것보다는 다양한 것을 좋아했다. 그러면서 그리스의 직선적인 문화도 버리려 하지 않았으니 팔레르모 성당 같은 예술의 종합전시장이 생겨나는 것이다.

도리스식 신전은 스타일 분리Separation of style[136]의 표본이라는 점에 귀착된다. 앞의 것은 낭만적 미학의 규범이며, 후자는 고전주의 미학의 본질이다. 아그리젠토의 그리스 신전이 우리에게 보여주고 있는 것은 그리스인들이 지향하던 고전적 미학을 고수하는 자세이다.

몬레알레의 두오모는 모든 면에서 그것은 그리스 신전과 대척된다. 그리스 신전은 간결성이 중시되는 단일양식인데, 두오모 안에는 기둥을 새끼처럼 꼰 꽈배기형 기둥까지 있다. 그러면서 코린트식 기둥에 지붕은 그리스식인 건물도 많다. 세상에서 양식을 가장 많이 섞어놓은 것이 노르만식 성전일 것이다. 그리스 신전은 성당으로 쓰기에는 아주 부적당하다. 신자들이 있을 자리가 없기 때문이다. 두오모와 그리스 신전 사이에는 이렇게 먼 거리가 있다. 그것이 그리스와 노르만의 거리이다. 오늘날의 시칠리아에는 그 두 이질적인 문화가 공존하고 있다. 그 이질적인 것의 융합은 시칠리아만의 특수성이라 할 수 있다.

---

136 각주 85 참고.

그리스 로마 시칠리아 연대 대조표

연대	시칠리아	그리스	로마
BC 12C	• 원주민 시켈족	• 미케네 문명기 • 트로이 전쟁 승리	• 에네이스(트로이 장군)가 라티움에서 건국
BC 8C	• 그리스 식민도시 마그나 그레치아 건립 (서북부는 카르타고가 차지)	• 아르카익 시대 시작	• 로물루스(에네이스 후손) 로마건국(BC 753)
BC 6C	• 카르타고가 서부 점령(BC 550~450)		• 공화정 시작(BC 509)
BC 5C	• 전성기 디오니시우스 1세(406~367) 시대 • 시라쿠사 전쟁(BC 415~413), 아테네 침공(BC 415)	• 전성기 페리클레스 시대(고전기, BC 480~338) • 파르테논 완성(BC 432) • 펠로폰네소스 전쟁(BC 431~404)	• 이탈리아 반도 정복(BC 476~272) • 신분투쟁기(BC 494~287) • 12표법 제정(BC 450, 성문화成文化)
BC 4C		• 알렉산더의 시대(BC 336~323)	• 아피아가도(BC 312) • 루비콘 이남 통일(BC 270)
BC 3C	• 제1차 포에니 전쟁, 로마가 시칠리아 서부 점령(BC 264~241) • 제2차 포에니 전쟁, 히에론 2세 때 로마의 속주가 됨(BC 214) • 로마 점령기(BC 218~201)		• 제1, 2차 포에니 전쟁 승리(BC 201) • 시칠리아의 정복
BC 2C	• 제1차 시칠리아 노예 봉기(BC 136~132) • 제2차 시칠리아 노예 봉기(BC 104~101)	• 로마의 속주(BC 146)	• 카르타고 멸망(BC 146) • 공화정 시대(~BC 27까지) • 내란기(BC 146~30)
AD 1C			• 로마제정(BC 27~AD 476) • 폼페이 매몰(79) • 팍스 로마나(36~180)

연대	시칠리아	그리스	로마
AD 4C		• 비잔틴 제국 지배기	• 기독교 공인(313) • 동서로 분리(395)
AD 5C			• 서로마 멸망(476)
AD 6C	• 비잔틴 지배기		
AD 9C	• 무슬림 아랍 지배기 (827~902)		
AD 10C	• 사라센 지배기		• 신성로마제국 성립 (962)
AD 11C	• 노르만 지배기 (1091~)		• 황제, 교황 세력 다툼 으로 도시국가 출현
AD 12C	• 시칠리아 왕국 성립 (1139~1250) • 신성로마제국 지배기 (1194~)		
AD 13C	• 프랑스 앙주가 지배 기(1250~1282) • 아라곤 지배기(1282~		
AD 14C			
AD 15C	• 스페인 지배기 (1412~)	• 여러 봉건 국가로 분리 • 오스만 투르크에 의 해 멸망	• 동로마 제국 멸망 (1453)
AD 16C			
AD 18C	• 사보이 왕가(1713~) • 오스트리아 지배기 (1720~1735) • 스페인 지배기 (1735~)		
AD 19C	• 이탈리아 왕국에 통 합(1861. 3. 14)	• 런던 회의에서 독립 인정받음(1830) • 그리스 왕국 성립 (1832)	• 이탈리아 반도 통일 (1870)
AD 20C	• 자치권 얻음(1946. 5 15)		

참고문헌

** 참고를 위하여 본문 외래어 표기 기준이 아닌, 서적의 제목 그대로 표기합니다

*괴테,『이탈리아 기행』1권, 세계문학전집 105, 박찬기 외 역, 민음사, 2004년
    『이탈리아 기행』2권, 세계문학전집 106, 박찬기 외 역, 민음사, 2004년
*김달수 외 편,『日本の朝鮮文化』, 昭和 60년판
*모파상,『모파상의 시칠리아』, 어순아 역, 그린비, 2010년
*허은경,『시실리 다이어리』, 지성사, 2008년
*박제,『신화의 섬 시칠리아』, 아트북스, 2008년
*아서 스탠리 리그스,『시칠리아 풍경』, 김희정 역, 산지니, 2015년(원본:1912년간),
*한태규,『아테네로 가는 길』, 민음사, 2004년
*아이스퀼로스,『아이스퀼로스 비극전집』, 천병희 역, 도서출판 숲, 2008년
*소포클레스,『소포클레스 비극전집』, 천병희 역, 도서출판 숲, 2008년
*에우리피데스,『에우리피데스 비극전집』1, 2권, 천병희 역, 도서출판 숲, 2009년
*호메로스,『일리아스 오딧세이아』, 세계의문학대전집 11권, 동화출판공사,
    1971년
*피에르 비달나케,『호메로스의 세계』, 이세욱 역, 솔 출판사, 2004년
*나이즐 스피비,『그리스 미술』, 양정무역, 한길아트, 2001년
*TBS-Brittanica,『기리시아 신화神話의 發想』吉田敦彦(일어판), 1981년
*시오노 나나미,『그리스인 이야기』1, 2권, 이경덕 역, 살림, 2017년
    『리더를 위한 로마인 이야기』, 한성례 역, 혼미디어, 2014년
    『로마인 이야기』1, 2권, 김석희역, 한길사, 1997년
*다치바나 다카시,『에게 영원화귀의 바다』, 이규원 역, 청어람미디어, 2006년

*정태남, 『로마 역사의 길을 걷다』, 마로니에북스, 2009년

*이윤기, 『그리스 로마 신화』, 웅진, 2003년

*차천환, 『로마제국과 그리스문화』, 도서출판 길, 2016년

*최자영, 『그리스문화와 기독교』, 신서원, 2005년

*박춘일, 『근대 일본에서 본 조선인像』, 미래사, 1969년

*6인 공저, 『이슬람 1400년』, 월간중앙, 2011년

*마이클 우드, 『인류 최초의 문명들』, 강주헌 역, 중앙 M&B, 1992년

*임석재, 『서양건축사』, 북하우스, 2011년

* '시실리Sicily', 「무브 매거진Move Magazine」 vol.2, 어라운더월드, 2017년

*Bruno Zevi, 『Architecture as space』, Horizen, 1957년

*『Greek and Roman Art』, Metropolitan Museum of Art, 1964년

*『Sicily』, The Golden Books, Bonechi Editions, 2017년

*『The Cathedral of Montreale』, Ditta AR. CO., 2017년

*『Gulf of Naples, Coast of Amalfi』, The Heritage and Beauties New
    Edition, 2017년

*『Syracuse and it's Surroundings』 New Edition, 2017년

*Sophocles, 『Electra』, National Theater, 1996년

*『Sette Contro Tebe』, Teatero Greco Siracusa, 2017년

*『Athens』, General Information, 1996년

*『Delphi』, Orpheus Edition, 1996년

* 「イタリア・ギリシア」, 『世界の 旅行』, 小學館, 1964년

시칠리아에서 본 그리스

2018년 09월 05일 1판 1쇄 박음
2018년 09월 12일 1판 1쇄 펴냄
지은이 강인숙
펴낸이 김철종 박정욱
편집 최윤선 **디자인** 최예슬 **마케팅** 오영일, 김지훈
인쇄제작 정민문화사

펴낸곳 에피파니
출판등록 1983년 9월 30일 제1 - 128호
주소 110 - 310 서울시 종로구 삼일대로 453(경운동) KAFFE빌딩 2층
전화번호 02)701 - 6911 **팩스번호** 02)701 - 4449
전자우편 haneon@haneon.com **홈페이지** www.haneon.com

ISBN 978-89-5596-857-6 03900

이 도서의 국립중앙도서관 출판예정도서목록(CIP)은 서지정보유통지원시스템
홈페이지(http://seoji.nl.go.kr)와 국가자료공동목록시스템(http://www.nl.go.kr/kolisnet)에서
이용하실 수 있습니다.(CIP제어번호: CIP2018028599)